国学经典

姜忠喆／主编

中国通史

鉴古中国兴衰成败 通五千年沧桑流变

辽海出版社

【第四卷】

《中国通史》编委会

前 言

　　中国是一个拥有五千年灿烂文明史，又充满着生机与活力的泱泱大国。中华民族以其先辉的历史屹立于世界的东方。

　　在中华民族的历史长河中，曾创造了无数的文明奇迹，谱写了许多不朽的篇章。

　　自公元前 3000 至公元前 21 世纪，是中国文明初起的时代，也就是历史上三皇五帝时期。"三皇"是伏羲、女娲与神农。"五帝"为黄帝、颛顼、帝喾、唐尧与虞舜。后来黄帝统一各部，所以中华民族一向自称为"黄帝后裔"，又因炎、黄两部落融合成华夏民族，故也称为"炎黄子孙"。

　　公元前 21 世纪至公元前 17 世纪，是中国第一个王朝——夏王朝时期。夏朝的建立标志着中国若干万年的原始社会基本结束，数千年的阶级社会从此开始，它的诞生成为中华文明史上的一个重要里程碑。夏朝总共传了 14 代 17 个王，延续近 500 年。

　　商汤灭夏，是历史的进步。新建立的商王朝，虽然在社会形态上与夏王朝并无区别，但是它的诞生，毕竟给古代社会内部注入了新的活力，健全了古代阶级社会的机制。所以古书对商汤伐桀灭夏一事给予了充分的肯定，认为"汤武革命，顺乎天而应乎人"。

　　商朝共历 30 主 17 世。

　　西周从武王灭商建国，到幽王亡国，一以共历近 300 年，是中华文明的一个重要时期，也是中华古典文明的全盛时期，它的物质、精神文明对后世历史的发展产生了深远的影响。

周朝经历了 37 代天子，共 800 多年。

春秋时期，是中国历史上社会经济急剧变化、政治局面错综复杂、军事斗争层出不穷、学术文化异彩纷呈的一个变革时期，是中华古代文明逐渐递嬗为中世纪文明的过渡时期。

据史书记载，春秋 242 年间，有 36 名君主被杀、52 个诸侯国被灭，有大小战事 480 多起，诸侯的朝聘和盟会 450 余次。

战国时期，战争愈来愈多，愈打愈大。据统计，从周元王元年（公元前 475 年）至秦王政二十六年（公元前 221 年）的 255 年中，有大小战争 230 次。

公元前 221 年，秦王嬴政灭六国，终于建立了中国历史上第一个统一的多民族的中央集权的国家——秦，历史从此翻开了新的一页。

为了加强对全国的统治，使秦帝国长治久安、万世不移，秦始皇在政治、军事、经济、交通、文化及对外开拓诸方面，采取了一系列新的政策。

西汉是中国的一个黄金时代，在国力上达到空前的强盛，疆域也是扩张到空前的辽阔，势力也伸展至中亚。

东汉皇统屡绝，外蕃入侵，母后与天子多无骨肉之亲，所以多凭外戚专政。及至天子年壮，欲收回大权，必然和外戚发生冲突，于是天子引宦官密谋除掉外戚。此一时期，外戚、宦官明争暗斗，此起彼伏。

公元 581 年，北周相国杨坚接受北周静帝的"禅让"称帝，国号"隋"，建元"开皇"。

隋继承了北周的强大，等内部安定后，随即在 589 年灭南方的陈国，结束了 270 余年的大混战，统一了中国。

唐代把中国封建时期的繁荣昌盛推向了顶峰：有发达的农业、手工业和商业，纺织、染色、陶瓷、冶炼、造船等技术也都有了进一步的发展。

宋朝时，中华文化继续发展，是中华文化的鼎盛期，唐代最突出的成就是诗歌，而宋代在教育、经学、史学、科技、词等方面都超越了唐代。

南宋的历史都与抗击北方外族的战争相关，从 1127 年开始，南宋王朝对金王朝进行了 5 次战争，最后被蒙古人所灭。

1271 年，蒙古大汗忽必烈把原来属西夏帝国、金帝国、宋帝国、大理帝国和蒙古本土合并成一个帝国，国号"大元"。不断的征战和元政府的歧视汉人政策，导致汉人不断地反抗，元朝皇帝终被逐出中原，回到蒙古故地，元帝国也随之灭亡。

朱元璋建立的大明王朝，使中华民族从一个厄运又走进另一个黑暗的长夜。

明末，"辽饷""剿饷""练饷"加重了给百姓的负担。政治腐朽，贪污成风，是明末的一大痼疾。明王朝终于在内忧外患之下，走向灭亡。

明王朝的腐败，再加上李自成的暴动，加速了这个汉族建立的封建王朝的灭亡。取而代之的是中国北方的清王朝。清王朝是中国的最后一个王朝。清朝前期它带领中国进入了另一个强盛时代。

19 世纪中期以后，清王朝迅速衰败。鸦片战争之后，英、美、法、俄、日等国家不断强迫清政府签订各种不平等条约。自此，中国逐渐沦为半殖民地半封建社会。

1911 年孙中山领导的辛亥革命，推翻了清王朝 368 年的统治，同时也结束了延续 2000 多年的封建君主制，建立了中华民国，这是中国近代史上最伟大的事件之一。

但随后中国又陷入了新的混乱之中，新旧、大小军阀连年混战，日本侵略者大举入侵。以毛泽东等为代表的中国共产党人，经过 28 年艰苦卓绝的斗争，终于在 1949 年 10 月 1 日建立了崭新的中华人民共和国，中国人民自此走向新生。

《中国通史》是一部全景式再现中国历史的大型图书，它在吸收国内史学研究成果的基础上，将中华文明悠久历史沉淀下来的丰富的图文资料，按历史编年的形式进行编排，直观地介绍中国历史的发展进程，全书共分 6 册，以众多珍贵图片，配以 160 多万字的文字叙述，全方位地介绍中国历史的荣辱兴衰，内容涵盖政治、军事、经济、文化、外交、科技、法律、宗教、艺术、民俗等各个领域。

因编写时间仓促、编者水平所限，书中难免存在疏漏之处，敬请广大读者与专家学者批评指正。

《中国通史》编委会

目　录

清 朝
（1644—1848 年）

明成祖的治绩

　　朱棣是以诛讨主张削藩、变乱祖制的奸臣为借口起兵的。但是，他当皇帝后，在对待藩王的问题上，却不怕冒违反祖制之大不韪，同样是采取削藩政策。他本人以藩王起兵夺取帝位，对于军权过重的藩王和中央皇权的矛盾对抗这一教训，是认识得很深刻的。他即帝位后，为掩人耳目，恢复了周、齐、代、岷 4 位亲王的封藩，但过不了几个月，就又找个罪名，削除代王和岷王的护卫军队。接着，永乐四年（1406 年）废齐王为庶人。十年（1412 年），辽王的护卫军队被削除。朱元璋时代护卫军队众多的宁王，也于永乐二年（1404 年）被从边塞改封在南昌。宁王到南昌后，以韬晦为计，建筑华丽的宫殿，终日躲在里面鼓琴读书，所以在永乐帝时代得保无事。周王为了减少永乐帝的疑忌，就自动献出护卫军队。在几年的削废中，威胁最大的几位塞王的护卫军队几乎全被解除。朱棣削藩的结果，加强了中央集权的封建统治，使国家统一的基础更为坚实、牢固。

　　削藩之后的问题是如何处理北面的边防。朱元璋所以给边塞亲王那么大的军事权力，目的是要他们镇守北面边防。而现在骤然尽释诸王军权，面对倏忽往来的蒙古骑兵，是不能掉以轻心的。如何弥补因削藩而削弱的边防力量呢？永乐帝决定迁都北平，一则北平是他的发祥地，二则地近北面边防，天子居此，正所谓居重御轻，可以直接加强对边防的防守。

　　永乐元年（1403 年），永乐帝定北平为北京。打定迁都的主意后，就着手修浚大运河。元朝增修通惠（自北京至通州）、济州（自山东济宁至东平）、会通（自东平至临清）三河，连接隋代的运河成京杭大运河，但从没有全线通航过。洪武二十四年（1391 年），黄河在原武（河南原阳西南）决口，临清至济宁的会通河（元修济州河在会通河之先。会通河修成后，人们连其北段的济州河也通称全通河）淤塞报废。永乐九年（1411 年），永乐帝命官疏浚会通河，引汶水和泗水入其中，沿线建闸 38 座。其后，又派官在淮安到扬州的这一段修筑堤堰，以防淮水侵漕和运河水分泄。至此，京杭大运河才真正畅通。运河的修通，使得南方的粮米和丝帛等物资能通过漕运源源不断地输往北京，保证了首都的物资供应。北方的物产也能通过运河南运，增强了南北经济的交流。

　　永乐四年（1406 年），永乐帝下令筹建北京宫殿，并重新改造整个北京城。十八年（1420 年）竣工。就在这一年，他宣布自明年起，以北京为京师，即首都，改南京为留都。南京除了没有皇帝之外，其他各种官僚机构的设置完全和北京一样。皇帝派一个亲信在此做守备，掌管南京一切留守、防护的事务，企图依靠南京这一中心来保护运河交通线和加强对南方人民的统治。

永乐帝在经济上继续推行洪武以来的移民、屯田和奖励垦荒的政策。即帝位后，就移直隶、苏州等10郡和浙江等9省的富民充实北京，以后又多次从南方移民到北方。对"靖难"战争中受到破坏的地区，政府发给耕牛、农具，使尽快地恢复生产。同时，实行惩治贪污、赈济灾荒的政策。这些措施的实行，使永乐朝的农业经济比洪武时代又进一步发展。国库殷实，每年的赋粮除输京师数百万石外，各地府县的仓库还储存很多，陈陈相因，至红腐不可食。这种现象说明了封建统治者对农民阶级的严重剥削，也反映了当时农业经济繁荣之一斑。在农业经济繁荣的基础上，手工业、商业也得到了很大的发展。

在边防问题上，永乐帝除了对蒙古采取通好和积极防御并用的政策，以及加强对黑龙江下游地区的管辖工作外，又积极经营西域地区。永乐元年，他派官到哈密招谕，允许哈密王输马到中原贸易。不久，又派官出使哈密、撒马儿罕（今乌兹别克斯坦境内）、火州（今新疆吐鲁番东南的哈拉和卓）、吐鲁番等地，促进了西域与中原的友好往来，增进了彼此之间的经济文化交流。永乐四年，明政府在哈密设卫，派官辅助当地首领执政。哈密卫的设立，恢复了明朝在西域的主权，使明帝国的政令行达天山南北，而且重新打通了与中亚的通道，有利于和西域各国、各地区的交通往来。

在西南，当时的安南国王胡奎不仅屡次侵占占城，掠夺来中国的使者，逼迫占城国王为其臣属，而且不断武装侵犯明朝的西南边疆，占领土地，掳掠人畜，边境人民"横被虐害，实所不堪"。永乐四年，永乐帝出兵安南，有力地支持了占城人民反安南的斗争，也保证了我国南疆的安全。

另一方面，在发展对外关系方面，朱棣也采取了积极的方针。在永乐初年，组织、派遣郑和率领庞大的船队，远航西洋各国，发展了明朝与西洋各国的政治关系，增进了中国人民和各国人民之间的友好往来。

永乐帝在政治上、经济上、军事上，乃至对外关系上的一系列措施，繁荣了社会经济，巩固了统治基础，维护和发展了多民族国家的统一，并且扩大了对外影响，提高了国际声望。但是，因为他是以藩王起兵，从侄儿手中夺取帝位，加上即位后杀了忠于建文皇帝的臣下，因而历来受封建文人的责难，认为这是不义行为。这种责难，纯粹是从封建宗法的伦序角度出发的。对他的政绩公允而论，永乐帝不失为一个雄才大略的皇帝，他对于历史的发展起了积极作用。

郑和下西洋

郑和，原姓马，小字三保，是云南昆阳回族人（今云南省晋宁县）。明太祖朱元璋统一云南时，他被阉入宫，做了太监。后，随燕王朱棣到达北平，住在燕王府。在"靖难之役"中，因其为人机警，智勇全双，"出入战阵，多建奇功"，深受燕王赏识。永乐元年（1403年），他被庄重地赐予姓名——郑和。次年，又升为内官监总管太监。通过这次战役，他掌握了丰富的军事知识和作战经验，为他后来指挥舰队七下"西洋"创造了重要条件。同时，郑和虽原本世代信奉伊斯兰教（时称回教），但于永乐元年却又在道衍（即姚广孝）的引荐下，皈依了佛教，成为一名佛教徒，法名福善，因此又被人们称为"三保太监"。

当时，正值明朝国势蓬勃上升的繁荣时期。国家经济实力壮大，政治局势相当稳定，而且宋、元以来海外贸易兴盛，对外移民不断增加，特别是造船业空前发达，航海技术也有了长足进步，罗盘针的广泛用于航海，众多水手和技师日益增多，这些为郑和远洋航行提供了雄厚坚实的物质基础和足够的科技技术。在此情况下，自命为"天下共主"雄心勃勃的成祖朱棣，为宣扬国威，"耀兵异域，示中国富强"，于是决定派使臣率领船队出海远航，访问亚、非诸国。但是，这样重大的举动，如果没有一个精明强干的总指挥，是很难实现的。而郑和身为内官监总管太监，外出采办是其责任范围内之事；又兼有回、佛二教徒的双重身份，更便于同"西洋"诸国官民的交往；其父、祖均曾亲自到过天方（即麦加，今沙特阿拉伯西北部）"朝圣"，他在耳濡目染下间接地了解并熟悉了"西洋"各国和各地区的风土人情。此外，更有前述"靖难"之役中积累的军事知识和实践经验，可说是当时再好不过的理想人选。所以，明成祖朱棣毅然决然地任命他为出使总指挥，而以其挚友王景弘为副使。从此，郑和便开始了长达近30年的震惊世界的7次大规模的"下西洋"（指我国南海以西的海洋地区，包括今天印度洋、文莱以西的地区）活动。

永乐三年（1405年）七月，郑和偕副使王景弘，率领将士和水手27800余人，分乘62艘大船（一说200多艘），从苏州刘家河（今江苏省太仓市浏河）出海，经占城（今越南中南部）、爪哇、旧港（今称臣港）、苏门答腊（今印度尼西亚苏门答腊岛）、锡兰山（今斯里兰卡），最后到达古里（今印度科本科德）。他们一路宣扬明朝德政，以及同各国通商友好的强烈愿望，深得各国官、民的欢迎。永乐五年（1407年）十月初二日，郑和舰队返航回国时，不少国家的使者随同访华，商谈建立邦交和通商贸易关系。其间，出于自卫，在旧港，郑和曾不得不以武力击败前来抢劫宝船物资的海盗，生擒了其首领陈祖义。此次航行仅是作为一次实践，其历经范围也未超出印度洋沿岸地区。

同年十月，郑和等利用东北季风又进行了第二次出海航行。经暹罗（今泰国）、柯枝（今印度柯钦），又到达古里。至永乐七年（1409年）七八月间正式返回。又做了进一步的探索。其所经路线、范围与第一次大体相同。

郑和第三次出海航行，是在永乐七年十月（1409 年）。主要是为护送各国的使者回国。他只带了 48 条宝船。为了以后进行更大规模的远航，他们开始在其航行的中心地区——满剌加，建立起重栅小城，修盖了大型仓库，作为中转站。这次仍以通商为主，一路也还顺利，只是在锡兰山时，受到锡兰国王亚烈苦奈儿的诱骗，并进而硬索金币，抢劫宝船。郑和等在忍无可忍的情况下，才对其进行了武装自卫战斗。他只带领 2000 名士兵，出其不意，乘虚攻破锡兰都城，活捉了国王亚烈苦奈儿及其王后和官属，并于永乐九年（1411 年）七月初六日押解回朝，经过成祖的一番耐心解释，仍予以放回。这次航行仍未越过印度西海岸以外。

永乐十一年（1413 年）十月，郑和开始了第四次下西洋。这次航程较远，所到的国家和地区也较多，已远逾印度以西。新去的国家和地区有：溜山（今马尔代夫）、榜葛剌（今孟加拉），最后经由古里直航忽鲁谟斯（今伊朗波斯湾口阿巴斯港南的岛屿）。当然也遇到了一些麻烦，其中在苏门答腊王位争夺战中，伪国王苏干剌侵犯都城，原王子请求郑和援救。苏干剌恼羞成怒，袭击郑和的船队。郑和被迫还击，将其擒获，于永乐十三年（1415 年）八月十二日回国后，送阙正罪。

永乐十五年（1417 年），郑和又进行了第五次远航。这次到达的国家和地区，航程也最远，直达非洲赤道以南、东海岸的木骨都束（今索马里摩加迪沙）、麻林（今肯尼亚境内）、阿拉伯半岛的祖法儿、阿丹、剌撒（今也门共和国境内）。永乐十七年（1419 年）八月初八日回返时，竟有 17 个国家的使节随同来华访问。其中有王子、王叔、王弟等，分别通过谈判，同明朝建立起正式邦交关系。

为护送诸国使节回国，郑和奉命又于永乐十九年（1421 年）三月初三日，进行了第六次远航。此次路途虽远，但往来却非常迅速，于第二年（1422 年）便返回国。

郑和最后一次远航，则是在成祖及其子仁宗相继去世后的宣宗时期。永乐二十二年（1424 年）七月，明成祖病逝于榆木川。其皇太子朱高炽继位，是为仁宗。仁宗认为下"西洋"是"劳民伤财"，听信了户部尚书夏原吉的建议，曾一度"罢西洋宝船"，废止此项活动，甚至连所存的有关档案资料，也予以焚毁。故直至宣德六年（1431 年）十一月，才得以实现第 7 次下西洋。这次仍以郑和为总指挥。到达了 17 个国家和地区。归来时已是宣德八年（1433 年）七月初七日。并有 10 多个国家和地区的使臣随同来华，与明朝建立联系。

宣德九年（1434 年），64 岁的郑和病逝。就在这一年，其副使王景弘又组织了第八次"下西洋"的活动，但其声势与规模都已远不及前七次了，下西洋活动接受近尾声。

总之，郑和的7次泛海远行西洋，前后长达近30年，行程万里，所经地区，南至爪哇岛，北迄波斯湾和红海东岸的麦加，东至台湾，西达非洲东海岸、赤道以南。包括占城、真腊（今柬埔寨）、暹罗、满剌加（今马六甲）、彭亨（今马来西亚）、苏门答腊、旧港、爪哇、阿鲁、南勃里（今属印度尼西亚）、锡兰（今斯里兰卡）、溜山（今马尔代夫）、榜葛剌（今孟加拉）、南巫里（今属印度）、忽鲁谟斯、祖法儿（今佐法儿）、阿丹（今红海的亚丁，属今也门）、比剌（今索马里的不剌哇）、木骨都束、麻林和天方等亚非近40来个国家和地区。郑和下西洋，其规模之大，人数之众，时间之长，足迹之广，在中国和世界航海史上都是空前的壮举，中国人民对世界航海事业做出了伟大的贡献。郑和开辟了从中国去红海及东非洲地区的航道，是海上"丝绸之路"的开创者。郑和下西洋的影响是巨大的：首先，它把大量的瓷器、丝绸、锦绮、纱罗、铁器和金属货币等带到亚洲各地；又从国外买回胡椒、谷米、棉花，换取大量海外奇珍、香料等奢侈品，大大开拓了海外市场，促进了中国同亚非各国的经济文化交流，增强了同各国政府间和民间的友谊，从而刺激了国内的商品生产和工商业的长足进步，也在一定程度上推动了资本主义的萌芽。同时，通过郑和下西洋宝船的交往，大批华人也流往南洋各国，华侨人数自此剧增，成为南洋各国重要的社会生产力量。他们与当地人民共同推动了南洋地区的开发。其次，在政治上扩大与强化了中国同亚非各国的友好往来，明朝与30多个国家建立了正常的外交关系，空前地提高了中国的国际威望和地位。在科学技术上，打开中国人民的眼界，丰富了中国人民的海外地理知识。郑和编制的《航海地图》，详载了沿途各国的航道、地理位置、距离等，尤其是《针位编》一书，是一部相当详尽的航海手册；其同行者马欢著的《瀛涯胜览》、费信著的《星槎胜览》和巩珍著的《西洋蕃国志》，均详细记载了所到各国和地区的风俗人情，大大增进了中国人民的海外知识，这些都成为研究中外关系史的重要资料。最后，在远涉重洋的航行中，郑和依靠集体智慧和力量，同"洪涛接天，巨浪如山"的海洋进行了殊死搏斗，充分体现了中国人民的大无畏精神。

土木堡之变

时代背景

英宗正统初年，历史上称为得人之时，朝政有当时著名的阁臣"三杨"主持，即杨士奇、杨荣、杨溥，六部又有蹇义、夏元吉等老臣，这些人在朝多年，侍奉过几代朱家天子，有着较为丰富的政治经验，深为朝廷倚重；在内廷，又有自永乐以来饱经风霜的太皇太后张氏主持。所以，在相当一段时期内，朝中安定无事。然而，也就是在这种安定形势下，宦官势力作为一股潜流在暗暗滋长着。

明太祖朱元璋鉴于历代宦官干政对国家造成的危害，尤其是对君权的威胁，自明政权一建立，便制定了一系列限制宦官活动的措施，如：宦官不许与外官互通消息；不准兼外官衔，不准穿外官衣冠；宦官品秩不得过四品；衣食均在宫中，不许读书识字，等等。为了使限制宦官的政策传之后世，永远遵守，朱元璋还特地在宫门立了一块铁牌，刻上"内臣不得干预政事，犯者斩"11个大字，以期后世永远遵循。然而，就是朱元璋自己，对这些规定也没有完全遵守，他在宫内建立了一套为皇帝服务的完整机构，即二十四衙门，几乎包揽了内廷的一切事务，使宦官成为皇帝身边最亲近的人。不但如此，明代自朱元璋起，由于皇权高度发展，对臣下极端猜忌，终于发展到任用宦官刺探外廷动静，以及建立"诏狱""锦衣卫"等，使宦官得以通过这些特务活动，染指朝廷大事。朱元璋还公开破坏自己建立的规制，派宦官出使办事。如洪武八年，派宦官赵成赴河州市马；二十五年，宦官聂庆童赴河州办理市马。但总的说来，终洪武一朝，宦官势力还是受到压制的。据载：一个侍候了朱元璋数十年的老太监，有一次偶然在朱元璋面前谈起朝廷大事，朱元璋大怒，立时下令把他拉出去斩了。

到了后世就不同了。永乐时，因宦官在靖难战争中立下大功，对宦官的任用就越来越多，如著名的郑和，就是成祖身边亲信宦官。此外，出镇地方、典兵、监军等事，也都常常有宦官担任。而且，随着永乐时期特务政治的进一步发展，宦官干预政务的机会也越来越多。宣德时期，不许宦官识字的规定也被破坏了。原来，宣宗宠信宦官，常常叫他们办各种事务，但宦官们不识字，办事多不尽人意。而明成祖曾赐给他4名小太监，都是明军远征交趾时的俘虏，能读书识字，文墨精熟，无论行为举止、办事效率，都很令人满意。于是，宣宗下令在宫内开办了内读书堂，专选年幼内侍读书。就这样，为宦官窃权铺平了道路。

正统年间，就是在这种背景下，出现了宦官王振窃取朝政大权的局面。

说起王振，他曾是个读书人，由儒士出身并担任过地方教职，后来犯了法，罪当发配。正在这时，遇上朝廷选用宦官，王振乘机自宫，混入宫廷。由于他读过书，一进皇宫就与他人不同，又擅长权谋，在宫中地位上升很快，被人称为"王先生"。他又有在官场混过的经验，很得宣宗信用，后来被派去侍奉皇太子朱祁镇读书，成为太子身边不可缺少的人物。宣德十年，英宗一即位，王振就被升为司礼监总管太监。

按理，英宗虽然是个10多岁的小孩，但外事有世称贤相的"三杨"主持，内廷有太皇太后张氏掌管，根本不会有王振窃权的机会。但是，永乐以来，宦官不许干政的规矩破坏得差不多了，人们对此失去了警惕，而王振又工于心计，处心积虑地找空子钻，终于渐渐成为左右朝政的力量。起初，王振主要在小皇帝身上下功夫，在"三杨"及张太后面前则毕恭毕敬。每次王振到内阁去传达旨意都很恭敬，站在门外，不敢随意进门落座，倒是"三杨"觉得以他这样地位的大太监还如此恭敬，的确不错，常常招呼他入内就座。当着阁臣的面，他还跪奏小皇帝，希望他不要太贪玩而应以国事为重，以致杨士奇辈感叹说："宦官中有这样的人，真是难得呀！"但是在暗中，王振则竭力勾结内外官僚，伺机窃权。他利用较长时间侍奉英宗，深得这位小皇帝倚重的便利条件，暗中对皇帝施加影响。英宗每次临朝之前，王振总是把从各方面探得的消息告诉他，并教他如何应付，要怎样才能使大臣们心悦诚服，一件事后要怎样赏罚，如何在臣下面前树威，等等。由于王振耳目众多，他教皇帝的事往往灵验，使英宗对他非常敬佩。而文武大臣们对于小小年纪的皇帝能够遇事不惊，也十分惊奇，认为是皇上天资聪明，很少有人想到是王振从中作了手脚。

另一方面，王振为了加重英宗对他的倚赖，在宫廷生活中，对于小皇帝的种种要求，都尽可能地予以满足，以至于正统初年，太皇太后张氏就感到他过分放纵皇帝的生活。一次，张太后召大臣及王振，对王振加以警告："汝侍皇帝起居多不律，今当赐汝死。"经过小皇帝的请求及大臣们劝解，王振才得到宽免，并规定他不许干预朝政。

宦官窃权，最常见的手段便是利用自己接近皇帝的地位，赢得皇帝的信任，对皇帝施加影响，以至于最后架空皇帝，自己以皇帝传令者的身份操纵大权。王振也不例外，他讨好皇帝，当然是为了更有力地对他施加影响。为了最终树立自己的权威，他教唆英宗对臣下乱施淫威，以使臣下畏威而不欺。英宗常常在臣下面前施威，也觉得很有意思。在王振的教唆下，他常把不顺自己意思的人随便投入监狱。在正统六年以前的几年中，六部尚书中竟有4人被投入牢狱，这种牢狱之灾由于张太后的干预而有所减免，有些官员下狱不久，就被以张太后懿旨放出，但英宗这种做法还是有很大震慑作用的。随着皇帝年龄的渐渐增长，大臣们也愈益认真看待他这种做法，明哲保身的大臣往往会因此缄口不言，乖巧的人也许会猜到是王振在从中捣鬼。

王振将自己在皇帝面前的地位稳住后，又伸出手来一步步窃取朝权，他不时在张太后面前进谗。一次，福建省签事廖谟杖死了一个驿丞，地方官将廖逮捕，上奏请示处置。辅臣杨荣、杨溥认为应将廖处死；而杨士奇与廖为同乡，因而设法搭救，说廖应按因公误杀人的条款处理，双方争持不下，请张太后裁定。王振乘机对张太后说，3位大臣所言均出于私意，不是太重就是太轻，按法律应将廖降职为同知，张太后见他如此"秉公无私"，就听从了他的意见。这类事多了以后，王振竟渐渐染指于朝廷大权，地位逐渐重要起来。正统五年，王振开始向掌政的内阁大臣发动正面攻势，他揭发杨荣接受宗室贿赂，请求复查，这位一世贤名的大臣竟然忧愤而死。王振取得了这一回合的胜利后，加紧培植内外亲信，风头极劲。正统六年，宫中三大殿修建工程竣工，英宗大宴百官以示庆贺，按惯例，宦官是没有资格出席这种宴会的。英宗怕王振不高兴，派人去看王振在干什么，结果看见王振正在大发脾气，英宗忙令开东华门的中门，请王振赴宴，在座的文武官员也都起身迎谒。张太后在世时，王振的势力已有很大发展。

正统七年，张太后去世，王振更加肆无忌惮了。当时，杨荣已死，杨士奇因儿子杀人被捕而"坚卧不出"，不理政务，只有杨溥一人主持大事，年老势孤，已不是王振敌手。王振操纵年轻皇帝于掌股之上，他毁掉了朱元璋禁止宦官干政的铁牌，大权独揽，广植私党，顺之者昌，逆之者亡。稍不如意，便对大臣乱用刑罚，动辄枷锁官员，当时一班正直朝臣贬的贬，杀的杀。畏祸谄媚者趋附王振，甚至有人自愿做他的干儿子，王振更是卖官鬻爵，威福任情。为了要树威和建立边功，王振唆使英宗几次对云南麓川少数民族地区大举用兵。后来，翰林侍讲刘球上疏反对此事，并劝说英宗勿使大权下移，王振见疏大怒。这刘球是当时一个很有影响的文人，门生很多，王振正好借此打击朝臣以树威。在他的主使下，刘球被下狱折磨致死，最后他的家属要安葬他，连一具全尸也找不到了。

正当王振操纵英宗几次大征麓川时，北方蒙古瓦剌部逐渐强大起来，其首领也先多次率兵对明朝进行骚扰活动。王振不但不加强防范，反而与也先勾结，索要贿赂，赠以兵器。正统十四年，也先部2000余人入贡，王振视同儿戏，随意压低马价。也先闻讯大怒，借口明廷曾答应与其联姻又无故反悔，遍集蒙古各部兵马，大举南下，"塞外城堡，所至陷没"。

土木堡之战

前线败报不断传来，王振与英宗不能漠然视之。在王振的怂恿下，英宗决意率明朝大军亲征。朝臣们纷纷以条件未备劝谏，均不听。在战备极不充分的条件下，正统十四年七月，英宗和王振率50万大军从北京出发。随军大臣、战将虽多，凡事却须经王振同意始行。王振在军中滥施淫威，成国公朱勇是前军主帅，有事请示，也要跪在他面前"膝行向前"，兵部尚书邝埜、户部尚书王佐触怒王振，竟被在草中罚跪一整天。由于此次出征准备不足，粮草难寻，随行人员甚多，沿途地方疲于供应，士兵乏粮，军心不稳。

八月初一，明军抵大同。也先为诱使明军深入，立即撤退，王振不顾大军实际情况，强令北进，文武大臣纷纷谏止，不听。次日，王振得到前些日子前线明军大败的情况报告，不禁害怕起来，于是下令大军班师回朝。王振是蔚州人（今河北蔚县），起初他想让英宗"驾幸其第"，在故乡显示威风，命令大军从紫荆关退兵。途中，他忽然想到大军行进，会踩坏他在家乡置办的田园庄稼，又下令大军改道转向宣府。初十日，明军抵宣府，蒙古骑兵追袭而至，连派数员大将，统兵数万断后，均因冒险出击，指挥不当而使全军被歼。十三日，英宗大军在沿途不断遭到袭杀的情况下退至距怀来县20余里的土木堡。文武大员纷纷请求皇上急速入怀来城，或速奔居庸关，同时组织精锐断后。王振完全不予理睬，命大军就地扎营。其实，他在土木堡停留的目的，只是为了等待落后的千余辆辎重车。

十四日天明，英宗大军拔营开进，但为时已晚，全军已为蒙古大军包围。土木堡地势虽高，但无水源，为兵家绝境，士兵掘井2丈深仍不见水，军心大乱。十五日，也先佯装退却，并遣使议和，王振对情况不加分析，轻令大军移营就水，行伍大乱。也先乘机转身扑来，蒙古骁骑蹂阵冲入，明军于混乱中纷纷解甲投降，抵抗者被杀无数。混战之中，明廷公侯大臣50余人遇难，明英宗朱祁镇也被也先军俘虏，50万大军损失过半，余皆溃散，遗下辎重兵器无数，尸横遍野。王振在混乱中被无比仇恨他的明军将领所杀。

这就是历史上著名的"土木堡之变"。事后人们才知道，也先部回头攻击明军的骑兵，最初只有两万多人，竟使数十万明军顷刻间解体。而皇帝出征被俘也是中国历史上罕见的。

于谦北京保卫战

英宗被俘、土木堡惨败的消息传到北京，明朝百官一片恐慌，聚集在殿廷上号啕大哭。皇太后下诏立英宗的长子朱见深为太子。但是，在这国难深重的时刻，怎能让这个年仅两岁的小孩登皇帝位呢？因此，又命郕王朱祁钰监国。总理国政。

郕王召集群臣讨论战守之策。翰林院侍讲徐珵首先站了出来，朗朗说道："臣夜观天象，稽算历数，天命已去，惟有南迁可以纾难。"徐珵的话刚说完，立刻遭到太监金英和礼部尚书胡濙的反对。接着，又有一人从文臣班里站出来，厉声斥责说："主张南迁的，罪当斩首！京师是天下的根本，一动则大事去矣。你难道不懂得宋朝南渡的教训吗？"这一驳斥，使徐珵非常难堪。他不敢再说什么，低着头退了回去。驳斥徐珵的人是兵部侍郎于谦。

于谦，字廷益，钱塘（今浙江杭州市）人。永乐十九年（1421年）中进士，宣德朝任御史，巡按江西，昭雪冤囚数百人。后由杨士奇举荐，升兵部右侍郎，巡抚河南、山西。他每到一地，轻骑遍历各处，延访父老，大力兴利除害。正统六年（1441年），他向朝廷提出一个建议："以河南、山西各积存的数百万谷子，在每年的三月借给缺粮的贫苦农户，待秋收后收还；那些老病和贫穷无力偿还者，官府就免收他们的借粮。州县官吏任满当迁者，如果预备粮不足，不许离任。这事由风宪官员按时稽查巡察。"英宗采纳了他的建议。于谦巡抚河南之时，黄河不时决堤，给百姓的生产和生活带来许多破坏。他组织民众筑堤治水，设置亭长，专责督率修缮河堤，并命令种树凿井，榆柳夹路，道无渴者。在山西，他剥夺边镇军官私占的土地为官府屯田，以资边防费用。"三杨"掌权的时候，对他非常器重。他所提的建议，朝报夕准。王振专权时，一些无耻的官僚争相以搜刮来的民脂贿赂王振，以取得王阉的欢心，而于谦生性刚直，不事权贵，每次进京，都是两袖清风。因此，王振嫉恨，加以陷害，把他关了3个月的牢房，释放后又降为大理寺少卿。山西、河南官民纷纷上书朝廷，请求留他在原任。朝廷批准了官民的要求，仍以于谦为山西、河南二省巡抚。正统十三年（1448年），于谦被召入京任兵部左侍郎。英宗亲征前，他极力谏止，没被采纳。现在他的反对南迁，力主坚守的意见得到郕王的赞许，郕王下定决心坚守北京。当时，京师的精骑劲旅都在土木堡覆没，剩下的10万人多为老弱病残之辈，人心震恐。于谦经郕王批准，将两京、河南的备操军，山东、南京沿海的备倭军，江北及北京诸府的运粮军，全部调进北京。他亲自筹划部署，加强防守，人心才稍为安定。郕王把他提为兵部尚书。

在百官的强烈要求下，招致这次奇耻大辱的罪魁祸首王振被抄家灭族。他的3个爪牙被愤怒的百官打死在殿廷上，人心大快。接着，文武百官又议论立皇帝的事。大家认为国家正处于危难之秋，人心惶惶，必须另立一个皇帝以安定人心。于是，群起上书，劝郕王早登大位。九月初六日，郕王正式登上皇帝位，遥尊英宗为太上皇，以次年为景泰元年，他就是明史上的景帝。景帝的登基，是具有一定的政治意义的。也先俘获英宗时，原以为奇货可居，想利用他来要挟明朝赔款割地，没料到明朝又立了一个皇帝，他手中的这张牌就失去了作用。

根据敌我双方的军事力量和也先的气焰，于谦估计，也先一定不会就此罢兵，他向景帝慷慨泣奏说："也先得志，留住大驾，势必轻我中朝，长驱深入，不可不预为计。前各营精锐，尽遣随征，军资器械，十无存一。应当赶快遣官四出，招募官舍余丁义勇，集合附近居夫，用他们换下沿河漕运官军，而让这些漕运官军全部隶归神机营等，操练听用。并令工部齐集物料，内外局厂昼夜加工，制造攻战器具。京师九门，宜派都督孙镗等人带领士兵，出城守护，列营操练，以振军威，并选派给事中、御史等官，分出巡视，勿致疏虞。迁城外居民于城内，随地安插，避免瓦剌兵的掳掠。通州坝上仓粮，不可丢弃以资敌寇，令各官自行到仓支取月粮，方为两得。至于军旅之事，臣身当之，不效则治臣之罪。"他的这些建议，切实可行，措置有方，景帝都采用了。

十月，也先挟带英宗，攻破紫荆关，明朝守将战死。也先麾军入关，直指北京城。面对强大的敌人，主将石亨主张尽闭九门，坚壁以避敌锋。于谦坚决反对，他说："敌人气焰嚣张，而我为何又先示弱，使其更加轻视于我？"他分遣诸将列阵于九门之外，下令尽闭各城门，以示明军誓与京城共存亡的抗战决心。他把自己安排在北面的德胜门外，和石亨一起，抵挡敌人的正面进攻。部署已定，于谦传令九门："临阵将不顾军先退者，斩其将；军不顾将先退者，后队斩前队。"于是，将士人人效命。于谦本身戴盔披甲，亲临战阵巡视指挥，以自己的行动激励将士勇敢作战，保卫首都。十月十三日，瓦剌军攻德胜门。于谦令石亨带兵埋伏在民间空屋里，然后派数骑诱敌。瓦剌 1 万多名骑兵追击进入埋伏圈后，一声炮响，伏兵四出，火器齐发，瓦剌军人仰马翻，大败而逃。也先的弟弟孛罗和瓦剌的平章卯那孩都中炮身死。瓦剌军转攻其他城门，同样受到明军的坚决抗击。在德胜门北面土城的战斗中，明朝军民配合作战，使瓦剌军又吃了一个大败仗。当明军和瓦剌军在激战时，土城的老百姓纷纷爬上屋顶，以砖石为武器，铺天盖地般地投击敌人，喊杀声震天动地。两军相持了 5 天，瓦剌军四面楚歌，连战皆败。也先本想拥着明英宗，逼明朝城下议和，捞取金银财物，没想到一个子儿也没捞到，反倒损失了许多人马，又听说明朝的各路援兵快要到了，恐怕归路被切断，于是，又拥着明英宗匆匆撤围西去。于谦指挥军队乘胜追击，夺回了瓦剌沿途掳获的许多百姓和财物。北京保卫战取得了辉煌的胜利。

也先退出后，心生一计，声言要送英宗回朝。明朝的主和派因此又吵嚷着要与瓦剌议和，甚至许多主战派官员也认为必须迎回英宗，倾向于妥协。于谦识破也先的阴谋，他力排众议，指出这是敌人企图借此向我索取财物，并说："社稷为重，君为轻。"他派人告诫各边镇将帅，万勿中敌的奸计，要做好防御工作，并选派将领，镇守边防重地。他号令严肃，赏罚分明，因而，片纸行万里，无不惴惴效力。在于谦的整顿和指挥下，边防力量大大增强，各边镇的将帅也都主张抗战，也先在景泰元年（1450年）的几次侵扰都受到了严厉打击，阴谋未能得逞。

为了加强京师的防卫力量，于谦又对京军三大营进行改编。明成祖时，把京军编为五军营（由中军、左掖、右掖、左哨、右哨五军编成，均为步骑兵）、三千营（初由塞外降兵 3000 人组成，全都是骑兵，主要任务是巡哨）、神机营（使用火器，皇帝出征时须随军出征），合称三大营。土木堡之变后，三大营丧失殆尽，而且这种组织法因兵种不同，训练各异，一遇调遣，士兵不习新号令，兵将不相认识，战斗力发挥不出来。于谦在原来三大营中选拔骁勇剽悍者15万人，分为10营，每营以一都督统领，下又分5000人为一小营，都指挥为小营的长官。这10营集中团操，称为团营。遇有战事，由原来各营的军官率领参加战斗。号令划一，兵将相习，克服了原来三大营的弱点，提高了战斗力。

明朝边疆和京师防守力量的增强，使也先更无隙可乘，而明朝又识破瓦剌以英宗相要挟的阴谋，拒绝与他议和言好，逼使也先无计可施。为了恢复与明朝的通贡和互市，也先在景泰元年八月不得不将英宗送回北京。英宗回到北京后，当了个名誉上的太上皇，幽居南宫。

夺门之变

明代的历史，从土木堡之变到景帝在位这几年，几乎一直没有平静过，内忧外患，接连不断。若与其父、祖在位的"仁宣之治"相比较，则更显得动荡。

土木堡之变后，景帝由留守而至监国，终于登上帝位，君临天下。这一方面使他富贵至极，口含天宪，另一方面，外患频仍，朝内政局一波三迭，又使他寝食难安。最令他伤心的，还是太子见济的死，他又没有别的儿子可以继立，这本身就是构成他皇位不稳的一个因素。起初，皇后汪氏连生两胎，竟都是女儿，使他十分恼恨。后来妃子杭氏生了见济，他便将汪氏废去，立杭氏为后。景泰七年，杭氏又不幸病故。然而，更糟糕的是，在国事烦劳和后宫享乐的双重熬煎下，到景泰七年，景帝的身体状况每况愈下，积劳成疾，而且病势日渐沉重起来。

景泰八年正月，景帝病重，而皇位继承人尚未确定，内廷外朝均十分忧虑。十一日，群臣入宫探问病情，景帝的亲信太监兴安对众人说："诸位都是朝廷肱股之臣，不为社稷大计考虑，天天问安，徒劳无益。"一席话提醒众官考虑确立皇位继承人的问题。本来，经过"复储之议"，无人敢再提建储之事，但景帝这一病，使人们不得不再次考虑此事。十四日，群臣在朝集议立储问题，有人提出请沂王复位东宫，也有人表示反对，认为既废不可再立。最后，大家觉得不如只提建储，具体人选由景帝自己定，所以奏疏中只说"早择元良"。景帝见疏，不允所请，并说自己不过偶感风寒，十七日当临早朝，群臣不必惊慌。这时，传说有人要把襄王之子迎入宫中，立为皇储。十六日，主持政务的王直、于谦等人在一起议论请沂王朱见深复太子位一事，推举大学士商辂起草奏稿，写成以后，天色已晚，决定明日早朝时再奏。

然而，就在这天夜里，发生了太上皇英宗复位的一场宫廷政变，史称夺门之变。

首先谋划英宗复位的是武清侯石亨。此人在北京保卫战期间立了一定功劳，掌握了部分兵权，爵封武清侯。景泰八年正月，景帝朱祁钰召石亨至病榻前，令他代行郊祀礼。石亨这人野心很大，在于谦掌握兵权的情况下，不免有抑郁不得志之感。这时，他看见景帝病势沉重，不觉动了谋取大功的念头。归后，他找亲信张轨、杨善及太监曹吉祥等商量：景帝的病一定好不起来了，现在上下官员都在策划拥立各自尊崇的人为新君，我看，拥立沂王，不如拥太上皇复位，可以建立不世之功。他这番话立刻得到赞同，因为这些人都是不得志之人，如杨善迎归英宗，却未得升迁，必怀不满。于是，几个人去找英宗旧日亲信许彬。许彬对他们说："拥立上皇复位，社稷之福也。但我已经老了，不能干了，你们可以去找徐元玉商量。"这个徐元玉，就是当年土木堡之变后倡言迁都的徐珵，人很有才，但心术不正，因倡言迁都而遭士林不齿，于是他改名为徐有贞，字元玉，这时又重新爬到副都御史的位子。石亨等人知道他善谋略，于是又去找他。徐有贞听了石亨等人的计划，大加赞赏，说："当年太上皇出征，是为天下赤子之故。现在天下离心，请上皇复位，人心必悦。"

于是，在徐有贞的策划下，石亨等人分头做了一系列准备工作。首先，由张轨暗中将准备拥英宗复位之事通知南宫，以便英宗有所准备，同时，由太监曹吉祥、蒋冕等人将情况密报孙太后，很快得到孙的首肯。然后，曹吉祥等又预制了孙太后的一道懿旨，以备起事时用。他们知道，十七日景帝将临朝，到时可能会对立储一事做出某种决定，那时将对拥立英宗复辟不利，于是决定在十七日以前行动。这时，适逢边塞报警，徐有贞对担任掌军都督之职的张轨说，你正可以乘此机会，以加强京师及皇宫戒备为名，调动兵力，做好准备。

十六日晚，徐有贞知道今晚事在必举，为了鼓动人心，他爬上房顶，仰观天象，然后下来对众人说："时在今夕，不可失也。"于是，他与石亨、杨善等人拿出孙太后懿旨，调军向皇宫进发。当夜四更，曹吉祥等人打开长安门，石亨、张轨、徐有贞、杨善等率兵千余人闯入皇城。不等守城士兵有所反应，他们已将城门反锁，并将钥匙投入井中，以防外兵进入，然后直奔南宫。南宫城门紧闭难启，徐有贞令勇士翻墙而入，与外面士兵合力捣毁一段宫墙，很快，墙垮门开。只见英宗一人独自从灯烛中走来，问："你们想干什么？"众人赶紧伏地齐答："请陛下即位。"于是，叫士兵们推过皇帝乘坐的御辇来，士兵们慌乱中拉不动，徐有贞就亲自上前拉车，英宗在众人的扶持之下上了车，徐有贞又在前引路，向奉天殿而去。这夜，晴空朗朗，月明星稀，朱祁镇看清了眼前这几位主要人物，问道："卿等是谁？"徐有贞等赶忙各自报了姓名、官职。队伍出南宫不一会，就到了东华门。守门者远远看见有支队伍，喝令停止前进，这时，英宗朗声喝道："朕太上皇也"，守门者知是英宗，竟不敢阻挡，队伍顺利进入宫内，拥着朱祁镇至奉天殿，山呼万岁，钟鼓齐鸣。

这时已是正月十七日黎明，群臣正在朝房准备景帝早朝，很多人还在心里想着，今天这次早朝，建储问题肯定将要提出，免不了要有一番争论。忽闻钟鼓齐鸣，一会儿又见诸门大开，十分诧异。就见徐有贞跑来，大声呼喊："太上皇已经复位了，快来叩贺。"众臣面面相觑，竟无人敢于反对，稍稍迟疑，大家还是一齐来到奉天殿朝觐英宗，朱祁镇又亲自向大家宣布自己已经复位，今日正午，在奉天殿正式举行登基大典，群臣这才一齐跪下，山呼万岁。

这样，朱祁镇自土木堡之变后，在塞外和归后软禁于南宫，整整当了7年半时间的太上皇，终于重登大位了。这件事历史上称为"夺门之变"，也叫"南宫复辟"。当时，宣谕将景泰八年改称天顺元年，英宗成为明史上唯一登基两次的皇帝。据说，景帝在病榻上听说英宗复辟，只是连声说："好！好！"

英宗复辟以后，首先紧急要办的便是两件事：严厉惩治那些景帝倚信的大臣，以及自己在南宫时曾建议迫害自己的人，同时对"夺门之功"大加奖赏。

根据徐有贞等的建议，英宗在登基大典正式举行以前，就迫不及待地下令在朝班中将于谦和大学士王文拿下。因为于谦在英宗被俘后首先提出"社稷为重，君为轻"，又是他，带头拥立郕王为帝，并且在英宗被迎归时表示景帝之位不能变动，英宗对他早已恨之入骨，即便没有徐有贞的建议，也会对其下手的。至于王文，他是景帝的重臣，而且反对过迎还上皇，又反对过将沂王复为太子，所以同于谦一起下狱，当时给两人定了一个莫须有的罪名，说他们准备迎立襄王世子为太子。

随后，升赏与杀罚交织进行，所以参与"夺门"的大小将领以至士兵，以及英宗在南宫时为之说过好话、表示过效忠的人，一律大加升赏，封公封侯，加官晋爵。又大兴保举，经"夺门"功臣们保举为官者竟达数万人之多，以至于后来不得不进行纠正。反之，则下狱的下，问斩的问斩，贬谪发配。在复位的第六天，谕令将于谦、王文在午门问斩。大臣中内阁首辅陈循及江渊、俞士悦等分别谪戍或革职，景帝重臣为之一空。此外，曾经诬告过英宗身边太监阮浪、王尧的那个卢忠，曾建议将英宗与沂王一道迁往沂州的徐正，曾建议砍去南宫大树的高平等均被问斩。在内廷，凡在南宫服侍过太上皇的内侍均予升赏，而王诚、舒良等为景帝出力的太监均被问斩。

由于夺门之变时景帝病势已很沉重，英宗觉得他会迅即死去，所以，在登极诏书中，只宣布自己复位，改元天顺，却忘了写进废去景帝的内容，一时间竟有了两个皇帝，成了明史上的一大笑话。英宗及官员们后来发现此事，却又一时无法改正，只好等到二月伊始，才由孙太后下谕，将景帝废为郕王。英宗与景帝为异母兄弟，但景帝在英宗幽系期间，对他严加防范，动辄追究，使英宗对这个兄弟非常仇恨。历史上，英宗素有"妇人之仁"的名声，但他对夺了他皇位的这位兄弟却毫不手软。景帝废为郕王后，迁居西苑，奄奄一息，既无内监侍候，也无人敢荐医进药，简直是盼着他快死。但景帝的病，却奇迹般好转起来。原来，景帝之病，实是由于在后宫中纵欲过度而起，那时，做皇帝也无特殊娱乐，无非是声色自娱罢了。景帝本来就好色，太子死后，又急于想生个儿子以继大位，内宫生活不免有些过分。他在允准正月十七日临朝的谕旨中说自己"偶有寒疾"，大概是实情，而孙太后在废他为郕王的懿旨中说他宠信乐户妓女，虽是夸张之词，却也并非毫无根据。被废之后，女色方面自然断绝，于是，他的病竟能渐渐好起来。

景帝这一好转，使英宗、孙太后及周围亲信深感不安。英宗从自己的经历中深切体会到，景帝的存在，终究是一种不安定因素，无论怎样严密防范，总不能完全放心，自己在南宫时，景帝防范可谓极严，然而自己终于"夺门"复位，即是明证。有他在，一班忠于他的人便不会完全死心，遇到适当机会，难免死灰复燃。犹豫再三，最后终于下定决心——除掉景帝。二月十九日，身体刚刚恢复的景帝，被英宗命太监蒋安用帛勒死在西宫之中。

景帝死后，追封为"戾王"，不准葬入他生前在昌平所建陵寝，改葬西山（今北京西山镶红旗附近）。皇后杭氏已死，毁其陵，削去皇后称号。以唐氏为首的一大批嫔妃统统赐以红帛自尽，殉葬景帝墓中。嫔妃中唯一幸存者是前皇后汪氏。起初，英宗已赐令汪氏自杀以备殉葬，大学士李贤竭力劝谏说，汪氏虽曾为皇后，但很快就被废了，带着两个幼女度日，若令殉葬，两个小女儿怎么办呢？英宗听罢，亦觉恻然，道："我只觉得弟妇年轻，不便留居宫内，最好殉死，没想到两个女儿的事。"这汪氏在景帝时，对英宗之子朱见深多方照顾，英宗复辟，朱见深重立为太子，感其旧情，对汪氏也曲尽庇护，后竟设法使她迁至郕王旧府，一直活到武宗正德元年（1506年）。

关于景帝之死，明代史书多有禁忌。官修《明英宗实录》，自景泰七年十二月至其身亡，竟有20处记载景帝有病，渲染病情，制造景帝病死的假象。然而，还有人记下了当时景帝被害的情况。至清代，禁忌解除，记载渐多，但也有夸张不实之词，使之成为人们争论的明史疑案之一。

还须交代的是，夺门功臣徐有贞，起初权势甚炽，不久经石亨、曹吉祥合力倾陷，为英宗所杀。曹、石二人专权太过，引起英宗猜忌，二人惧祸，先后阴谋叛乱，亦为英宗所杀，都没有得到好下场，史称"曹石之变"。

荆襄流民起义

流民是指由于自然灾害，或战争动乱等原因，生活无着而到处流浪的人。流民问题，早在汉末、两晋时就曾经出现过。明代中期的流民问题，则主要是由于皇庄、官庄的广泛建立，土地兼并的空前盛行，赋税徭役的异常苛重，大量农民失去土地，无法负荷沉重的经济负担。于是，为了逃避赋税徭役的追讨和地租的敲榨，不得不离乡背井，到处漂泊，成为流民。早在明初，在个别地区就已有流民存在。到英宗正统以后，流民则几乎遍及全国。加上不堪赋役而逃亡的工匠和士兵，使有些地区的人口逃亡超过一半，甚至达到十分之九。其中以山东、河北、山西、陕西、河南、安徽、江苏、湖广、浙江、福建诸省最为严重。据计，全国流民总数约达 600 多万，占总在籍人口的 1/10，成为明朝政府严重的社会问题。

地处湖广、河南、陕西 3 省交界处的荆州、襄阳山区，元朝末年，曾是红巾军的一个重要据点。明朝建立后，明太祖曾派大将邓愈率军在此剿灭了红巾军的余部。从此，这里便被列为全国最大的封禁山区。由于该地山谷厄塞，川险林深，有着广阔的沃土可以耕垦，丰富的矿藏供采掘；且为 3 省交壤、相互不管的地界，封建统治相当薄弱。所以，各地流民纷纷涌入，到成化初年，便聚集已达 150 万左右。他们砍草结棚，烧畲种地，自由自在，过着"既不当差，又不纳粮"的生活。久而久之，流民的大量聚集，破坏了当地的里甲制度，打乱了封建的统治秩序，引起明政府的极大恐慌和不安。于是，急忙下令，或驱赶勒令回归原籍，或就地附籍，以"编甲互保"；随后又颁布了严厉的法律，凡不肯回籍者，"主犯处死，户下编发边卫充军"。在严厉的限制和疯狂的迫害之下，流民们忍无可忍，终于在成化元年（1465 年）四月，由刘通、李原等先后领导发动起义。

刘通，河南省西华县人，膂力超群，曾高举起过县衙门前的千斤石狮，故人送其绰号为"刘千斤。"早在英宗正统年间（1436—1449 年），便流亡襄阳府房县酝酿起义。得知附近有绰号石和尚的石龙，曾联络冯子龙等数百人，到处劫富济贫，便派人与之联络，终于结为一体。他们一起酝酿准备长达 20 年，至此方正式起义。他们在大石厂立黄旗聚众，据海溪寺称王，国号"大汉"，建元德胜。以石龙为谋主，以刘长子、苗龙、苗虎为羽翼；另设将军、元帅、国师、总兵等官职。起义军活跃在襄阳、邓州、汉中等地，四方流民，奋起响应，队伍很快发展到数十万。

事发之后，当时在此视察的副都御史王恕，急忙奏报朝廷。五月，命抚宁伯朱永为总兵官，兵部尚书白圭提督军务，合湖广总兵李震，会同王恕 3 路大军并进，全力镇压。至次年五月，起义军经过长期的顽强浴血奋战，虽然多次重创官军，终因力量对比悬殊，刘通、苗龙等主要首领 40 余人不幸兵败被俘，均被解京磔杀于市。起义军男子 10 岁以上多被杀害。唯刘长子、石龙等暂时幸免，转移到巫山等地，继续进行斗争。后因刘长子的叛变，刘通之妻连氏及其部将常通、王靖、张石英等 600 余人，均被诱杀，使起义失败。

叛徒刘长子也没落得什么好下场，最后也同石龙等一起被磔杀。

起义虽暂时失败，但并未就此中止。成化六年（1470年）十月，荆、襄流民又在李原等人的领导下，继续进行起义斗争。李原，河南省新郑县人，因蓄一缕漂亮的大胡须，故被人送以绰号"李胡子"。他原是刘千斤的部将。刘通失败时，他同王彪等走脱，不久又联络了其他起义军将领小王洪、石歪脖等，再度起义，往来于南漳、内乡、渭南之间，并重建起农民军革命政权。李原被拥立为"太平王"。明朝政府闻知后，举朝大惊。十一月，赶忙任命都御史项忠为统帅，总督河南、湖广、荆襄等处军务，前往征讨。项忠老奸巨猾，到襄阳后，主要采用了围困逼降的手段，驻兵分布险要，遣人张榜招抚，致使广大流民受骗，扶老携幼，纷纷出降，竟多达40余万。另有144万，则被项忠军队强行驱逐出山。有的遣返还乡，有的则被充军湖广、贵州等地。项忠军队入山后，不管是起义军，还是一般老百姓，都纵其部下随意滥杀。史称"尽草剃之，死者枕藉山谷"。而被充军湖广、贵州者，又多死于中途，"尸满江浒"。事后，大刽子手项忠为给自己歌功颂德，竟树起了所谓《平荆襄碑》，但广大人民却都嘲讽为《堕泪碑》。至此，轰轰烈烈的荆、襄流民大起义，便被镇压下去了。

但是，流民并未消失，而是始终"逐去复至"，依然"屯结如故"。从而迫使明廷不得不开始认真研究总结，如何妥善解决这一空前严重的流民问题。所谓"流民入山就食，云集如前。大臣悔祸，始议更张"。国子监祭酒周兴谟编写了《流民说》，以深刻的笔触，详细阐述了荆、襄流民的历史发展过程，总结了自东晋以来历代封建统治者处理该地流民问题的经验教训。他提出，政府应该允许流民就近附籍；离郡县远者，则要侨设州县，即"设州县以抚之，置官吏，编里甲，宽徭役，使安生业"。都御史李宾也极赞成其说。朝廷采纳其议，于是在成化十二年（1476年）春二月，命都御史原杰经略郧阳，抚定流民。

七月，北城兵马司吏目文会，在其奏疏中不仅指责了白圭、项忠等人对"刘千斤、石和尚、李胡子相继作乱"的"处置失宜"，以致使流民"终未安辑"的错误。同时提出了3条建议：一是荆、襄闲置的沃土，应当任民尽力耕垦，愿回籍者听便；二是，选择良吏，好生慰抚，令军卫官兵严加守镇，以使流民"自安"；三是，增设新的府、卫、州、县，立保甲，兴学校，厚风俗，使民趋善"。朝廷予以采纳，并发此疏至郧阳，命原杰在工作中参考。

原杰赴任后，"遍历诸郡县，深山穷谷，无所不亲至"。所到之处，"宣朝廷德意，问民间疾苦"，深得民心，"诸父老皆忻然愿附版籍为良民"。为了妥善安置这众多的流民，他特意召集湖广、河南、陕西等省的巡抚、按察使、都指挥使和布政使等地方要员们，共同商议。经过反复研讨，最后决定：

将这 113000 余户流民，除愿回原籍的 16000 余户发还外，其余愿定居此地的 96000 多户，则允许他们各占旷土，官府计丁力限给，令其垦种，永为己业，以供赋税徭役。为更好地管理这些新附籍的流民，令湖广省割出竹山县部分地区，分置竹溪县；割出郧、津部分地区，分置郧西县。令河南省割出南阳、汝州、唐县等处部分土地，分置桐柏、南召、伊阳等 3 县，令陕西省将商县分为商南、山阳两县，而升商县为商州。升郧县为郧阳府，管辖郧、房县、竹山、竹溪、郧西、上津等 6 县。为了便于管理，他们又决定，将流民同土著交错安插居住。并在郧县立行都指挥使司以及卫、所，加强控制和防范。原杰与众官协商既定，便上报朝廷，并推荐原邓州知州吴远为郧阳府第一任知府，荐御史吴道宏，代自己继任经略。疏上，宪宗皇帝当即批准，下诏擢吴道宏为大理寺少卿，兼制湖广、河南、陕西 3 省，抚治郧阳等 8 郡，开府于郧阳。原杰则被诏封为南京兵部尚书。至此，轰轰烈烈的荆襄流民起义最终结束。

河北农民大起义

正统年间，明政府强迫京畿百姓代官养马，以供军用，按百姓丁田授给种马，叫马户，每岁征驹（即小马），种马死或小马孳生数不足的，都得赔补。当时庄田日增，草场日削，饲料短缺，马户苦于孳养，而官吏又催督苛紧，老百姓实在是走投无路。于是，在这阶级矛盾特别尖锐的京畿地区终于爆发了人民反苛政的斗争。

长期以来，京畿人民利用官马，组织马队，劫富济贫，反抗官府，被统治阶级诬为"响马盗"。正德四年（1509 年），"响马"势力愈来愈大，明朝统治者派官分镇各地，专事镇压，设立"什五连坐法"，滥杀乱捕无辜百姓。正德六年（1511 年），杨虎、刘六、刘七揭竿而起，领导人民反抗统治阶级的剥削和压迫。

杨虎，河北交河县人，是著名的"响马"，屡受官军追捕。刘六名宠，弟弟刘七名宸，是霸州文安县的贫苦农民。刘六、刘七家徒四壁，一贫如洗，但"胆力弓矢绝伦"。他们起义后推杨虎为首领，攻打畿南州县，四方贫苦百姓云集响应，"旬日间众至数千"。因为起义爆发于军马寄牧的京畿地区，许多马户都参加了起义，起义军拥有许多马匹，"一昼夜驰数百里""倏忽来去，势如风雨"。官军兵弱马少，无可奈何。地方州县官吏不是"望风奔溃"，就是"开门迎款"。起义军兵分两路，东路由刘六、刘七率领，自河北转入山东；西路由杨虎率领，进入山西。义军纵横数千里，所到之处，百姓牛酒相迎。起义军的浩大声势，使明朝统治者大为震惊，慌忙调兵遣将，加强防守和镇压。明政府企图利用黄河和太行山天险，保守京城，并将义军困死在河北、山东和河南交界处。为了打破官军的包围，杨虎于正德六年六月率领义军自陵川出武安，与刘六、刘七会师，并挥戈北上。不久，起义军合而复分，杨虎、赵镟迁回于河南、山西，而刘六、刘七转战于山东、河南，出湖广、江西。起义军"恃马力倏忽驰骤"，不占城郭，不建立根据地，采取的完全是流动作战的战术，"所至纵横，如蹈无人之境"。

八月，两路义军又会师霸州，直逼京师。明政府急忙命兵部侍郎陆完率领京营和边军回师救援。起义军为了避敌锋芒，又挥师南下。十月，进入山东。济宁一战，焚毁明朝运粮船1200艘，给明王朝以沉重的打击。

十一月，杨虎在夏邑（今河南夏邑县）小黄河战斗中壮烈牺牲。起义军共推刘惠（又名刘三）为领袖，称奉天征讨大元帅，秀才赵镟为副元帅。起义军进行了一番整顿，编为28营，设置官职，严申纪律，不许抢掠，不许妄杀。而且，还提出了更为明确的斗争目标，树起了两面金字大旗，上写："虎贲三千，直抵幽燕之地；龙飞九五，重开混沌之天。"这个口号继承了元末红巾军的传统，表示农民军誓以暴力推翻明朝腐朽统治的坚强决心。

正德七年（1512年），明王朝再度调集重兵，企图一举将起义军扑灭。起义军为了牵制官军，再度分兵。刘惠、赵镟转战河南，刘六、刘七攻打山东。河南方面，明将仇钺拼凑重兵，疯狂反扑。义军进入安徽，又转战湖广。闰五月，义军在湖广应山县与明军激战，失利。赵镟突围后，削发化装成僧人，潜渡长江至南岸，准备进入江西，再图大举，不幸在江夏（今武昌）被俘。刘惠突围至河南南召，在战斗中中箭牺牲。赵镟和其他被俘的义军将领计37人被用槛车送到北京。赵镟等6位主要将领被处以残酷的剥皮之刑，其他均被处磔刑。明武宗这个暴君还下令把剥下的人皮制成鞍鞯，装在自己的马上，经常骑乘它，可见反动统治者对待农民领袖是何等的残暴狠毒。

山东方面，刘六、刘七为了援救河南战场，率军入豫。当他们到达河南时，刘惠、赵镟均已兵败牺牲，明官军集中兵力向刘六、刘七疯狂扑来。义军孤军作战，形势非常不利。刘六、刘七为了摆脱敌人的围剿，被迫"弃马登舟"，引兵南下湖广、江西。在湖北黄州的战斗中，刘六中箭受伤，不愿被官军俘虏，投江自杀。刘七领导着义军，攻克江西九江，顺流而下，转战于安徽安庆、芜湖和江苏瓜州、镇江、南通等地，"三过南京，往来如入无人之境"。但是，水战毕竟不是惯于骑射的义军的长处，七月，明军用火药炮击沉义军战船，义军只好登陆，占据南通狼山，凭高控险，英勇奋战。明王朝调集各路军队进行围攻，由于寡不敌众，刘七投江，其余将士有的英勇战死，有的坠崖牺牲，表现了坚贞不屈的英雄气概。

河北农民起义军奋战两年，纵横8省（包括今河北、河南、山东、山西、江苏、安徽、湖北、江西），是明中叶规模最大的一次农民大起义。起义最终虽然被镇压下去了。但是，它沉重地打击了明朝的统治阶级，连地主阶级都不得不承认这次起义"几危宗社"。农民起义教训了明朝统治者。明武宗死后，世宗朱厚熜即位，不得不有所收敛，对正德时期的暴政作了一些改良，如派官勘查庄田，退还自正德以来侵占的民田，取消正德时开设的皇店等。这些措施在一定程度上缓和了阶级矛盾。

抗击倭寇

概况

元末明初，日本正处于南北朝分裂时期，在长期的内战中，战败的西南部封建主，为了掠夺财富，壮大势力，搜罗一批溃兵败将、武士浪人和走私商人，组成海盗集团，经常在中国沿海进行武装骚扰，史称"倭寇"。明初在沿海置卫筑城，积极防守，加上国力强盛，倭寇尚不敢入侵内地。但明朝中期以后，政治日趋腐败，海防逐渐废弛，倭寇气焰复炽。寇入内地，烧杀抢掠，无恶不作。

嘉靖二年（1523 年）发生"争贡之役"之后，明世宗下令废除市舶司，继续实行海禁政策，严禁民间出海贸易。但此时的明政府国力已呈衰弱之势，加上东南沿海地区官僚豪商与倭寇相勾结，倭寇气焰甚为嚣张，且日甚一日。

倭寇的罪行，激起了东南沿海人民的愤怒，他们纷纷组织起来，保家卫国。嘉定、长乐、扬州、基隆等地，人无分老幼妇孺，奋力抗倭，取得了一连串的胜利。

在抗倭斗争中，也涌现出许多爱国将领，其中最著名的是民族英雄戚继光。戚继光，山东蓬莱人，出身名将家庭，精通兵法。他先在山东防倭，作战有功，后调到东南沿海，镇守宁波、绍兴、台州一带。他见卫所军队腐败无战斗力，从各地调来的客军又缺乏训练，便在金华、义乌等地招募农民、矿工，组成"戚家军"。又根据江南水乡地形特点，改革兵械和阵法，创造了有长短武器相结合的阵法——"鸳鸯阵"，使士兵能充分发挥战斗力。这支军队纪律严明，勇敢善战，在"保国安民"的旗帜下，与广大人民密切配合，屡建奇功。嘉靖四十年（1561 年），戚继光在台州九战九捷，扫荡了浙江倭寇，后转入福建，与抗倭名将俞大猷一起，连续取得宁德横屿、福清牛田、莆田兴化 3 次大战的胜利，肃清了福建境内的倭寇。嘉靖四十四年（1565 年），广东沿海的倭寇也被俞大猷所歼灭。

至此，为害 200 年的倭患基本解除。戚继光、俞大猷、张经等爱国将领在抗倭斗争中做出了杰出贡献，赢得人民的称颂。他们是民族英雄，所建立的业绩，永垂史册。

戚继光荡平海波

戚继光，字元敬，世为登州卫指挥佥事，父戚景通，曾官至都指挥，署理大宁都司，后调入神机营，为人品行端庄。戚继光自幼生得一表人才，潇洒倜傥，胸怀大志。虽然他家境贫寒，但他十分喜爱读书，用功甚勤，通晓经史大义。

明世宗嘉靖年间，戚继光承袭父职，任山东登州卫指挥佥事，在山东防备倭寇。不久改任浙江司参将，在任时防备倭寇，将部众分防宁、绍、台3郡。之后调往浙江任参将。当时倭寇入侵，四处为害，因此他在山东和浙江时的主要任务，都是抗击倭寇。

嘉靖三十六年，倭寇兵犯乐清、瑞安、临海，戚继光因道路受阻，救援失时，朝廷虽没有治他的罪，却酌情予以处理。不久他与抗倭名将俞大猷会合，将汪直等倭寇余党包围在岑港，但很长时间没有攻下敌巢，朝廷便免去了他的官职，要他戴罪抗倭。后来这股倭寇逃走，其他倭寇又在台州烧杀抢掠。给事中罗嘉宾等弹劾戚继光抗倭无功，而且与外番勾结。就在朝廷正要问罪时，他因平定汪直有功恢复了官职，改为负责防守台、金、严3郡。

戚继光到浙江时，见卫所军士不熟悉作战，而金华、义乌地方的人向来勇敢强悍，于是经请示朝廷，招募了3000人，对其进行严格训练，教他们作战布阵之法，如何使用长短兵器。他所训练的这支军队精悍而勇敢，是以后抗倭的主力。

戚继光看到南方地势多沼泽，不利于追逐奔驰，于是根据这种地形创造了一种新的阵势，使作战时能步伐便利，这种阵法后世称为"鸳鸯阵"。

戚继光同时又对战舰、火器、兵械等的改造煞费苦心，精心策划选购，要求精益求精。他所创建的这支军队称为"戚家军"，后来在和倭寇作战中，威名远扬，使倭寇十分惧怕。

戚继光及其"戚家军"曾前后转战于浙江、福建、广东、山东、河北等沿海一带，多次击败倭寇，戚继光成为当时抗倭斗争中最重要的将领。戚继光训练有方，所以他手下的军队军纪严明，作战有方，常常打胜仗。

戚继光曾将他的军事思想等加以总结，写成《纪效新书》《练兵实纪》《武备新书》等书留传后世，所以戚继光去世以后，继任者谨守戚继光在任时的成法，以御倭寇，也保持了海疆几十年无事。

戚继光读书多，有智谋，深谙武略，威震四方。戚继光壮年时，膝下只有一子，已20多岁，极富胆略。他跟随父亲在军营中，大概是受到父亲的深刻影响，所以也很懂得用兵之道。他和戚继光手下的其他将领一样，能独当一面抗击倭寇，是戚继光的得力助手。

有一次，戚继光派儿子带着一个副将出外作战。不料儿子和手下的副将由于麻痹轻敌，大败而归。戚继光得到战败的消息，立刻命令各路将士在校场集合，将儿子和那员副将绑到面前。戚继光怒不可遏，当众宣布两人的罪状后，便喝令左右将两人依军法处死。众将领一听戚继光要处死儿子，纷纷跪下请求宽恕这两个人，戚继光断然拒绝；在场的全体兵士也都跪下求情，戚继光丝毫不为所动，仍然命令将两人处死了。戚继光夫人在家听到丈夫要处死儿子的消息，立刻派人飞骑赶来，希望代儿子去死。待使者赶到校场，其子已经被戚继光处死了。众将士见戚继光军纪如此严明，都大为震动，私下里说道："戚将军对儿子都这样毫不姑息，如果我们不出全力，结果也就可想而知了。"

嘉靖四十年（1561年），倭寇大肆抢掠桃渚、圻头。戚继光率兵迅速赶到宁海，扼守住桃渚，在尤山打败倭寇，追到雁门岭。

倭寇逃走，乘虚袭击台州，戚继光亲手打死其首领，将残敌逼到瓜陵江全部歼灭。这时，圻头的倭寇又奔袭台州，戚继光在去仙居的途中予以全歼。先后经过9次激战，俘虏倭寇1000多名，火烧水淹而死的不计其数。总兵官卢镗、参将牛天锡又在守波、温州大败倭寇，浙东倭患平息，戚继光官升3级。福建、广东沿海的倭寇流入到江西，江西总督胡宗宪传命戚继光支援，戚继光攻破倭寇的上坊巢穴，倭寇逃往建宁，戚继光又率军撤回浙江。

第二年，倭寇大举侵犯福建。从温州来的倭寇，与福宁、连江等地的倭寇联合攻下了寿宁、政和、宁德；从广东南粤来的倭寇与福清、长乐等地的倭寇联合攻下了玄钟所，并进犯龙岩、松溪、大田、古田、莆田等地。当时宁德已多次被倭寇攻下。离城10里有一横屿岛，四面都是水路，地势险要，倭寇在那里建立了据点，官军不敢进攻，他们在那里盘踞了有一年多。新来的倭寇在牛田营建巢穴，而他们的长官则驻在兴化，以便东南互相声援。

福建方面连连告急，使胡宗宪再次下令戚继光追剿。戚继光先向横屿进攻，士兵每人拿一把草，边填淤边前进，攻破横屿，斩敌2600人，乘胜进兵福清，捣毁牛田贼营，残敌逃往兴化，戚继光迅速追歼，半夜四鼓时追上倭寇，一连攻下60个营寨，斩杀敌人1000多，天亮进城，兴化百姓才知战斗已经取得胜利，纷纷以酒食犒劳官兵。戚继光乘胜班师，军队抵达福清，遇到从东营登陆而来的倭寇，又斩杀200余名，福建的倭患也基本上平息了。

戚继光回到浙江后，福建方面新来的倭寇又一天天多起来，他们将兴化城包围了一个多月。

刘显派8个士兵在衣服上绣上"天兵"二字入城投书，但这8人却全部被倭寇杀害。倭寇在杀了这 8 人后，将其衣服脱下，使自己人扮成刘显的士兵，骗过了守城将领，进入城中。夜晚，他们斩杀守关士兵，打开了城门。守城的副将翁时器、参将毕高逃走，通判奚世亮代理府事遇害，倭寇烧杀抢掠一空后，在城中逗留了约两个月，同时又攻破平海卫以为据点。

兴化城告急时，皇上就已命俞大猷为福建总兵官，戚继光为副总兵。

兴化陷落后，刘显军少，驻兵城下不敢进攻。俞大猷也不想进攻，准备用大军合围，困死这股倭寇。

嘉靖四十二年四月，戚继光率领浙江兵马赶到兴化近郊，福建巡抚谭纶下令任命戚继光为中军统领，刘显为左军统领，俞大猷为右军统领，联合进攻平海卫。戚继光率中军最先入城，刘显与俞大猷率军紧紧跟上，此战杀敌 2200 名，夺回被掠人口 3000 多。谭纶上表请功，戚继光功居首位，刘显、俞大猷稍次一等，嘉靖帝为庆贺胜利，告天祭祖，赏赐官兵。戚继光先因攻下横屿有功，晋升为都督金事，这次又被提升为都督同知，并代替俞大猷为总兵官，世袭千户。

第二年二月，倭寇余党又纠集倭寇一万多，围攻仙游，只用了 3 天，戚继光即打败城下倭寇，追击逃敌，在王仓坪再次获胜，斩杀敌人数百名，其中有许多慌不避路掉下了悬崖，残余数千名逃到漳浦蔡丕岭一带。

不久以后，倭寇又从浙江侵犯福宁，戚继光督率参将李超打败敌人，又乘胜追击永宁倭寇，斩杀敌首 300 多。

戚继光治军，号令严明，赏罚公允，部众都乐于从命。他和俞大猷都是有名的将领。他比俞大猷更为果断勇猛，但品格方面略为欠缺。俞大猷是位老将领，治军稳重，而戚继光则用兵神速，神龙见首不见尾，多次打败倭寇，名声比俞大猷更为显著。

戚继光后来的遭遇并不好。他任抗倭将领时，正逢张居正当宰相。待张居正逝世后，继任者却不断对他进谗打击，他先是被调任，接着是免职回家，最后竟被剥夺了俸禄。戚继光最终在这样的境况下去世了。

张居正改革

概况

张居正（1525—1582 年），字叔大，号太岳，湖北江陵人。隆庆元年（1567年）入内阁，隆庆六年（1572 年）为内阁首辅。为内阁首辅时，隆庆皇帝已死，新即位的万历皇帝年仅 10 岁。张居正是中国历史上著名的政治家，自出任内阁首辅，先后执政 10 年，尽力辅佐小皇帝，以天下为己任，实行各种改革，比较重要的有下列几项：

整顿吏治 在整顿吏治方面，张居正提出有名的"考成法"，规定六部、都察院各衙门，凡属应办的公事，都要根据事情缓急，立定期限办理，设置文簿登记存照，依限办完注销。又另造文册二本，一本送六科（六部的监察机关）备注，实行一件，注销一件；一本送内阁查考。若地方抚（巡抚）、按（巡按）行事迟延，则部院纠举；部院注销文册有弊，则六科纠举；六科奏报不实，则内阁纠举。明朝本有考核成宪，但年久因循，虚应故事，已成空文。张居正的为政方针是："尊主权，课吏职，行赏罚，一号令"。和"强公室，杜私门"。考成法实施以后，法必遵行，言必有效，一时大小官员皆不敢玩忽职守，一切政令"虽万里外，朝下而夕奉行"，往昔因循苟且之风为之一变，行政效率大为提高。

整饬边防 在整饬边防方面，张居正支持王崇古的建议，改善同蒙古的关系，封蒙古俺答汗为顺义王，命名其城为归化城（今呼和浩特），并在大同等地设立茶马互市，与蒙古进行贸易。又调抗倭名将戚继光镇守蓟门，用李成梁镇守辽东。俺答受封以后，约束各部不来犯边，于是西北边塞安宁，20余年没有战争。戚继光在蓟门16年，因受张居正倚重，得以施展才能，经营规划，守备强国，边境无事。李成梁在辽东屡战却敌，多所立功，至封伯爵。

兴修水利 在兴修水利方面，张居正用治河专家潘季驯治理黄河、淮河，使河水不再入淮，大大减少了水灾，保障了农业生产，多年弃地得以变为良田。

清丈田地 清丈田地是整顿赋役的一项措施。明中叶以来，官僚贵族及豪强地主大量占有田地，又以各种手段隐瞒田地与人口，逃避赋税和徭役。相反，小民不但不能逃避赋役，而且官僚地主所逃的赋役，官府还要摊派小民负担。因而"小民税存而产去，大户有田而无粮"，赋役不均是个严重问题。针对这个问题，张居正提出在全国清丈田地，凡各府、州、县的勋戚庄田、民田、屯田、职田等，一律重新丈量。此项工作由户部尚书张学颜主持进行，开始于万历六年（1578年），告竣于万历九年（1581年）。田地清丈的结果，总计全国田地为7013976顷，比弘治时增加了300多万顷。这个数字有浮夸之处，因为有些官吏改用小弓丈量田地，以求增加田额。但这个数字中确有增加的部分，即清查出了一部分豪强地主隐瞒的田地，有利于抑制地主逃税现象和改变赋税不均状况。

一条鞭法是整顿赋役的最重要的措施，主要是解决"役"的征收问题。明初的赋役制度是赋和役分别征收。赋是以土地为对象征收的，按田亩计算；役是以人为对象征收的，又分为按户和按丁征收两种。按户所征的役，叫做里甲，按丁所征的役，叫做均徭。在征收的内容上，主要是征收实物和劳役，实物和劳役折银的只是小量的。这种赋役制度是和商品经济的不发达相联系的。在封建的自给自足的小农经济之下，商品经济极不发达，封建政府所需要的各种物资和劳役，不能通过市场交换来满足，只有直接向人民征取。但是明中叶以后的社会经济情况有所变化，一是土地兼并在猛烈地发展，一是商品经济在迅速地发展。在这种情况下，旧的赋役制度不能不改变，一条鞭法便应运而生。在嘉靖十年（1531年）时就出现了一条鞭法，当时只在局部地区推行。到了万历九年（1581年），张居正把一条鞭法作为全国通行的制度，大力推广。不久，一条鞭法就在全国普遍实行了。

一条鞭法的主要内容是："总括一县之赋役，量地计丁，一概征银，官为分解，雇役应付。"可以概括为如下几点：第一，一概征银，田赋和力役都折银征收。这样就取消了力役，由政府雇人充役。第二，把一部分力役摊入田赋征收。把过去按户按丁征收的力役改为折银征收，称为户丁银。有的地方将户丁银全部摊入田赋征收；有的地方将户丁银的大部分摊入田赋征收，小部分仍然按丁征收；有的地方将户丁银的大部分仍然按丁征收，而小部分摊入田赋征收；有的地方则将户丁银按田赋和按丁平均分配。总之，一条鞭法还没有把力役全部摊入田赋，只是部分地摊入田赋。第三，归并和简化征收项目，统一编派。把过去对各州县征收的夏税、秋粮、里甲、均徭、杂役以及加派的贡纳等项统统折成银两，合并为一个总数，一部分按丁摊派，一部分按田赋摊派。第四，赋役的征收解运，由过去的民收民解（即由里甲办理），改为官收官解（即由地方政府办理）。

一条鞭法主要有三点进步意义：第一，将力役部分地摊入田赋，有利于减轻农民的负担。因为在封建社会里，土地的多数总是在地主一方，而户丁的多数总是在农民一方，现在把户丁银的一部分摊入田赋征收，自然就相对地减轻了农民的负担。第二，把力役改为折银，这就使农民摆脱了一部分封建国家的劳役束缚，对封建国家的人身依附关系有所松弛。第三，赋役一概征银，这就反映了商品经济的发展，而又反转来促进了商品经济的发展。

改革进程

世宗朱厚熜死后，其子朱载垕即位，改元隆庆，是为穆宗。这一次皇帝更替和上一次一样，给下面的大臣有一个革除弊政的机会。内阁首辅徐阶受命起草遗诏，他学习杨廷和的样子，假世宗遗命之名，把道士逮捕下狱，付法司治罪；所有的斋醮活动和造庙、建宫殿的工程，一概停罢；采香蜡、珠宝、绸缎等例外采买也全部停止；并起用在嘉靖朝因上疏言事而被罢撤、拘囚的官员。这些弊政的革除固然是当务之急，但是，明王朝自中叶以来的积弊已经很深，并不是革除几项弊政所能解决的。在这种形势下，一场企图挽回明王朝颓势的，从政治、经济、军事等方面进行的改革运动便形成了，领导这场改革运动的是张居正。

张居正，字叔大，号太岳，湖广江陵（今属湖北）人。他少年得志，12岁进学秀才，16岁中举，23岁就中进士，走上宦途。开初，他在翰林院任编修，当时正是严嵩权势极盛的时候，他看到"京师十里之外，大盗十百为群，贪风不止，民怨日深"，感到国家的形势很不妙。他认为这种形势非得有一个"磊落奇伟之人，大破常格，扫除廓清"不可，只有这样，才能弭天下之患。但是，当时皇帝昏庸，奸臣柄政，他的思想比较悲观，认为世上即使有这种"磊落奇伟"之人，当政者却未必了解他，即使了解，也未必肯起用他。因而，他只在翰林院当了7年的编修，便称病辞官归家，种起半亩竹子，闭门读书。

张居正在家读了整整6年书，由于父亲很希望他能够在政治上有所建树，他重又进京当官，任国子监司业。他性格深沉，有胆略，此次进京，怀有更大的抱负。公事之余，他注意研讨历代盛衰兴亡的经验教训，留心观察社会现实。徐阶起草世宗遗诏时，曾与他一起商量。隆庆元年（1567年），他被遴选入阁。第二年，他针对嘉靖以来的种种弊端，向穆宗上了一封《陈六事疏》，指出当时朝政积习生弊，颓废不振。他认为如不及早励行改革，一新天下耳目，势必积重难返。他在奏疏中向穆宗提出了6大急务之事：1."省议论"，反对说空话，务求实效；2."振纪纲"，要申明法纪，政教号令概由中央制定发布，刑赏予夺，做到公正无私；3."重诏令"，执行皇帝诏令要求坚决迅速，文书奏报要及时；4."覆名实"，严格对京官、外官的考勤考绩，不使毁誉失实；5."固邦本"，提倡节用恤民，抑制豪强兼并，清理赋役不均；6."饬武备"，即申严军政，设法训练，巩固边防。

张居正的这些政治主张可谓切中时弊，颇具见识，在当时是势在必行，穆宗皇帝对此亦深表赞赏，可惜他在位6年便去世了，而张居正当时还不是内阁首辅，所以这些主张暂时得不到实行。穆宗去世后，太子朱翊钧即位，改元万历，即明神宗。张居正联络宦官冯保，撵走内阁首辅高拱，在皇太后的支持下，出任内阁首辅，拥戴10岁幼龄的神宗朱翊钧。这时张居正大权在握，年幼的神宗对他既尊重又敬畏，言听计从，于是他便把昔日的6点改革纲领，在万历初年逐一付诸实施，掀起一番雷厉风行的政治改革。

张居正改革的重点首先从整饬吏治开始。他认为当时朝野拖沓成风、政以贿成、民不聊生的主要原因在于"吏治不清"。于是便提出考核吏治以达到"民安邦固"，也即要求为官清廉，治政清平，让人民生活安定，从而使封建政权长治久安。他决心要扭转政风士习，做到"事权归一，法令易行"便竭力提高内阁权威，使权力集中于首辅，加强中央集权以号令天下；另一方面，在地方上，则分清抚、按职掌，使巡抚和巡按的权限明确，并假以事权，使之分工合作，协力督促有司贯彻执行中央政令。

张居正重视对官吏治绩的考察。他说："欲安民必加意于牧民之官"，官吏廉洁奉公，政治才会清平。所以，他制定出一套考核官吏的办法，如办事严立期限，不使拖拉积压。通过考勤考绩，用以甄别官员的勤惰、贤愚作为决定进退、黜陟的依据。在考核中，对官员的功过，则做到"信赏必罚"，应该惩办的，"虽贵近不宥"；有枉不当的，"虽疏贱必申"。这样一来，官员便不敢随意玩忽职守，从而提高了各级衙门的办事效能。

在官吏的选拔和任用方面，张居正主张"唯才是用"，不受资历、毁誉、亲疏的影响，只要有真才实学，就加以破格重用。反之，没有军功，能力低下的，即便是皇亲贵戚，决不滥封爵位，轻授官职，力求做到不使官僚机构过分庞大而形成官员冗滥。

其次，大力开展开源节流的经济改革。

所谓"开源"，也即开辟财源，增加朝廷的财政收入。明初，田赋及力役的征调，主要依据记载田亩的"鱼鳞册"和记载户口的"黄册"，以后，随着土地的不断兼并，人口逃亡，这一制度已遭到破坏。到了明中叶，出现了一种矛盾现象，一方面是承平日久，人丁生聚，田野垦辟，但是全国田亩额数以及户口数反比建国初期减少，政府实际所能征收的赋税也相应地日益减少。另一方面是"冗员日多"，官吏的禄米有增无已，王室的挥霍浪费也与日俱增，结果朝廷的财源枯竭，收支失去平衡。

土地的兼并和欺隐，丁口的逃亡和户籍的紊乱，造成赋役负担严重不均，加重了贫苦农民的赋役负担。因为官僚地主霸占民田，却想方设法把赋税以各种方式转嫁到农民身上，形成产去税存、赋役不均的弊病，加剧了社会矛盾。当时流传的一首民谣说："富家得田贫纳税，年年旧租结新债。"就是这种不合理的社会现实的反映。

张居正清醒地注意到这一社会矛盾，并明确地指出根源在于贵族豪绅，他们依仗权势，侵占民田，而且勾结奸猾的官吏隐瞒田亩以逃避赋税，因之导致"私家日富而公家日贫，国匮民穷"。为了维护封建政权的经济基础，张居正决心进行改革。他选派精明强悍的官员严行督责，要求做到按时输纳税赋，充实国库，并下令在全国重新丈量土地，清查漏税的田产和追缴欠税。为此，他任用张学颜制定《会计录》和《清丈条例》，颁行天下，限令 3 年内各地要把清理溢额、脱漏、诡寄等项工作办妥。到了万历八年（1580），据统计，全国查实征粮田地达 7013976 顷，比弘治时期增加了近 300 万顷，朝廷的赋税收入也因而剧增，所以万历初期的 10 多年间，史称最为富庶。

当然，这一历史记载也不免存在夸大的一面。因为张居正清丈田亩是为了增加赋税，当时的地方官吏为了迎合张居正的旨意，有的弄虚作假，以短缩弓步的手法多报田亩，用来报功请赏。不过通过清丈，确实也清查出不少豪强富户隐匿、诡寄的漏税地亩，增加了封建政府的赋税收入。

为了进一步改变严重的赋役不均，减轻无地或少地农民的赋税，适应社会经济发展的新形势，张居正在清丈土地的基础上，于万历九年（1581）下令在全国推行"一条鞭法"。这是自唐朝行"两税法"以来，我国赋税史上的又一次大改革。

"一条鞭法"，早在嘉靖、隆庆年间就开始在一些地区施行。嘉靖十年（1531 年）三月，御史傅汉臣曾陈请实行一条鞭法，但没有得到批准，以后在一些地区"屡行屡止"。嘉靖四十年（1561 年）至隆庆元年（1567 年），巡抚御史庞尚鹏就在浙江实行过，隆庆三年（1569 年）至四年（1570 年），海瑞在应天巡抚任内也大力推行过。当时在推行的过程中阻力不小，遭到一些大土地占有者的反对，特别是在户口和田亩没有清丈覆实的情况下，更不可能把这一制度顺利地推广开来，所以才会出现所谓"屡行屡止"的现象。万历九年（1581 年），全国土地已经进行了清丈，这就使张居正得以在全国范围推广这一新的赋税制度。

"一条鞭法"又称"条编法"。其具体内容大致如下：

1. 统一役法，并部分地"摊丁入地"。把原来的里甲、均徭、杂泛等项徭役合并为一，不再区别银差和力役，一律征银。一般民人不再亲自出力役，官府需要的力役，则拿钱雇人应差。向百姓征收的役银也不再像过去按照户、丁来出，而是按照丁数和地亩来出，即把丁役部分地摊到土地里征收，这就是所谓"摊丁入地"。至于丁和地各占多少比例，朝廷没有统一的规定，各地实行的情况也不一致，有的地方以丁为主，以田为辅，采用"丁四田六"的比例；有的地方以田为主，以丁为辅，采用"丁四田六"的比例；也有采用丁田各半的比例。

2. 田赋及其他土贡方物一律征银。除在苏、松、抗、嘉、湖地区收本色赋外，其余地区的田赋一律征折色赋，即银子。以前到各地征收的土贡方物也一律"计亩征银"。

3. 以县为单位计算赋役数目。计算的原则是以原税额为基准，不得减少，然后把这些税额按一定比例分摊到土地和人丁上，即所谓"总括一州县之赋役，量地计丁"。

4. 赋役银由地方官直接征收。赋役征银，轻便易于储存、运输，不像过去交本色赋时体积大，重量多，需要由里长、粮长协助征收和运输，因而，改由地方官吏直接征收和运交国库，所以说"丁粮毕输于官"。

根据上述一条鞭法的内容，可以看出这一新的赋役制度的实行具有重要的意义。

第一，它的主要原则既然是"量地计丁""计亩征银"，那么一些富户及权贵要隐产瞒丁、逃避赋役负担就比较困难了；相反的，贫苦农民"产去税存"的不合理现象也有所减轻。这就在一定程度上缓和了当时已经相当尖锐的阶级矛盾。所以，张居正在清丈田亩和实行一条鞭法之后说道："清丈事极妥当，粮不增加而轻重适均，将来国赋既易办纳，小民如获更生。"可见他是认识到新制度的推行是有利于整理财政和缓和阶级矛盾的。

第二，田赋和力役折银征纳，农民交纳银两就可免去服役，这就使封建的人身依附关系相对削弱。这样做也比较简便，避免了贪官污吏从中巧立名目，敲诈勒索，有利于刺激农民发展农业生产的积极性。当然，事物总是一分为二的，由于我国地域广阔，经济发展不平衡，江南地区白银的流通比较普遍，一条鞭法所规定的折银征纳的办法可能比较能体现其积极作用；相反的，在山区或偏远地带，白银的流通不那么普遍，农民手头短少银两，为了纳税，就必须把农作物贱价出售以换取银两，反而要遭受地主商人的从中剥削，这就谈不上有什么重要的积极作用了。

第三，一条鞭法在全国推行的万历初期，当时资本主义萌芽已经产生，根据"摊丁入地"的原则，不仅少地或无地贫苦农户可以减轻一些力役的负担，有利于发展农业生产，而且城镇的工匠和商人也因为无田而得到"免差"，这就是顾炎武在《天下郡国利病书》中所说的，商贩虽有"千金之资"，但是，"无垅亩之田"，就可能逃避封建政府"征求"的部分负担。顾炎武认为这是"病农"，而有利于"逐末者"（指工商业者）。实际上，从当时的社会实际来说，这正好说明一条鞭法的实行，也有利于资本主义萌芽的进一步发展。

明中叶以后，货币经济有了新的发展，白银成了交易过程中的流通手段，这使一条鞭法的实行成为可能；而一条鞭法在全国的普遍推广，反过来又促进白银的流通比以前更为普遍广泛，这方面也对商品经济的繁荣和资本主义萌芽的进一步发展产生了推动作用。

当然，张居正的清丈土地以及对赋税制度的改革，没有也不可能解决封建社会的固有矛盾。一条鞭法的推行尽管有如上所说的重要意义，但也有其局限性。它没有触及封建的土地制度，只是封建王朝对广大劳动人民剥削方式的更换，作为封建社会上层建筑的组成部分，它仍然是为封建社会的基础服务的。随着这一制度的行之日久，又产生了新的弊端，老百姓仍然要遭受残酷的封建剥削，广大的贫苦农民依旧要在封建地主和官府的共同鞭挞、压榨之下，过着牛马不如的悲惨生活。

张居正在进行政治、经济等方面的改革时，也重视整饬军备，加强边防。嘉靖二十九年（1550年），俺答军队围困北京的"庚戌之变"发生之时，他正在北京，目睹了从这一事件暴露出来的国防虚弱、军备废弛的种种弊端，内心深有感触。所以，等到他执政时，对此事仍然耿耿于怀。他曾感慨地说："武备废弛如此，不及今图之，则衰宋之祸，殆将不远。"于是，他"殚心尽力"，决心对边防加以一番整顿。

张居正一面精心选任驻边将领，练兵备战，修治边防要塞；同时训令诸将在边境囤积钱谷，整顿器械，开垦屯田，务必做到兵精粮足，战守有备。

在选任边将时，张居正知人善任，他所重用和信赖的一批守边将领，多是英勇善战，效忠王朝，能够为保卫边防做出重大的贡献。在蓟州一带，他任用戚继光镇守，练就守边的精兵，修筑了沿边防线的"空心敌台"，还因地制宜的练习车战战术，保卫了东起山海关，西至居庸关长城一带沿线的边防。历史学家称赞戚继光镇守蓟州十六年，"边备修饬，蓟门晏然"，深得人民的拥护和爱戴。万历十一年（1583年），当戚继光移镇广东时，陈第赋诗送别，诗云："谁把旌麾移岭表，黄童白叟哭天边。"反映了边境人民对戚继光保境安民功绩的景仰和舍不得让他离去的深情厚意。

在辽东，张居正倚赖重用李成梁。李成梁作战能力高强，善于指挥御敌，威望甚高。在他镇守辽东期间，曾多次平息东北少数民族的进犯，保卫了东北边境的安宁。

特别值得一提的是北部的宣府、大同防线，西至延绥、宁夏一带，张居正重用王崇古，支持王崇古对俺答所部采取的安抚睦邻政策，获得了重大的成绩，使蒙汉两族人民和睦相处，通好互市，相安无事。

俺答的部落多，力量强大，历来是明朝北部边塞的劲敌。嘉靖二十九年（1550年）"庚戌之役"后，明朝和俺答又发生过多次的交锋，当时大同、宣府一带的百姓深受战乱骚扰之害。隆庆四年（1570年），俺答把外孙女三娘子从袄儿都司（三娘子的未婚夫）手里抢夺为妻，为了消除袄儿都司的怨恨，又将自己的孙子把汉那吉的未婚妻赏给袄尔都司。这下子触犯了把汉那吉的切身利益和尊严，他在恼怒气愤之下，联络部属阿力哥等人，一起跑到大同归附明总督王崇古。王崇古一面善意款留，另一方面派人上报朝廷，请求优抚把汉那吉等人。他的建议得到大学士高拱、张居正的赞赏，极力主张采纳王崇古的建议。于是明朝政府封把汉那吉为指挥，阿力哥为正千户，事情发生后，俺答会集各部人马，重兵压境，要求明朝遣还把汉那吉。王崇古当即派遣鲍崇德向俺答说明事情经过，并且晓以大义，劝说俺答归顺通好。当俺答得知孙儿把汉那吉归顺后受到明王朝的礼遇。"蟒衣貂帽，驰马从容"，内心十分喜悦，便对鲍崇德说："汉人能成全我的孙儿，我愿意结盟通好，世世归属，决无二心。明朝的叛臣，我必定遣还，信守不渝。"事后果然把因谋叛不成、外逃归附俺答的赵全等9个叛臣，捆绑送交明朝处置，用以表示归附明朝的诚意，从此蒙汉双方遂定盟、通贡，并设立茶马市互相交易，明朝封赐俺答为"顺义王"。

当时朝廷有一部分官僚反对和俺答设市贸易，说这是媾和示弱。但是张居正力排众议，坚持正确的主张。他据理力争，反驳说："让俺答入贡通好，开设边境市场，使边民互通有无；限立期限，指定地点，严加管束，这不但没有坏处，反可使边境安定，屯田耕牧，阻止塞外其他部落的侵扰。这样每年可以节省调援边塞的大批粮食，有什么不好呢？"

由于张居正的大力支持，协同筹划，使王崇古在边塞得以顺利执行睦邻政策，在大同、宣府附近设市贸易。当时规定每年限期一月，蒙古族人民可以用金银、牛马、皮毛和汉族人民交换绸缎、布匹、铁锅、铁釜等物品。双方各派军队驻守保护，从此边境相安无事。据《明史》记载：东起延永，西抵嘉峪关的边境千里防线，"军民乐业，不用兵革，岁省什七"。

俺答在万历十年（1582年）去世，但是三娘子一向主张和明朝交好，并且为蒙汉两族人民的长期和睦相处尽了毕生的力量，为了答谢她的友好情谊，明朝政府封她为"忠顺夫人"。

除此之外，张居正为了发展农业生产，还注意兴修水利，消除黄河水患。嘉靖、万历年间，黄淮"横流四溢"，经年不治。每当洪水泛滥，田园、房屋尽毁，人民颠沛流离，遭殃受苦，农业生产也受到严重破坏。万历五年（1577年），黄河又在崔镇缺口，河水四溢，淤塞清河口，影响淮河水向南倾泻，冲坏了高堰，湖堤大坏，使高邮、宝应等县全被洪水淹没，成了一片汪洋。当时负责治河的河漕尚书吴桂芳主张疏浚黄河故道，而总河都御史傅希挚则主张堵塞决口，"束水归漕"。两人主张不一，意见不合，治河工程迁延不决。第二年夏天，张居正起用治河行家潘季驯，委任他当都御史兼工部左侍郎，负责治河。

潘季驯字时良，浙江乌程人，是当时著名的治理黄河专家，有着多次的治河经验。他经过一番实地勘察，结合历年治河的实践经验，决定改变过去保住运河河道而消极治黄的错误做法，提出了治理黄河，保护运河，同时治好淮河的积极治河方针。他认为这样才能够保障"民生运道两便"也即通过治黄，既保证运河漕运畅通，又不使黄河下游人民遭受河水泛滥的灾害。为此，他采用的办法是堵塞决口，加固堤防，"束水归漕"，使黄、淮水流汇合成为急流，借以冲刷河水夹带的泥沙入海，黄河下游也就不致因泥沙淤塞而造成水患。

张居正采纳潘季驯的合理规划，排除他人的非议，给予充分的信任和支持。历经两年，治黄取得良好的效果，做到了"两河归正，沙刷水深，海口大辟，田庐尽复，流移归业"。水患的遏制，使黄、淮流域的人民得以安居乐业，有利于农业生产的恢复和发展。

张居正执政期间，所进行的政治改革是多方面的，改革的目的在于维护明朝的封建统治，就像他们自己所说的："务在强公室，杜私门"。当然，改革在客观上对推动社会经济的发展和改善人民生活环境，也起了一定的作用。但是张居正在推行政治改革时，并不是一帆风顺的，因为一些改革措施触犯了权贵和地主豪绅的利益，遭到他们的反对。

万历五年（1577年）秋，张居正的父亲病殁，按照封建礼教的惯例，他必须离职居丧守孝3年。当时万历皇帝年轻，经验不足，国家政务繁忙，百废待举；更重要的是张居正本人也不甘心因守孝的事，中断谋划已久的政治改革。于是，由皇帝出面，下诏书挽留，说是公务需要，不必离职守孝，这在当时称为"夺情"。这一来，一些反对改革的政敌如吴中行、赵用贤之流，便以此为口实，趁机群起而攻之。他们打出维护封建礼制的幌子，指责张居正贪恋利禄，说"夺情"是违背"伦理纲常"，要朝廷罢免张居正的官职。张居正有宦官冯保和皇太后的支持，最后还是由万历皇帝做出裁决，斥责吴中行等是"借纲常之论，肆为排挤"，并把这伙反对派惩处了结。反对派的气焰暂时煞住了，但斗争并没有止息。张居正是个有识见的政治家，这一点他心中明白。他曾对朋友说过："几年来结怨于天下不少，那些奸夫恶党，有的明里排挤，有的暗中教唆，没有一天不是在打我的主意。"

尽管如此，他并没有畏惧不前，还是以坚定的信念和毅力，坚决推行各项改革措施，并决心通过改革达到振弊起衰、拨乱反正的目的。他对朋友表白改革的决心说："哪怕陷阱在前，也不受阻拦；众矢攒身，也毫无畏惧。"充分表现出一个勇于革新、敢于斗争的杰出政治家的风度和胆略。

由于他的坚定决心和坚强的意志，使改革得以贯彻执行，并取得一定的成效，得到后来史家的高度评价。谷应泰撰写的《明史纪事本末》，称颂张居正的改革使"海内肃清，边境安全"，说万历初年，太仓的积粟可支用10年，国库的钱财多达400余万，"一时治绩炳然"。

但是，明朝已经是中国封建社会的衰老时期，而万历时代又是处于明朝的后期，地主阶级的统治日趋反动、没落，封建的生产关系日益腐朽，严重地束缚着生产力的发展，统治阶级不愿意，也不可能改弦易辙，做任何大的改革。所以，张居正在政治上的励精图治，虽然在短期内缓和了社会矛盾，延缓了政治危机的爆发，但终究挽救不了明王朝封建统治必然走向灭亡的命运。张居正生前就因为推行改革而受到多方阻挠和非议，万历十年（1582年），在他死后不久，便又遭到反对派的诬陷，结果被革除封号，抄没家产。他的长子张敬修被逼自杀，次子张嗣修和其他几个孙儿被发配到边远地区充军。他执政10年所进行的一些改革，便像肥皂沫一样地幻灭，明王朝也从此一蹶不振，一天天走向没落的深渊！

明末社会矛盾的激化

土地兼并空前

明朝后期，土地兼并更加猛烈，宗室勋戚庄田的规模更大。如万历时，潞王（朱翊镠）有庄田4万顷，神宗也诏赐福王（朱常洵）庄田4万顷，后经群臣力争，始减为2万顷。天启时，桂王（朱常瀛）、惠王（朱常润）、瑞王（朱常浩）及遂平、宁国二公主的庄田皆以万顷计算。山西全省上好的田地，几乎全为宗室所占。河南有72家王子，土地"半入藩府"。宗室勋戚庄田占有土地的总面积，据不完全的估计，天启年间为50万顷。

一般官僚地主对土地的兼并也异常激烈。如万历年间，南直隶（今安徽、江苏）有的大地主占田7万顷。浙江奉化全县的钱粮是2万两银子，而乡官载澳一家就占去一半。崇祯时，河南缙绅之家田多者千余顷，少者也不下六七百顷。

豪强地主不仅在本乡占田，而且跨越省县设立寄庄田。许多地方寄庄田占地比例极大，如福建南靖县的土地，属于他县豪强者十之七八。山东曹县共有土地25000余顷，寄庄田占去一万余顷。在激烈的土地兼并之下，大多数农民失掉了土地，沦为地主的佃户，如顾炎武说，江南"有田者十一，为人佃作者十九。"

农民处境艰难

激烈的土地兼并，迫使农民大量流亡，政府赋税来源发生困难，而皇室挥霍有增无减，国家财政入不敷出，为弥补空额，加重了赋税剥削。一条鞭法推行不久，就出现鞭外有鞭，条外有条，杂税层出不穷。万历四十六年（1618年）明政府借口辽东战事紧急，向人民加派"辽饷"，前后3次，共征银520万两，相当于全年总赋额的1/3以上。以后又有各种名目的加派，而且无论地方丰歉，土地肥瘠，皆一概按亩征银，再加以强征丁银，滥派差役，就使得更多的贫苦农民抛弃自己的小块土地，沦为地主的佃农、雇工和奴婢，或成为流民、饥民。

佃农所受的剥削在此时更加苛重。明末江南地区一亩之收，多者不过3石，少者一石，而私租却重至一石二三斗，松江多至一石六斗，苏州多至一石八斗，个别的达两石。除正租外，还有脚米、斛面以至鸡牛酒肉等等附加的租额和大斗大秤的剥削，还有从地主那里转嫁来的差役、赋税和高利贷的盘剥。这一切都说明当时地主阶级对佃农的剥削是十分惊人的。这种残酷的剥削就逼得佃农连起码的生活也都难以维持，辛勤一年，依然冻馁。

佃农的人身束缚在当时也很严重。某些地区的佃农要替地主保家护院，在地主驱使下无条件地服各种杂役，而且未经地主给假不得自由行动。至于豪绅地主的横暴乡里，和王府亲随的荼毒农民，到明末更加猖獗，他们在各地"私设公堂""吊拷租户""驾帖捕民""格杀庄佃"，无所而不为。

对工商业的大肆掠夺

为了攫取更多的货币，兼营工商业的地主较前日益增多。在江南各城镇，很多地主和大商人成为铁坊、油坊、糖坊、囤房、机房的作坊主或当铺的东家。在北京，勋戚王公也都经理窑场、开张店铺以牟利。万历时，陕西的肃王除去拥有大量庄田外，还在各地设有瓷窑、店房和绒机。河南的福王也开设很多盐店、客店。他们利用封建特权在各地劫夺商货，把持行市，无顾忌地掠夺城市贫民、小手工业者和小商人的财富。

与此同时，政府也加强了对城市工商业的掠夺。从万历二十四年（1596年）起，明神宗即派出许多宦官充任矿监税使，在全国各大城市以征税开矿为名，大肆掠取民间的金银。万历二十九年（1601年）一年之中，由宦官直接送往北京的税款就有白银90余万两、黄金1575两，又有金刚钻、水晶、珍珠、纱罗、红青宝石等物，而装进宦官及其爪牙私囊的还不在内。这些宦官往往以开矿为名，强占土地，或巧立商税名目，横征暴敛。

明末农民大起义

陕北首义与荥阳大会

天启七年（1627年），陕西发生灾荒，遍地都是饥民，澄城知县张平耀不顾人民死活，还严催赋税，于是王二团结几百个饥民，冲进县城，杀死张平耀，揭开了明末农民大起义的序幕。此后响应者四起，王嘉允、高迎祥、李自成、张献忠等均先后加入农民军。农民军最初只在陕西、山西一带分散活动，逐粮就食。从崇祯六年（1633年）起，农民军活动的区域扩大，转战于河南、湖广（今湖南、湖北）、南直隶（今安徽、江苏）、四川、陕西诸省，农民起义开始形成全国性的规模。

这时农民军中以闯王高迎祥一支最强，在群雄中最具有号召力。从崇祯七年（1634年）起，明政府连续组织大规模的围剿，以期消灭农民军。这年洪承畴受命总督陕西、山西、河南、湖广等处军务，调兵7万人向农民军展开进攻。崇祯八年（1635年）正月，主要的农民军首领高迎祥、罗汝才、张献忠、李自成等都聚集在河南，共有 13 家 72 营。为粉碎明军的进攻，首领们在荥阳举行大会，商讨作战方略。会上，李自成提出"分兵定所向"的主张，就是联合作战，分兵出击，得到大家的赞同。会后，高迎祥、李自成和张献忠等即率军离开荥阳东进。正月十五日，一举攻占凤阳，焚毁明朝皇陵。凤阳是明朝的中都，又是南北大运河的重镇。起义军袭破凤阳，明廷大为震动。不久，高迎祥、李自成和张献忠等又都转进入陕西。洪承畴的围攻计划全盘破产。

闯王李自成和明朝的灭亡

李自成出生在陕西省米脂县的一个农民家庭，幼年在官僚地主家当牧童，备受凌辱。他 21 岁时，父亲因贫病交加死去，他生活无着，到银川驿当了一名马夫。后因地主艾举人欲加迫害，怒火中烧的李自成遂杀死艾举人，投奔起义军。李自成从小练就一身好武艺，善于骑射，且膂力过人，又有胆略，很快就当上了义军的队长。

在荥阳大会上李自成提出了联合作战、分兵迎击的战略思想，得到了各首领的赞同。于是分兵 5 路。迎击官军。农民军团结一致，各路大军取得节节胜利，直接威逼凤阳、南京。明王朝恐慌万状，继续增兵。1636 年，高迎祥不幸被捕牺牲，1638 年，张献忠又一度受抚于明朝，起义军陷于困难境地。但当明军忙于应付自东北南下的清军时，起义军又恢复了生机。李自成提出了"均田免粮"的口号，得到了广大农民的热烈拥护。1641 年，"闯王"李自成率起义军攻破洛阳，杀福王朱常洵。接着李自成领军进围开封，歼灭明军主力。1643 年，李自成在襄阳自称"新顺王"，创立新顺政权。1644 年，李自成改西安为长安，建立"大顺"国。在攻下太原、大同、宣府、居庸关、昌平后，大顺军于同年三月，攻占北京。崇祯帝在煤山自缢，统治中国达 276 多年的明王朝宣告灭亡。不久，张献忠也在成都称帝，建立了"大西"政权。

大顺政权的失败

李自成进京后，采取一系列措施，加强政权建设。中央机构基本上因袭明朝，有的只改换名称。与此同时，对罪大恶极的大官僚大地主加以镇压，并用暴力逼迫明朝贵戚大臣、贪官污吏交出平日剥削来的金银财宝。在"均田"口号的推动下，某些地区的农民夺取了土地。但是，由于军事上的节节胜利，大顺领导者竟滋长起骄傲麻痹思想，以为明朝覆灭，天下从此太平了。对于盘踞在江南的明朝残余势力，只派少数军队出征。对于屯兵山海关的吴三桂更抱着幻想，以为只要用金钱和封爵招抚就可以使他为大顺守卫山海关。一些大将开始追求享乐，把战斗任务丢在一边，有些士兵也想富贵还乡。所以，当吴三桂引狼入室，清兵入关之时，大顺军猝不及防，一触即溃。永昌元年（1644年）四月三十日，大顺军撤出北京，在清兵的追击下，连连败退。次年四月，李自成在湖北通山县九宫山遭地主武装袭击，不幸身亡。

张献忠领导的农民军

崇祯九年（1636年）秋，闯王高迎祥被俘牺牲，李自成由闯将被推为闯王，但这时他的势力还小，起义军中以张献忠的势力最强，实际成为支撑局面的主力。崇祯十一二年间，在明军的围攻下，很多起义军先后投降了明朝，张献忠也在湖广谷城伪降熊文灿。崇祯十二年五月，张献忠于谷城重举义旗，明政府急派大学士杨嗣昌督师襄阳，统兵10万，对张献忠大举围剿。张献忠奋力突破包围，进入四川，杨嗣昌也领兵入川追击。张献忠采用"以走致敌"的战略，领兵疾走不停，从崇祯十三年（1640年）七月到十四年正月，在半年之内，几乎走遍全川，行程五六千里，使明军疲于奔命，无法追及，仅尾随而已。当明军精锐都聚集在四川的时候，张献忠急由四川开县东下。进入湖广，昼夜疾驰，仅用了8天时间，行军1000多里，突然出现在襄阳城下，一举破城，杀死襄王朱翊铭和贵阳王朱常法，时在崇祯十四年二月。杨嗣昌愤惧交集，自缢于军中。

张献忠自攻下襄阳后，又几经挫折，北进河南，被明军打败，便去投奔李自成，但二人不能合作，又东走今安徽，恢复了自己的力量，然后向西挺进，再度进入湖广。崇祯十六年（1643年）五月，张献忠攻下武昌，把楚王投入江中，为人民平了大愤。张献忠在武昌称大西王，后转战湘赣一带。崇祯十七年（1644年）正月，张献忠率兵进入四川，七月克重庆，八月破成都，随后分兵四出，几乎占了四川的全部。十一月，张献忠在成都正式建国，国号大西，年号大顺。

李自成牺牲后，清军就把进攻锋芒指向了张献忠。顺治三年（1646年）清军由陕南进入四川，和四川地主豪绅的武装联合进攻大西军，十一月，张献忠驻军川北西充凤凰坡，由于叛徒的出卖，张献忠兵败不幸牺牲，时年40岁。明末农民大起义失败了。

明末农民起义军推翻明王朝，使封建制度和法纪受到了一次严重的冲击，封建生产关系在一定范围和一定程度上得到了调整，为17世纪后期和18世纪前期社会经济的发展，创造了条件。

张献忠起义

张献忠，明末农民起义首领。字秉吾，号敬轩，延安柳树涧（今陕西定边东）人。出身贫苦。人称之为"黄虎"。崇祯元年（1628年），延安饥荒，府谷人王嘉胤起义，从小具有反抗精神的张献忠加入王嘉胤起义。

崇祯三年（1630年）四月，张献忠率领米脂县18寨穷苦人民举起义旗，宣布起义，绰号"八大王"。起义军的连续获胜，使统治阶级坐卧不安。六月，在清涧与明官军洪承畴、杜文焕作战受挫，为保存实力，张献忠假降于杜文焕。

崇祯五年（1632年），张献忠乘机又起义，随农民起义军首领高迎祥、紫金梁转战于山西诸郡县。崇祯六年（1633年）二月，张献忠率军由晋北南下垣曲，经过陕西向四川进发。三月，攻克四川的夔州（今重庆奉节县）、大宁（今巫溪县）、大昌、新宁（今开江县）等州县。并由太平（今万源市）经长茅岭攻克通江，由巴州攻克保宁（今阆中市）、广元。这是张献忠农民军的第一次入川作战。

崇祯七年（1634年）正月，献忠农民军进攻河南信阳、邓州，逃入应山。又率军西上，从郧阳渡过汉水，攻克陕西商雒、周至（今改周至县）、鄠县（今改户县）。南下洵阳、紫阳、平利、白河，向四川方向进发。此时，张献忠农民军已扩大到13营，"号十万"。二月，张献忠农民军第二次进入四川，攻克川东的大宁、大昌和巫山。后又攻克川东门户夔州，统治阶级大为震惊。七月，张献忠由白水江进入陕西，同李自成农民军联合攻克了澄城，而围攻郃阳（今合阳）、韩城、到达平凉、邠州。十月，又进入河南西部卢氏县。十一月，由卢氏进达嵩县、汝阳一带。

此年年底，农民起义军各支向河南荥阳地区集结。崇祯八年（1635年）正月，农民军13家72营的领袖们在荥阳召开了明末农民大起义史上具有重大意义的荥阳大会。13家领袖是：张献忠、高迎祥、老回回（马守应）、革里眼（贺一龙）、左金王（蔺养成）、曹操（罗汝才）、改世王（许可变）、射塌天（李万庆）、横天王、混十万（马进忠）、过天星（惠登相）、九条龙、顺天王等。会议由13家中威望最高的西营八大王张献忠、闯王高迎祥主持。闯将李自成作为高迎祥部的裨将也参加了会议。李自成在会议上指出，今后农民军的军事路线，宜"分兵定所向"，这得到了大家的一致赞同。即各支农民军都打击明军的主攻方向，而老回回、九条龙来往策应。会上商定了共同的组织纪律和互相援助的方法。

荥阳大会标志着明末农民大起义进入了一个新阶段，它使农民军由分散作战开始向协同作战、互相声援的作战转变。

荥阳大会后，献忠率农民军东进安徽，直取凤阳，焚毁皇陵，挖了朱家王朝的祖坟，这是明末农民大起义以来的第一次重大胜利，给了明朝统治阶级一次十分沉重的打击。农民军焚毁皇陵的消息传到北京，崇祯帝朱由检惊慌失措，哀痛至极。

张献忠农民军在直捣凤阳的同时，另一支部队乘胜向凤阳东南地区挺进。

崇祯八年（1635年）正月，农民军合围庐州府，攻克和州、含山、巢县。不久，继续南下的农民军向安庆进攻，先后攻克潜山、太湖、宿松等州县。向皖北发展的农民军也攻克新蔡等地。接着，在安徽的农民军主力部队先后由潜山、太湖一带经英山、霍山、罗田，向湖北东部的麻城等地挺进。部队在麻城鹰山畈消灭黄州知府马人龙1000多地方武装后，继续西进。四月，农民军经隋州，由商州进入陕西。张献忠、高迎祥此时已成为陕西最强大的两支农民军。不久，张献忠与高迎祥会合，由西安进围凤翔。接着，张献忠、老回回由陕西东进朱阳关。明总兵官尤世威大败，明军尽亡。13营农民军全部出关。时八大王张献忠拥兵20万。十月，攻占河南灵宝、卢氏县。十二月，张献忠农民军第二次东进。二十四日再克含山，二十六日包围和州，以大炮攻破西门，胜利进入和州。三十日到达江浦，直逼长江东岸的明南都——南京。

崇祯九年（1636年）正月，张献忠军会合高迎祥、射塌天、扫地王等"连营百余里"，以兵数十万，进攻江浦西北之全椒、滁州。卢象升官兵前来镇压，起义军受挫后，向西进入河南，活动于舞阳、南阳、内乡。

同年，高迎祥率领所部折回陕西，在周至遭到明新任陕西巡抚孙传庭的伏击，被俘牺牲。高迎祥的牺牲，对农民起义军是一个重大损失。十月，张献忠农民军从襄阳西北的均州出发，马守应自襄阳北的新野出发，蝎子块由襄阳以东的唐县出发，3路20多万大军向襄阳进发。农民军以多胜少，打败了明襄阳总兵秦翼明的2000骑兵，夺取了襄阳城，使明统治阶级大为震惊。农民军第一次攻克襄阳城。张献忠与老回回马守应部顺汉江而下，发起了第三次东进作战。十二月六日，进抵应城。十日，一个和尚居然穿上应城林姓翰林弄来的铁甲，纠合1000余兵丁，打开城门向起义军挑战。农民军假装后撤，敌方武装陷入农民军的埋伏圈，张献忠命骑兵发起冲锋，杀死了那个铁甲和尚，全歼1000多名敌方武装。

崇祯十年（1637年）二月，献忠以数十万农民军围攻湖北重镇隋州。攻克应城、隋州的农民军乘胜东下广济，全歼广济典史魏时光纠集的300余地主武装。部队沿黄州、团凤、新生渊、罗田、三店、阳逻一线，从小路进攻安庆。四月，张献忠农民军在安庆西南的丰家店，同敌军进行了一场漂亮的歼灭战，不到一天，就把庆天巡抚亲自选拔的官僚地主子弟的地主武装彻底消灭。农民军接着继续东进，其先头部队到达南京与镇江之间的六合、仪真，扬州告急，明廷急令督理太监刘元斌、卢九德选勇卫万人前往援助。

在第三次入川作战中。献忠军东进苏、皖，给明廷军队以重大打击后，回师西进，由湖北东部向鄂、豫、陕交界地区进发。崇祯十年（1637年）十月，兵分两路进入四川，这是张献忠军第三次入川作战。他首先攻克了剑州、安延县，然后继续向成都方向挺进。农民军将明军总兵官侯良柱引诱到梓潼县的倒马坎，将其团团包围，侯良柱与副总兵罗象乾、刘贵在激战中被杀，全军覆没。

崇祯十一年（1638年）正月，总兵左良玉、陈洪范大败张献忠于郧西。献忠受挫后，为了保存实力，决定假降，在谷城接受了熊文灿的招抚。崇祯十二年（1639年）五月，张献忠认为时机成熟，在谷城又举义旗，杀谷城知县阮之钿。又威胁御史林鸣球上书，求封于襄阳，鸣球不从，于是杀之。七月，熊文灿檄诸将进攻谷城，张献忠焚谷城西走，与罗汝才军合。左良玉追击于房县西，张献忠设下埋伏，尽歼敌军，良玉失掉了官印，文灿、良玉都被革职。九月，大学士杨嗣昌督师进剿张献忠。十月至襄阳，逮捕败将熊文灿并处死。

崇祯十三年（1640年）二月，左良玉大败张献忠于太平县之玛瑙山，使其精锐尽被杀，仅以骁骑千余逃往兴安、平利。在此战役中，张献忠的不少有实战经验的将领被杀，他的一个妻子俘后牺牲，一个8岁之子被俘后死。另两个妻子歼氏、高氏及抚子惠儿也被俘。张献忠在兴归山中得到休整，"伏深箐中，重贿山氓，市盐刍米未酪，山中人安之，反为贼耳目"。被敌人打散的士兵也迅速归队，"张献忠得以休息，收散亡，养夷伤。"兵士又振作起来。六月，张献忠率部队向白平山进发，以神速的行动进入巫山隘。在土地岭大败官军，全歼官军5000人，杀死敌将白显等，杀伤总兵张应元、汪凤云等。汪凤云伤后，"卧血凝膻而卒"。接着又全歼张令、左良玉军3万人，从而彻底粉碎了杨嗣昌企图在"楚蜀交界"消灭张献忠军的"专剿"计划，扭转了农民军被动挨打的局面。张献忠率领起义军，于九月长驱入川，大步前进，以走致敌。这是张献忠军第四次入川。十月十七日，从剑州北向四川广元进发。二十四日，攻克绵州（今绵阳市），渡绵河而西，经绵竹南下什邡、德阳、金堂、新都、汉州（今广汉市）等地，于十一月到达了成都城下。十二月，攻取泸州。之后，越过了成都，走汉州、德阳，复至绵河。

崇祯十四年（1641年）正月，张献忠、罗汝才入巴州，走达州（今达县），直抵开县之黄陵城，在这里与官军进行了一场决战。将尾随而来的明军总兵猛如虎部打得大败，使其将领刘士杰、游击李开、李仕忠、猛如虎之子猛先捷等均战死。这是张献忠采取了"以走致敌"的战略，将敌人从川东带到川北、川西、川中、川南，又从川南、川西、川北而川东，在四川兜了一大圈，在将敌人拖得精疲力竭之后，乘机歼之的成功之战。

张献忠军乘开县黄陵城之战的胜利，决定夺取围剿总司令、兵部尚书杨嗣昌的大本营——襄阳。二月，农民军由净壁出发直逼夔门，过白帝城，行山谷间，抵当阳，入宜城。侦得襄阳无备，简20骑持符，伪装成官军。入夜至城下，守者验符信启关。农民军先头部队进入，即挥大刀大呼大杀守门者，城中先伏百余农民军俱响应，纵火，火光烛天。农民军大队人马疾驰而至，城中一时大乱，城门洞开，起义军尽入城门，杀死兵备副使张克俭、推官邺日广。烧了襄王府，抓了襄王。襄阳知府王承曾、福清王朱常澄、进贤王朱常淀在乱中化装出逃。襄阳知县李大觉自杀，张献忠军第二次攻克襄阳。三月，督师大学士杨嗣昌自缢而死，左良玉以襄阳失陷而削职。为了扩大战果，更沉重地打击敌人，张献忠军再次转战鄂、豫、皖。八月，农民军到达了豫之信阳，与左良玉军相遇而战。张献忠负重伤，只好换了衣服潜夜逃出夜遁，逃入山中。农民军损失惨重。十月，张献忠与革里眼、左金王等农民军在英、霍山中实现联合，后又出攻舒城。

崇祯十五年（1642 年）二月，张献忠攻陷了亳州。四月攻陷了舒城、六安。五月，轻取庐州，六月攻陷庐江。八月，张献忠军分为三：一军上六安，一军趋庐州，一军往庐江三河，掠巨舟 200，建水师营，合水陆为 56 营。

九月下旬，张献忠军扎营于潜山，分营为 4，步骑 90 哨，前阻大沟，后枕山险，为持久之计。不料，官军夜半缘山突袭，张献忠军跳涧四溃，损失惨重。接着，张献忠又向东进攻去，攻陷了桐城，又陷无为州、黄梅、太湖。

崇祯十六年（1643 年）正月，张献忠以 200 乘夜袭击，陷蕲州。三月，攻破黄州，张献忠据府自称西王。五月，张献忠军向武昌挺进，沿江而上，攻破了汉阳。临江欲渡，武昌大震。二十九日，攻克武昌，进驻楚王府。在武昌建立大西政权，张献忠自称大西王，宣布武昌为京城，名天授府，铸西王之宝。设五府六部，开科取士，殿试 30 人为进士，授郡县官。七月，张献忠决定留张其在守武昌，自己率领大西军分水陆两路向湖南长沙进发，八月二十二日，直抵长沙城下，守城的明总兵尹先民、何一德等决定向大西军投降。顺利进入长沙张献忠"设立伪官""大书伪榜，驰檄远近。"

九月四日，张献忠率领军队夺取衡州，复分军为三：一军往永州；一军入广西全州，一军攻江西袁州。十月十一日，大西军开入袁州城。十八日，夺取吉安。十一月，大西军与明军在岳州展开了水战，官军水师全部被歼，岳州又为农民军占领。

崇祯十七年（1644 年）三月，张献忠决定向四川进军，同李自成争天下。此时李自成已建立了大顺政权，李攻下北京后，崇祯帝自缢，李自成登上了帝位。张献忠决计入川，以四川为基地，然后"兴师平定天下"，打算从李自成手中夺取帝位。六月，张献忠攻陷涪州、泸州，蜀王告急，在南都请济师。张献忠顺流攻陷佛图关，遂围重庆，4 日而陷。攻入重庆的大西军，立即逮捕了瑞王朱常浩，处死明原巡抚陈士奇，严惩宗藩顽敌。八月，张献忠攻陷了成都，杀死蜀王和巡抚龙文光。成都攻克后，四川除遵义府（今属贵州省）、黎明（今汉源县）土司外，均被大西军所占领。张献忠在成都称帝，年号大顺，以成都为西京。设立内阁六部，有左右丞相、六部尚书等。分辖 70 营（一说为 120 营），辖境为四川大部分地区。

闯王李自成

李自成，明末著名的农民起义军领袖。家世居陕西米脂县怀元堡李继迁寨。家境十分贫寒，幼年曾被舍入寺庙，唤作黄来僧，后到艾姓地主家放羊。成年后，应募到银川驿充驿卒。崇祯元年（1628 年），陕北大饥荒，不沾泥、杨六郎、王嘉胤等率众起义，李自成也领了本村走投无路的群众投奔起义队伍。他领导的那支部队刚开始时称为"八队"。崇祯二年（1629 年），李自成所在的起义军转战山西，推高迎祥为首，称为闯王，称李自成为闯将。不久，另外几支起义部队如王嘉胤、张献忠、罗汝才等部也陆续进入了山西境内。随着大批破产农民军进入起义队伍，起义军声势日益浩大。

崇祯五年（1632 年），李自成在山西境内的各支起义军中已经开始崭露头角，李自成成了重要的首领之一。同年七月，李自成、张献忠、老回回等部攻打蒲县。3 天都没有攻下。于是，起义军转而夜袭大宁，到三更的时候城陷。这年冬天，李自成等部从河南、山西两省交界处的大口攻入了河南。河南乡绅张皇失措，联名上疏请救。朝廷急忙调昌平镇副总兵左良玉，带领 2000 官军赶赴河南，明宣大总督张宗衡各部官军也尾随而来。但李自成等人又突然攻入了山西，攻克辽州。明总兵尤世禄只得追至辽州围攻。起义军据城展开了顽强的抵抗。尤世禄和他的儿子副将尤人龙都被射伤。后来，李自成等为避免据守孤城为官军所歼，决定夺门而去，且战且走地摆脱官军的追击。

崇祯七年（1634 年）春，陈奇瑜以五省军务总督的身份檄调各路官军齐集于河南陕州，然后移师进剿。李自成、张献忠等部受到官军的压迫，开始向四川方向转移。六月，张献忠跑到了商、雒，李自成等陷于汉中车箱峡。陈奇瑜带兵尾随而来。这一地山高路陡，居民稀少，出口为明军把守，又遇阴雨连绵 70 多天，"弩解弓蚀，衣甲浸，马蹄穿，数日不能一食"。为摆脱困境，李自成等决定采取诈降的办法脱险。陈奇瑜果然认为起义军是在走投无路之下才投降，因此决策招抚。他向朝廷报告后，得到了兵部尚书张凤翼的支持和崇祯帝的批准，代表政府同义军达成招安协议：由陈奇瑜按起义者数目，每 100 人派一名安抚官监视，负责派遣返原籍安置。于是，起义军整装出栈，与陈奇瑜部下揖让酣饮，"易马而乘，抵足而眠。"换得了精良的兵器、衣着、食物。然而，一等出栈，起义军就将安抚官们杀了，攻下宝鸡、麟游等地，向西挺进。十一月，崇祯下令将陈奇瑜撤职，下狱论戍；提升洪承畴为兵部尚书，代替陈奇瑜之职，总督山西、陕西、四川、湖广、河南军务。

这时，西宁驻军发生兵变，洪承畴就又亲自率兵赶往当地。起义军趁机分陷关陇，等洪承畴平定兵变回击起义军时，起义军又四散开去，分道进入河南，集于荥阳地区。

崇祯八年（1635年）正月，起义军召开了著名的"荥阳大会"。会上，接受了李自成的建议，将13家72营各支起义军组织起来，协同作战，分兵5路，东、西、南、北4路各自出击，另一路来策应援助，集中力量打击官军。不久，起义军发展到了数十万人。一支起义军进抵安徽凤阳，焚毁了明王朝的皇陵。崇祯帝下令追查责任，并调湖广巡抚卢象升总管直隶、河南、山东、四川、湖广等处军务，带领总兵祖宽、祖大乐，副将李重镇所统的辽兵和当地驻军夹击，而留洪承畴在陕西应付。明廷划分了明确的职权范围："洪承畴督剿西北，卢象升督剿东南"。

崇祯九年（1636年）七月，高迎祥在周至被俘，在北京遭到杀害。起义军共推举李自成为闯王。李自成部向汉中进军时遇到阻碍遇阻，只好率部入川，进攻成都，7天都没有攻下。

崇祯十一年（1638年）春，李自成等部刚出川，而大部分起义军则均在中原地带活动，留下西北的只是李自成、过天星少数起义军，与陕西三边总督洪承畴、陕西巡抚孙传庭直接对峙。此二人均是明官僚中既狡猾又卖力者，加之三边官军历来剽悍，使李自成部在河州、洮洲（今甘肃境内）两次战役中连遭失利，损伤重大，只得分兵另走。四月初十日，李自成率兵及家属300人，行到甘肃礼县马坞，明总兵左光斗领兵追至，情况非常紧急。由于官军在马坞歇息一日，启程时又判断失误，才使自成能摆脱追击，进入陕、川交界地区。

七月，官兵又追至四川，起义军连连遭挫，李自成只得藏入山林，转至陕西、湖广、四川三省交界的大山区，避免同大股官军正面交锋。自此后两年，李自成部战果甚少，官军也主要是与张献忠、罗汝才、老回回等部作战。

崇祯十三年（1640年），灾荒严重，遍及全国，饥民们大量地加入起义军，李自成等部起义军规模得到了很大发展。这年夏，李自成率兵入河南境内，有兵数万人。牛金星、宋献策等地主知识分子也投身到起义队伍中。自成并将己女嫁与牛金星为妻，宋献策献图谶云："十八子，主神器。"自成大喜，于是拜他为军师。李岩宣传"迎闯王，不纳粮"。起义军队伍迅速地发展壮大起来。崇祯十四年（1641年），正月十九日，李自成部抵洛阳北门攻城，第二日晚，总兵王绍禹部卒在城头起义，义军占领全城。福王朱常洵被捉，世子朱由崧（后弘光皇帝）趁机逃脱。自成亲登殿上审问朱常洵，命左右打四十大板后，枭首示众。同时杀了南京兵部尚书吕维祺。

二月九日，李自成率精兵3000，部卒3万，到达了开封。明河南巡抚御史高名衡等将兵众都调上城头，周王朱恭枵则将府中银子搬出："下令民间，有能出城斩贼一级者赏银 50 两，能射杀一贼者赏 30 两，射伤一贼或砖石击伤者赏 10 两。"不久，一城上官军便射中李自成左眼，加之明朝援军快要到了，起义军才自动撤围告终。十二月下旬，李自成部在项城附近大败明军，扩大兵马之后，又围开封，不料炸城的火药引爆后不仅未炸开城，反而击伤许多义军，攻城又一次失利。崇祯十五年（1642 年）五月，李自成部三围开封，九月间，明守军见外无救兵，内无粮草，便决开黄河大堤，淹没了开封城，大批居民溺死，城中义军冲走达万人之多。至此，河南全境基本上落入了起义军之手。同年十一月，起义军攻克汝宁府，明崇王朱由樻等投降，保定总督杨文岳被捕后，被李自成缚至城南用火炮轰毙。

崇祯十五年十一月，李自成等各部主力 40 万人由河南南阳入湖北，向襄阳进军。守军左良玉部因在当地搜刮甚剧，当地居民深恨之，左良玉只得拔营向东逃去。义军连攻襄阳、荆州、承天、汉川等地。到黄州挺进途中，李自成颁《剿兵安民檄》，直数崇祯帝罪行。

至此，各部起义军除张献忠外，已统一于李自成麾下。李自成被推为"奉天倡义大元帅"，罗汝才为"代天抚民威德大将军"。不久，起义军诸领袖间发生了内讧，李自成秘密地杀死了实力最强的罗汝才与贺一龙。两个月后，又杀死河南一带起义军主力首领袁时中，从而进一步加速了起义的统一进程。

崇祯十六年（1643 年），李自成改襄阳为襄京，建立了"新顺"政权。李自成自称"新顺王"。中央机构设丞相一人，由牛金星担任。设吏、户、礼、兵、刑、工六部，分理政务。接着，正式考试诸生，题为《三分天下有其二》。在军制上也做了调整，把起义军划分为担负攻城野战的五营和镇守要地的地方军。由刘宗敏充李自成左右手，并指挥总部的直辖部队。经济上宣布"不催科"，"三年不征粮"及恢复生产等措施。

这年八月，新任督师的陕西总督孙传庭奉旨出关，并占领了洛阳。李自成采取诱敌深入的办法，放弃了一些地盘。官军孤军深入，粮草接济不上，又碰上大雨滂沱。孙传庭无计可施，只得率兵撤退。义军乘势发起总攻，官军大乱，全线崩溃，死亡 4 万余人。李自成、刘宗敏率起义军追至潼关，由于城外官兵急于入城，用刀劈开了南水关栅栏，义军便尾随而进，占了潼关。十月十一日，李自成军又占领了西安，活捉秦王朱存枢。接着又攻占陕北各地和固原、宁夏、兰州、西宁等地，西北地区的官军据点全部被扫除殆尽。

崇祯十七年（1644 年）正月，李自成在西安建国，国号大顺，称"大顺王"，改元永昌。正月初八日，为了彻底推翻明王朝，李自成率大顺军主力由西安出发，进军北京。行前，命田见秀留守西安，丞相牛金星、军师宋献策等随军行动。李自成渡过黄河后，直指太原，并发布了著名的"永昌元年诏书"。接着，大军浩浩荡荡地朝京师挺进，开始同明朝展开了最后的决战。

陕北饥民遍地起义

没有农民革命的形势，就不可能发生明末农民大起义，而且在时间上延续达17年之久。

崇祯元年（1628年），以王嘉胤、王自用、高迎祥、王左挂等为领导的农民起义队伍，风起云涌，浩浩荡荡。

这一年，张存孟（不沾泥）起于洛川（今洛川县东北），王和尚、混天王起于延川（今延川县），周大旺起于阶州（今甘肃武都），韩朝宰起于庆阳（今庆阳市），王子顺起于白水（今白水县）等。一部分溃变的边兵，联合农民们起义于固原（今固原市原州区）。山西巡抚梅之焕的溃兵5000人，联合农民军战斗在陕、晋边界；被解散的奴隶联合农民军活跃于陕西北部。此外，还有神一元、神一魁起义于保安（今志丹县），点灯子起义于青涧（今清涧县）。

崇祯三年（1629年），李自成起义于陕北米脂（今米脂县），张献忠起义于肤施（今延安县），苗美起义于绥德（今绥德县）。两年之间，农民军的旗帜飘扬陕西各地，凋零残破的农村，饿殍载道的旷野，顿时活跃起来，农民们开始依靠自己的力量来挽救自己。

吴伟业在《绥寇纪略》中，对当时农民初起时的形势，作了如下的分析。他说："延绥以北为逃兵、为边盗；以南为土寇、为饥民。边盗，则神木之王嘉胤、靖边之神一元为魁，而支蔓于绥德之不沾泥、庆阳之可天飞（何崇谓）、延安之郝临庵、镇原之红军友。土寇，则西川之王左挂、苗美，清涧之点灯子为魁，而支蔓于中部之李老柴、延川之混天猴（张应金）、保安之独行狼。

吴伟业所谓逃兵、边盗、土寇、饥民，实际全是贫苦农民。即以逃兵而言，当年的兵，不是雇佣而来，便是强征入伍。他们原是破产的农民。入伍后，不能忍受无理的惩罚制度，过着半饥不饱的生活，因而逃归乡里。他们是无依无靠的农民。其他所谓边盗和土寇，则全是饥民。

初起的农民军领导者，以王嘉胤、王自用、高迎祥、神一元为代表；后来以李自成、张献忠为主导，他们出身都是农民。

王嘉胤是陕西府谷人，幼年务农，一度为边兵，逃归故乡。崇祯元年（1628年）起义于府谷，以府谷为根据地，转战于陕中和陕东北及山西河曲、保德，部队发展到数万人。

王自用也是府谷人，农民出身。他在府谷发难后，就和王嘉胤部联合作战，清除了府谷周围许多地主堡寨，如木瓜园堡、清水堡、孤山堡等等。一度推王嘉胤为领袖，组成联军。

高迎祥是陕西安塞人，世代务农。天启七年（1627年），他在饥寒交迫下，率领数百农民，攻占寨堡，夺取物资。王嘉胤起义后，高迎祥与之联合作战。崇祯八年（1635年）有名的荥阳大会，便是由他召集和主持的。会上制出分头迎敌、互相联系、互相支援的战略方针，推动了农民战争的迅速发展。

李自成是陕西米脂人，生于李继迁寨，初名鸿基。幼年替艾老举人牧羊，不堪折辱，逃为边兵。由于不能忍受体罚制度，逃归故里，依旧做农民。崇祯二年（1629年）在饥寒交迫下起义，独树一帜。初转战陕西，不久渡河入晋，是王自用统帅的36营中的一部。有人说，高迎祥是他的舅父或岳父；又说高迎祥死后，部队交李自成领导。这全是推测。吴伟业说："闯王高迎祥死，部众由其弟高迎恩率领。"（《绥寇纪略》卷6）李自成初称闯将，直至崇祯十四年（1641年）才改称闯王。他并不是继承高迎祥的部众。

张献忠是陕西延安柳树涧人。家贫，跟父亲贩卖红枣为生。有一次，他拉货的驴子粪弄脏了达官的祖上墓碑，被污辱后愤而当边兵，又被诬陷几死，复逃归乡里。崇祯二年（1629年）起义于肤施。次年渡河入晋，也是王自用所统帅的36营的一部，称西营八大王。他日后的战功与李自成相伯仲。

陕西各部初起的农民军，大半在本乡本土作战，不免有所顾虑，所以多用化名（诨名）。

朱由检及其臣仆们，面对农民起义急风暴雨的局面，感到十分惊惧。崇祯二年初，便特设一个三边（延绥、固原、宁夏）总督，任命左佥都御史杨鹤充任，指挥三边全军，专力进剿农民军。

由于初起的农民军绝大多数是饥民，缺乏战争经验。但各部农民军中，也有一部分来自明军的战士和下级军官（见杨鹤奏疏，《题为布信招降事》），他们懂得避开强敌，减少伤亡，保存实力。所以一般是采取流动作战。这种战术，有它的优点，也有它的缺点。优点是：小部队机动性强，攀山越岭，渡河涉水，轻便迅速，呼哨而来，飘然而去。同时遇到县城或寨堡，可以突然袭破，粮草取之不尽，又可以此赈济饥民，扩大队伍。缺点是：力量分散，战斗力不强，一遇强敌，易被击败，且有被歼灭的危险；而长期流动转战，易于疲劳，无法建立根据地，形同流寇。这种初期的战术，在战斗实践中逐步得到了改善。

明军则采取大军猛击穷追的战术。且明令"斩级计功"（事实上是割耳计功），奖励剿尽杀绝。可见统治集团对农民军怀着刻骨仇恨。可是在战斗实践中，证明这种大部队跟踪追击，等于驱牛逐兔，望尘莫及。

从崇祯二年到四年（1629—1631年），明军的攻剿和农民军的分头作战，大致形势如下：

杨鹤充任三边总督后，立即同延绥巡抚洪承畴、甘肃巡抚梅之焕等，往返协商攻剿农民军的方案。可是找不到农民军的主力，无法发动大规模的攻势。杨鹤嗟叹道："急剿之心愈急，而愈不得剿。"（《题为布信招降事》）可见明军处处被动。农民军既然流动作战，就显得处处主动。农民军散布于陕西各地，随时随地能够打击敌人。不过当时农民军还没有形成统一的指挥。从战斗的经过看，王嘉胤部和神一元、一魁兄弟的部队，打得最勇敢出色，引起明军的密切注视。

王嘉胤系边防军的下级军官，富有战斗经验。起义后，王自用部又和他合并，军容严整。因起义策源地府谷远在陕西的东北境，明军初时还不及注意。王嘉胤和他的战友王自用、白玉柱等乘机清除了周围反动的地主寨堡武装，部队扩充到两万人。崇祯三年（1630年）春，王嘉胤领导一部分部队向南方进展。六月攻陷延安、庆阳等地的县城和寨堡多处，声势震动远近。总督杨鹤立即令延绥巡抚洪承畴集中部队，邀击王嘉胤部，展开多次大战。八月，王嘉胤为避开强敌，向塞边（今陕西靖边一带）转进。继闻府谷被明军攻陷，王嘉胤挥军北上，夺回府谷，捕杀明守城游击李显宗，消灭了全部敌军。为了巩固后方，王嘉胤部又渡河攻占了晋东北的保德州（今山西保德），再攻邻县河曲，守城明军惊慌失措，竟把红衣大炮向着自己部队燃放。弹丸横飞，总兵王国梁仓皇逃走，其部队在突围中，大半被歼灭。王嘉胤占据了河曲，把府谷和仅隔一河的保德联成一气，作为后方根据地。农民军在此可以居高临下，监视敌人，并保护陕西各部农民军安全渡河入晋。

杨鹤闻报，即刻会同洪承畴会商反攻。先遣总兵杜文焕率大军攻府谷。围攻3个月，农民军坚守不动。后闻杨鹤、洪承畴等亲率重兵渡河，径攻河曲，王嘉胤部才放弃了府谷，全力守卫河曲。杨、洪等集中两万部队，于崇祯四年（1631年）五月围攻河曲，展开了攻守战。经过多次激烈战斗，明军损失惨重，王嘉胤部也有相当牺牲。又因山西的地势，土居其一，山居其二，水源缺乏。明军根据地理情况，阻断了河曲的水源。由于城中缺水，使王嘉胤部不得不突围脱离困境。王嘉胤不幸在突围时战死，农民军推举王自用为全军统帅，终于完成突围的任务，继续在山西北面作战。

这次战斗，震动了全陕，表现出农民军坚强如铁的意志，也表现了王嘉胤、王自用等人的指挥才能，使明军感到惊心动魄。

但是这一战，农民军是失策的。当时王嘉胤部没有外援，明军则有多路外援；农民军同敌军拼消耗是不利的，而且又损失了一员杰出领袖王嘉胤。

神一元、神一魁部起义后，在战斗中表现得相当灵活坚强。他初起于保安，拥有部队3000多人，流动作战于榆林道所属各地。崇祯四年（1631年）十二月攻克新安边营，兵民纷纷来投；再攻宁塞，得到城内军民的响应，捕杀了明守城参将陈三槐；再攻柳树涧大寨堡，饥民群起协攻，即时占领。每次胜利后，都把大批米粮、衣物和金钱发给饥民，起义军和人民之间结成了一体。

同年，神一元所部又攻克庆阳府合水，俘知县蒋应昌，审讯结果，认为蒋应昌尚无多大罪恶，从宽给予释放。接着进攻庆阳，神一元不幸阵亡，部队推神一魁为统帅，继续勇猛作战。明军以为神一元既已战死，根据地必定空虚，立即乘机攻击保安。神一魁率领部众迅速赶回保安，适值明军纷纷来攻，双方展开大战。明军屯于坚城之下，一筹莫展。神一魁抓住明军兵疲将怠的机会，率大部出击，掠获器械和人马甚多。明军损兵折将，溃不成军。

起初，王嘉胤部在陕东北，神一元部在陕中，打得明军闻风丧胆，从而保护了其他各部农民军安全地渡河，转进山西，把起义的烽火扩大到两个省，分散了敌人的兵力。

王嘉胤部由王自用继续领导，在斗争中创造了更大的战果。后来，王自用留一部分农民军在陕西中部作战，亲自统率部队入晋。

神一元部由神一魁继续领导后，保安之战发挥了强大的威力。这以后，他被老奸巨猾的刽子手杨鹤用高官（任神一魁为守备）厚禄所软化，竟投降了杨鹤，并对农民军反戈相向。虽然后来他识破敌人的阴谋，再次反正，但已成为农民军的罪人。崇祯四年终于在宁塞被明兵击毙，余部分散加入其他农民军，仅剩下一万余人由红军友、李都司、杜三、杨老柴、豹五等率领，继续与明军作战。

王左挂（本名王之爵）初起时，人数虽较多，但因组织不完善，指挥有错误，竟没有发挥应有的作用。仅于崇祯三年（1630年）初，攻韩城，破郃阳，据有清涧之华严寺，明军穷追不及。但迫于明军的强大攻势，投降了洪承畴，以后他认识了错误，率军再起，终于被洪承畴所杀害。

点灯子又名赵四儿，原为小知识分子。起义后，部队发展到6000人，一度活跃于韩城、宜川、洛川，转战于黄河两岸州县，成为初起农民军中一支坚强的队伍。崇祯四年九月，同明军曹文诏、艾万年部一战于河东，夺取了石楼县（今山西石楼）；再战于河西绥德州（今绥德县），击毙明军都司王世虎、守备王世忠，军声颇震。后因往来渡河，部队疲劳，防地被敌军袭破，点灯子英勇战死。部队分散加入其他农民军，与明军继续作战。

杨鹤自崇祯二年二月任职，至四年十月十一日被逮，担任三边总督两年零八个月。崇祯二年（1629年）在两次大战中，损兵折将于河曲，望风奔溃于保安，声威大降。朱由检对他相当轻视。从此，他感到不但求剿不得，而且抚也不易。尤其是大部农民军渡河入晋，导致山西饥民群起响应。山西和陕西都变成了农民军的地盘。杨鹤企图推卸罪责，早日结束"剿"的局面。杨鹤想出了一个偷梁换柱的办法："改剿为抚"，或"剿抚兼施"。他提出一套理论："一面真心招抚解散，一面着实整兵备御。果真解散，则兵径可不用；倘仍鸠聚不散，则剿不得不立即继之。"朱由检开始承认"抚"。但是这个刚愎自用的皇帝，向来对部属不负责。后来看到杨鹤的剿既无功，抚又无效（即旋抚旋叛），开始指责杨鹤招抚偾事。加以御史孙徽兰把当时的谣传，说成是杨鹤的招降布告和通告各州县的命令，如"敢言杀贼者斩""县不许设哨马，城不许设守具"等语，上疏参劾杨鹤。朱由检偏听轻信，杨鹤被逮下诏狱。明军的初次剿抚，便以失败而告终。

这时，农民军各部纷纷渡河入晋的有以下各部：

王自用（紫金泥）步马八百，满天星步马五百，拓养坤（蝎子块）步马七百，马守应（老回回）步马一千，一字王（刘小山）步马七百，邢管队步马六百，领兵王步马五百，整齐王步马四百，刘国能（闯塌天）步马一千，惠登相（过天星）步马六百，南营八大王步马一千，西营八大王（张献忠）步马二百，不沾泥（张存孟）步马五百，混世王步马一千，乱世王步马一千，八队闯将（李自成）步马七百，罗汝才（曹操）步马四百，张飞步马五百，九条龙步马三百、五条龙步马三百，贺双全步马三百，高总管步马四百。（《怀陵流寇始终录》卷4）

以上共24家，人数共1.4万多名，这是初渡河时的情况。以后加入的山西农民军，增至数万名，共推王自用为统帅，转战在山西各地。后来人数又扩大到16万，称为36营。

明与李自成朱仙镇之战

明崇祯十五年（1642年），李自成率领农民起义军在朱仙镇（今河南开封西南）同明军进行的作战。

明朝末年，朝政腐败，民不聊生。自明天启七年（1627年），陕西闹饥荒，引发了明末农民大起义。农民起义军流动作战，明军分头围剿。经过一系列激战，出身于陕西米脂贫苦农民家庭的农民起义军将领李自成所部，迅速发展成为起义军的主力之一。

明崇祯十三年七月，起义军张献忠突破明军围堵，率部进入四川。明军主力跟踪追击，继续对张献忠部展开围追，急欲置其于死地。九月，李自成乘机率军自郧、均进入河南，以"均田免粮""劫富济贫"相号召，得到了广大农民的响应，民间广泛流传"开了大门迎闯王，闯王来时不纳粮"的童谣。因此，李自成起义军进入河南后得到迅速发展、壮大，越战越强。自崇祯十四年正月，李自成攻下洛阳，杀福王朱常洵和前南京兵部尚书吕维祺等，为农民军的迅速发展创造了良好条件。同年五月，傅宗龙为兵部侍郎总督陕西三边军务，负责讨伐李自成农民军。九月，李自成率军在项城南伏击明军，贺人龙、虎大威、李国奇三总兵兵败，逃奔沈丘，杨文岳部逃入陈州，陕西三边总督傅宗龙部 6000 余人被歼。农民军乘胜攻占项城、商水、扶沟。十二月，李自成部连下洧川、许州、长葛、鄢陵。接着，与罗汝才部合力再攻开封明军周王朱恭枵、巡抚高名衡部。

崇祯十五年二月，李自成、罗汝才联军攻破河南襄城，大败明军，杀三边总督汪乔年。三月又接连攻下河南东部城邑 10 余座。四月，再围开封。五月，明廷以兵部侍郎孙传庭总督陕西三边军务，令其火速出关救援开封。六月，又以侯恂为兵部侍郎，取代杨文岳总督保定、山东、河南军务，率军由观城（今河南范县东）南下驰援。同时命总兵许定国率山西兵增援，但中途哗变，溃于沁水。孙传庭部因兵、饷未集，未能入关。六月末，明廷改命督师丁启睿（代杨嗣昌督陕西、湖广、河南、四川、山西及江南、北诸军）急救开封。丁偕保定总督杨文岳，领总兵左良玉、虎大威、杨德政、方国安等 4 镇兵约 20 万（号称 40 万）人，火速驰援开封，会师朱仙镇，以解开封之围。

李自成遂以部分兵力继续围困开封，自率主力部队预先占领朱仙镇西南有利地形，沿洧水挖壕，深广各 1.6 丈，周围长百里，断绝明军往襄阳的退路，待机歼敌。

明援军系临时凑集成军，各镇将领不听统一调遣。丁启睿欲令各军向义军发起进攻，召集诸将计议。左良玉认为义军"锋锐，未可击也"，不肯进攻。丁以为"围已急，必击之"，强令诸将出战。最后决定次日出战。左良玉见起义军筑起 3 座土山，发炮向其营垒轰击，鉴于起义军势力强盛，为保存实力，乘夜掠诸营骡马后向襄阳方向逃去。明军诸营被左军冲乱，相继溃逃，全线崩溃。丁启睿和杨文岳溃走汝宁，其他明军也争相逃命。只有杨文岳副将姜名武部坚守阵地，至天明兵败被俘杀。

李自成发现左良玉军撤营，告诉诸将说："左健将，慎无与争，惟待其过而从背击之，蔑不济矣。"遂派精兵绕道截击左良玉部，同时督军追击。追军放过左军步兵，而与其骑兵保持接触。稍战即退，示弱于敌。左军以为已可脱逃，无心死战，疾驰 80 里，正遇义军预筑的长壕，只好下马越壕。起义军跟踪追至，发起攻击，左军大乱，争相逃奔，相互践踏，纷纷堕入农民军预先挖掘的壕内，死伤惨重。农民军获降卒数万，骡马 7000 余匹，军械火器不计其数。左部监军佥事任栋战死，左良玉率残兵逃奔襄阳。

埋葬朱明王朝

崇祯十二年（1639 年）五月，张献忠在谷城重新起兵，李自成也在商洛山中打出"闯"字大旗，重又活跃在陕、鄂、川边境。

第二年，李自成趁明朝的主力部队被张献忠拖在四川的有利时机，挥师打进河南。这时，河南正闹着特大的蝗灾、旱灾，老百姓饿死的不计其数。起义军的到来，饥民如鱼得水，从者如流，队伍迅速扩大到几十万人。随着斗争形势的高涨和地主阶级内部矛盾的加剧，一些失意的地主阶级知识分子也怀着不同的目的参加到起义军队伍中来，如举人牛金星和李岩兄弟俩都在这时候加入起义军。牛金星后来的叛变事实，证明他是一个混进农民起义队伍谋私利的野心家，而李岩，则对起义军的胜利发展起了积极作用。

李岩，河南杞县人，本名李信，是个举人。面对严重的饥荒，他恐怕发生"不测"，作了一首《劝赈歌》，"奉劝富家同赈济"，并带头捐了200石粮食赈荒，幻想用"放粮济贫"的方法来缓和阶级矛盾，避免饥民暴动的发生。但是，贫鄙吝啬、目光短浅的豪绅不但听不进劝告，甚至勾结官府，诬告李岩"收买人心""图谋不轨"，把他逮捕办罪。幸亏城里饥民劫狱，李岩才被解救出来。残酷的斗争把李岩推向农民起义军一边，出狱后，他率领饥民，投奔李自成，被逼上了梁山。

李岩对起义军的最大建树就是帮助李自成建立斗争纲领。他针对当时土地高度集中和赋税苛重的社会现实，提出了"均田免粮"的纲领。这一纲领触及了封建经济基础的最根本问题——土地制度，在中国农民战争史上是第一次用口号形式明确提出土地问题。它反映了遭受残酷剥削的农民的经济要求，对于动员农民参加起义有极大的号召力。李岩还把这一纲领编成通俗易懂的歌谣，让起义军战士到处宣传。歌谣唱道：

> 吃他娘，穿他娘，
>
> 吃着不尽有闯王，
>
> 不当差，不纳粮。
>
> 杀牛羊，备酒浆，
>
> 开了城门迎闯王，
>
> 闯王来时不纳粮。

起义军每到一地，都宣布"三年免征"或"五年不征"，并支持农民夺回被地主霸占的土地。同时，起义军还针对当时贫富不均的社会现实，提出"割富济贫"的口号，针对明朝统治阶级对工商业者的残酷掠夺，提出"平买平卖"。这些口号起了争取民众，扩大斗争力量的作用。

在建立斗争纲领的同时，起义军加强了纪律整顿，规定军队自带帐篷，不住民房；行军时要爱护群众的庄稼，有让马匹践踏庄稼者要处斩；至于烧杀淫掠，那更是罪不容诛，宣布了"不淫妇女，不杀无辜，不掠资财"和"杀一人如杀我父，淫一人如淫我母"的口号。李自成严以律己，他不好酒色，粗衣淡饭，与部下同甘苦。起义军的内部上下平等，首领与士兵经常是亲切地一起席地而坐。在首领之间也是同坐共食，彼此以"兄弟""尔我"相称，对李自成则亲热地称他为"老李"或"大哥"。

起义军的"均田免粮""平买平卖"的纲领深得人心，加上纪律严明，秋毫无犯，因而，每到一处，老百姓"执香迎导，远近若狂"。连一些州县官员和士绅，也"往往相率出城，望风伏迎"。相反，老百姓一听说官军到来，不是慌忙躲避，就是闭门拒守。曾发生过这么一件事：明朝东阁大学士李建泰奉崇祯帝之命，外出督师，人马行至东光县，城内民众紧闭城门，拒之城外。李建泰亮出大学士督师的身份，百般呐喊，民众就是不买账。他无可奈何，只好退走，叫几十个士兵扮成义军模样，再回到城门下叫门，要知县出来答话。这下子，城门洞开，"鼓乐迎导，设宴甚盛"。李建泰乘机带兵入城，杀死知县及为首的十几人。

崇祯十四年（1641年）正月，起义军攻破洛阳。崇祯皇帝的叔父、福王朱常洵被捕获。这个残酷压榨百姓、宁肯将粮食放在仓库里发霉，也不赈济啼饥号寒的灾民的大剥削者，人民对他刻骨仇恨。现在，他跪倒在农民军的脚下，嗦嗦发抖，苦苦求饶。农民军镇压了这个恶贯满盈的大寄生虫。李自成指着那个体重300多斤的朱常洵尸体，向围观的群众激动地说："王侯贵人这些混蛋，平日刻剥穷苦百姓，让咱们冻馁而死。今天我宰了他，为大家报仇！"接着，闯王又宣布把福王仓库中的数十万石粮食和数十万金钱发给贫苦百姓。众百姓欢呼雀跃，奔走相告，远近的贫苦人民纷纷赶来分享胜利果实。起义军在洛阳一带迅速发展到100多万人。

洛阳战役是李自成起义军由弱到强，由战略防御进入战略进攻的转折，它揭开了中原大战的序幕。紧接着，起义军三打开封城，在河南战场上纵横驰骋，杀死3个明朝总督，消灭几十万明朝军队。仅两年时间，起义军彻底摧毁明朝在河南的军事力量，占领了河南全省。崇祯皇帝气急败坏，把督师丁启睿削职下狱。

崇祯十五年（1642年）底，李自成攻下湖北重镇襄樊。次年三月，义军在襄阳建立政权，改襄阳为襄京，李自成称"新顺王"。中央设置上相国、左辅、右弼为内阁，下辖吏、户、兵、礼、刑、工六政府。六政府设置侍郎、郎中、从事等官。地方建制分省、府、州、县4级。省一级当时尚未设官，省以下，各要地重镇设防御使，府设府尹，州设州牧，县设县令。在军事制度方面，设权将军和制将军等职。

崇祯十六年（1643年）五月，李自成召开军事会议，讨论下一步的战略进攻方向。会上，左辅牛金星建议先取河北，直趋京师；而礼政府侍郎杨永裕却主张顺流东下，先取金陵（即南京），断京师粮道，再出师北伐。军政府从事顾君恩提出第三种意见，他说："金陵势居下游，难济大事，其策失之缓；而直捣京师，万一不胜，无后退之路，此策又未免失之急。依我所见，关中乃大王桑梓之邦，而且百二山河，已得天下三分之二，应该首先攻取它，建立基业。然后旁掠三边，借其兵力，攻取山西，再趋京师。这样，进战退守，万全无失。"李自成听他说得有理，频频点头，便采纳顾君恩的意见。起义军于这年十月攻破潼关，杀死坚决与人民为敌的刽子手孙传庭。十一月破西安，分兵取甘肃、宁夏等地。

崇祯十七年（1644年）正月，李自成在西安正式宣布建国，国号"大顺"，年号"永昌"，改西安为西京，并且调整和加强了中央政权机构，以天佑殿为最高行政机关，设大学士，添设六政府尚书。同时，大顺政权也恢复封建的五等爵号，大封功臣，粗具开国规模。

二月，李自成乘胜前进，指挥大军东渡黄河，出兵山西，攻克太原。此后，义军兵分两路向北京挺进，一路由故关（今河北井陉西南）、真定（今河北正定）、保定北上；李自成率主力经大同、宣府而下。三月中旬，大顺军主力部队拿下北京门户居庸关，十七日抵达北京城下，开始了攻击战。崇祯皇帝在宫中急得像热锅上的蚂蚁，慌忙召集群臣问计。众大臣相对哭泣，无言以对。十八日，义军更加猛烈攻城，太监曹化淳开彰义门迎降，外城遂破。十九日凌晨，皇城也被攻破。崇祯帝于宫中鸣钟召集百官，竟无一人前来应召，大营兵将也皆逃散，连个人影都不见。崇祯帝孑然一身，成了名副其实的孤家寡人。他见大势已去，走投无路，迫不得已，爬上万寿山（今景山，又称煤山），吊死在寿皇亭旁的一棵槐树上，衣襟上写着"朕死无面目见祖宗于地下，自去冠冕，以发复面"等字为"遗诏"。

历史上的亡国君主，往往是被人责骂的，崇祯帝却例外，他倒颇得后人的同情。清初曾有人以"血渍衣襟诏一行，殉于宗社事煌煌"的诗句来咏他的"殉国"行为；一些封建文人又每每以"宵衣旰食""忧勤惕励"一类的言辞来赞颂他的勤政；钦定《明史》的编者则以"非亡国之君，而当亡国之运"为崇祯帝国破身亡辩解。诚然，崇祯皇帝的运气不佳，他承神宗、熹宗之后做皇帝，明朝已到了病入膏肓、不可救药的地步。但是，他本人"举措失当，制置乖方"。他刚愎自用，喜迎恶晞，贬斥谏臣；生性猜疑，苛刻寡恩，宠信宦官，无知人之明；不顾民生，横征暴敛，刻于搜刮。这样的王朝，碰上这样的皇帝，不亡更待何时！

三月十九日上午，李自成头戴白色毡笠，身穿蓝布箭衣，骑着乌龙驹，在夹道群众的欢呼声中，由德胜门进入北京城。统治中国276年的朱明王朝，至此宣告灭亡。

明代生产力水平的提高

在农业方面，铁工具数量增加了，质量提高了，并且有了推广。犁、锄、镰、水车等工具完备。

从《农政全书》的记载看，当时的农业生产技术，不论在耕耘、选种、灌溉、施肥、园艺各方面都积累了丰富的经验。福建、浙江等地有了早晚稻兼作的双季稻，在岭南有三季稻，北方直隶地区开垦了更多的水稻田。一般稻田亩产量到两石或三石，有些地区到五六石。番薯和玉蜀黍等高产作物在此时也开始种植了，如番薯即盛植于江浙、福建等地，这对农作物生产的发展具有重大的意义。在明代，河北、山东、河南、两淮之间已普遍种植棉花，而松江更是"官民军皂垦田凡二百万亩，大半植棉，当不止百万亩"。烟草在明中叶后从吕宋传入，很快便推广到福建、广东以及长江流域等地，到了明末，"北土亦多种之，一亩之收，可以敌四十亩，乃至无人不用"。其他如太湖地区的蚕桑业比以前更加发达，江南、闽、广地区的甘蔗、蓝靛、杉漆以及各种油料作物的产量也都有相应的提高。农业经济作物种植面积的日益扩大，使一些荒废的土地充分被利用，直接为手工业生产提供了原料。

在手工业方面，冶铁、铸铁和制瓷业都有了一定的发展。当时全国产铁地区有 100 多个。明朝的河北遵化、山西阳城、广东佛山、福建尤溪、陕西华州（今华县）、安徽徽州（今歙县）等地出现了规模较大的冶铁、铸铁业。遵化和佛山的铁冶尤为著名。开采矿石已用火药爆破法，鼓风器亦采用了较先进的有活塞和活门装置的大风箱。冶铁技术的改进和民营铁厂的出现，使铁的产量有较大增加，促进了农业、手工业的发展。

突出反映手工业工人高超技巧和生产力发展水平的手工业是丝织业和棉纺织业。在江南五府地区（苏、松、杭、嘉、湖）和潞安（今山西长治）、福州、南京、成都等地的丝织业中，专用的工具品种繁多，花机高一丈五尺，结构比过去更为复杂，在苏州市场上出售的织机有专织绫、绢、罗、纱、绸等各类织物的机种。弘治时，福州的机工改进织机，称改机。提高了丝织业的质量和生产效率。棉纺织业遍及全国的家庭副业。其中江南的松花布名闻天下。明俗语有"买不尽的松江布，收不尽的魏塘纱"之说，经过农民和手工业工人的长期生产实践，出现了脚踏的纺车和装脚的搅车（一种轧棉花去籽的工具）及各种改制的织布机。

明代中后期，制瓷业规模很大，其中心是景德镇。此镇的制瓷业在宋元基础上继续发展，产品丰富多彩，如成化、嘉靖、万历时期所产的各种青花和彩釉瓷器，以及薄胎纯白瓷器都十分精美，闻名中外。明后期景德镇的官窑约 58 座，民窑达 900 座，民窑产品有的甚至超过官窑。此外，浙江处州、福建德化、河南禹州、北直隶曲阳、南直隶宜兴等地，制瓷业也有相当规模。

明代的榨油业、造纸业、印刷业、制糖业、制茶业和浆染业也比以前发达。制烟业成为新的手工业部门。但总的说来，明代社会生产力的发展比较缓慢，农业和手工业工具与宋元时期相比相差很小，各个地区生产的发展也很不平衡，农民和手工业工人普遍过着贫穷困苦的生活，无力扩大生产。

明代社会分工进一步发展

明朝中叶，男耕女织是社会分工的基本形式。农家"十家之内必有一机"。棉纺织业最发达的松江地区，也是"以织助耕"，随着社会生产力的提高、手工业脱离农业独立发展的趋势比以前更加显著了。手工业部门内部的分工也更加复杂，出现了采矿工业和加工业的分工，原料产地和手工业地区彼此互为市场，促进了商品经济的进一步发展。纺织业方面，除苏杭外，江南五府的各个镇市中，以织绢为生的机户愈来愈多，有的人已从农业中分离出来，如嘉兴王江泾镇"多织绸收丝缟之利，义务耕绩"，濮院镇人"以机为田，以梭为耒"，苏州的盛泽、震泽、黄溪等市镇更是"有力者雇人织挽，贫者皆自织，而令其童稚挽花"。

有一些地区的农民专门从事农业经济作物的生产，以供应丝织手工业的需要。如湖州（今属浙江）的农民专植桑养蚕，以至桑麻万顷。湖丝成为苏、杭、福州、成都以及其他新兴丝织业各城镇的主要原料。仅次于湖丝的还有四川保宁（今阆中）的阆茧。阆茧不仅为本地所需，而且销售到吴越和以织潞绣著名的山西潞安。

棉纺织业方面，松江地区，有人以织布为业，有以织布为生的机户，有从事棉花加工的弹花和轧花作坊，有从事棉布加工的踹坊（踏布、压布的作坊），还有新兴的棉布再制品的行业如制袜业等。有的商人把松江的棉布运往芜湖浆染，当时"织造尚松江，浆染尚芜湖"，芜湖已成为浆染棉布的中心。为了供应松江等地棉纺织业的需要，河北、山东、河南等地的一部分农田，大量种植棉花。

制铁业方面，广东佛山镇的制铁业已分为"炒铸七行"，拥有大量的耳锅匠和锯柴工，其所需原料铁板多来自广东西部的罗定、阳春、阳江各县，说明了制铁业和冶铁业的分工明星。

手工业内部，专业分工更加细密了。明中叶后，苏州有织工数千人，染工亦数千人。在织工中，又有车工、纱工、缎工、织帛工和挽丝工的分工。织绸有打线、染色、改机、挑花等工序。景德镇的制瓷工业有淘土、制坯、满窑、烧窑、开窑等一系列的分工。石塘镇的造纸业有纸工2000余人，在一座槽房内，就有扶头、舂碓、检择、焙干等分工。徽州的冶铁业，"煽者、看者、上矿者、取钩（矿）砂者、炼生者而各有其任，昼夜轮番四五十人，若取炭之夫、造炭之夫又不止是"。这一切都反映了当时一部分手工作坊或工场的生产规模和专业分工，这些作坊和手工工场都是民营的，无一不与商品市场相联系。

在明朝，社会分工虽有一定的扩大，但农业和手工业的结合还很顽强。农村的基本分工主要是"男耕女织"或"以织助耕"。丝织和棉纺织业，以及制糖、染色、炼铁、造纸等，大部分还是家庭的副业。在城市内尽管也存在着各种手工业作坊，但商铺与作坊往往合在一起，手工业内部的分工还不很明显。封建国家的压榨、勒索和行会对小商品生产者的排斥，严重阻碍着社会分工的进一步发展。

明代商品货币经济的发展

随着农业和手工业生产的提高，商品经济也有了新的发展。农业上由于农作物的多元化和经济作物产量提高，促进了农产品的商品化。湖广、江浙的粮食，作为商品供应城镇，嘉定"县不产米，抑食四方，夏麦方熟，秋禾既登，商人载米而来者，舳舻相衔"。边镇地方的军粮也常用白银购买。棉花、蚕桑、布匹已成为商品，山东、河南一些地区的农田，"半植木棉，乃棉花尽归商贩"，供应松江纺织，出现了"北土广树艺而昧于织，南土精织纴而寡于艺，故棉则方舟而鬻于南，布则方舟而鬻诸北"的状况。湖州地区农民种植的桑叶在市场上出售，而蚕丝则供苏州织造。其他如蔗糖、烟草、油料、木材等也流入市场，连陕西的驴马牛羊、旝裘筋骨也西入陇蜀，东走齐鲁。四川的薑粟蔬果竹木之器则舟经三峡，东下荆楚，扩大了市场范围。

随着工商业的繁荣，明中期在工商业城市，如长江和运河沿岸的杭州、苏州、南京、扬州、汉口、芜湖、临清，东南沿海的福州、漳州、广州等以外，还涌现出一大批新兴的小城镇，如苏州的盛泽镇、震泽镇，嘉兴的濮院镇、王江泾镇，湖州的双林镇、菱湖镇，杭州的唐栖镇和松江的枫泾镇及朱家角镇等。这些镇市都以丝织业或棉织业著称，其人口构成，不仅有土著居民，更多的是外来商贾、小手工艺者和被人雇佣的手工业工人。此外，以铸铁业和丝织业著称的佛山镇和以商业著称的汉口镇也发展起来，以制瓷业著称的景德镇，在宋元的基础上更加繁荣。

货币方面，明廷重新制定了钱法。

明初铸洪武钱，成祖九年铸永乐钱，宣德九年铸宣行钱（英宗、景帝、宪宗时皆未铸）。孝宗弘治十六年（1503 年）知钞法（用纸币）终难维持，始令京师及各省铸弘治通宝钱。至嘉靖六年大铸嘉靖通宝钱，每文重一钱三文。嘉靖三十二年，补铸洪武、永乐、洪熙、宣德、正统、天顺、成化、弘治、正德 9 种年号钱，每号百万锭，嘉靖钱千万锭，一锭 5000 文。而钱法（用铜钱）难通。洪武初所定钱法，钱分五等：曰当十，重一两；当五，重五钱；当三，当二，重皆如其所当之数；小钱重一钱。5 种铜钱之法量与实量完全一致。

弘治、嘉靖改定之钱法，每小钱十文重一两二钱至一两三钱，因法量过重，常为私铸之恶钱（杂铅、锡，薄劣无形制）所驱逐。政府日增铸，民间日销毁，以此作为私铸的原料。未被销毁的，则被深藏不出。中叶，原被禁止的白银异军突起，成为主要货币，而宝钞却渐被废弃，铜币虽然保存下来，但只是当作一种辅助性的货币而起作用。明中期以后货币材料发生上述变化的原因是“钞太虚”，这使掌握造币权的统治者可以随意滥发，从而造成通货膨胀，引起人民反对，另外也由于“钱贱而不便大用”，这使大宗交易中不得不丢开它而另寻适用者。与社会生产力的发展和商业交换的需求相适应，明中期，白银作为支付和交换手段，在市场上更为广泛地流通，数量和范围都超过了宋元时期。随着对外经济往来的增多，西班牙银币也大量从吕宋（今菲律宾）等地流入。明末，日本、安南（今越南北部）等地也向中国输出白银。明统治者到正统时不得不放松金银之禁，并且先后把田赋、徭役、商税、手工业税、海关税的大部分都改为用银折纳，官吏的薪俸、国库开支也多用银支付。这时在江浙、杭州、松江和广东南海等商品经济比较发达的地区或种植经济作物的某些地区，已零星地出现折租，即佃户把租粮按市价折合成银两向地主付租，属于封建国家直接控制的土地如皇庄、王庄或官庄，也大部分征收银租。官府匠户限役也逐渐改为交纳匠班银，这样，匠户对封建国家的隶属关系有所松弛，工匠的技术和产品可更多地投向市场。农业、手工业或商业中的一部分佣工，已经完全以白银计算工资价格。一般商业码头的脚力工人，工资多以件计，类似于商业上的脚力银。民间手工业作坊的一些雇工也用银支付工资，湖州等地还出现了一批专门替人养蚕、剪桑、缫丝的短工，实行计件或计日取酬。他们虽没有完全与土地脱离关系，但在法律地位上已完全不同于长工，似乎已摆脱了封建的人身依附关系。在江南等地的丝织业、棉纺织业、浆染业、造纸业、榨油业中，已有了与生产资料完全脱离，又可以自由支配自己的劳动力，并把劳动力作为商品按货币计酬出卖的手工业雇佣工人。

但是，明朝商品经济的发展很不平衡，仍处于自然经济的附属地位，为封建主服务。不过，商业资本为资本主义生产关系的萌芽创造了条件。

随着商品经济的发展和班匠的反抗，明政府被迫改变剥削方式。成化二十二年（1485 年），工部奏准，轮班匠不愿当班者，听其出银代役，南匠每月出银 9 钱，北匠 6 钱。嘉靖四十一年（1562 年），又规定班匠一律以银代役，每人每月纳银四钱五分，称"班匠银"。这时班匠的匠籍虽仍保留，但与封建政府的人身隶属关系已大为松弛，使他们的技术和产品能投入市场，推动民营手工业的发展。

手工业部门中出现的资本主义萌芽

资本主义萌芽就是资本主义生产关系的萌芽，一方面有出卖劳动力的雇佣工人，另一方面有了购买别人劳动力的较大的作坊老板和商人，即最早的资本家。

江南苏杭一带大批从事丝织业的民间机户，大多是小商品生产者。由于生产条件、技术力量、经营方法和产品之间的差异，同行之间的竞争十分激烈。这些拥有千金、万金和几十张织机的机户，称为"大户"，而那些因破产经营不善而失去生产资料者则被称为"小户"，沦为靠出卖劳动力为生的"机工"。隆庆、万历年间，以丝织业著称的苏州，出现了资本主义性质的雇佣关系，"大户张机为生，小户趁织为活。机户出资，机工出力"。这些机工在人身上，虽然还受着封建政府的压迫，并受作坊主的控制，但相对来说，与机户关系还是自由的，明政府也承认他们是"自食其力良民"，这反映机工与机户的关系带有资本主义性质的雇佣色彩。

松江棉纺织业中，商业资本十分活跃。商人挟重资而来市者，白银动以数万计，多或数十万两，少亦以万计。有的人在松江附近的镇市内设立布号，收购棉布，并用原料换取棉布再对棉布进行加工。这类包买商使农民和独立手工业者屈从于其资本之下，因此而获取高额利润。一部分布号还控制一些染坊和踹坊，把生布交给他们踏、染，而这些染坊、踹坊，又各自雇佣一定数量的染工和踹工。这些布号的出现，也体现了资本主义生产关系在棉纺织业中的萌芽。

松江地区加工棉布的暑袜业，资本主义生产关系表现得也很明显。万历以来，松江有数百家暑袜店，当地男女皆以做袜为生。暑袜店商人以原料或资金供给这些小商品生产者，又以低价包售他们的产品。于是，商人变成包买商，切断了小生产者同原料市场和产品市场的联系。小生产者则按照包买商的要求进行生产，然后"从店中给筹取值"。这些小生产者表面上是独立的个体劳动者，实际上已经转化为包买商支配下的雇佣劳动者。暑袜店的包买商也已转化为剥削雇佣工人的资产者，他们的商业资本则转化为产业资本。

此外，江南各地的冶铁业、造纸业、榨油业以及佛山镇的制铁业、景德镇的制瓷业中，也都有一些资本主义萌芽的痕迹。如浙江嘉兴石门镇已有具有资本主义萌芽状态的榨油手工作坊，商人从北路夏镇、淮、扬、楚、湘等处，贩油豆来此榨油作饼，万历时期这里有油坊 20 家，所雇佣的油工达 800 人，工资是"一夕作佣值二铢（二分银）而赢"。这个时期景德镇制瓷业中的佣工每日不下数万人，其中一部分人在"民窑"内劳作，生产的瓷器是为了出卖，工资是按日以银计算的，他们与某些窑户的关系，也是一种新的剥削关系。广东佛山镇的炒铁和铸铁作坊存在着工匠与炉主的尖锐对立，产品也有较广泛的国内外市场，所谓"工擅炉冶之巧，四远商贾辐辏"，与资本主义萌芽性质的生产类似。

但是，明中期以后的资本主义生产关系的萌芽还非常嫩弱、稀疏，发展也很不平衡，只散见于个别行业、个别地区之中，并带有浓厚的封建色彩。不少作坊主本身就是大地主，原来不是地主的作坊主，发家致富后也购买土地成为地主。专制制度下，一般作坊主都"名隶官籍"，经常受官府"坐派"和重税勒索，得不到自由发展。被雇佣的工人，也没有完全脱离农业生产，与土地分离；受雇时要受封建国家和行会的控制，听从"行头"的分遣和管束。

明代哲学

明初哲学以理学为主，崇南宋以来的客观唯心主义——程朱理学，政府也大加提倡。洪武、建文时的御用学者宋濂和他的门人方孝孺，被称为"程朱复出"。在明成祖主持下所编的《四书大全》《性理大全》等都以程朱理学为准，考试者不能离开攻读朱熹注解的《四书集注》和他对《五经》的见解，否则就会造成"鸣鼓而攻之"的局面。英宗正统以来，明朝的政治统治有所动摇，农民起义四起，明王朝受威胁。正统时，著名理学大师薛宣、吴与弼等在学术思想上认为程朱之学已无发展余地，于是出现了王守仁为代表的主观唯心主义——心学（也叫王学）。其体系极为庞杂，继承南宋大儒陆九渊的主观唯心主义哲学，但又受到佛教和禅宗的影响，称自己的著述是"孔门正法眼藏"。他认为心是天地万物的本原，但又反对程朱理学的作为封建道德准则的心外之理，认为理是在心内的。他在晚年还提出"致良知"的学说，认为只要通过内心的反省，就能"去人欲，存天理"，使心中固有的天赋观念更多地发挥出来。根据这个理论，他还提出"知行合一"的学说，要劳动人民按着儒家的封建道德去思维和行动，甘心受封建剥削阶级的统治。但作为封建社会后期的儒家人物，王守仁的思想脱离程朱理学的派系，对解除士子思想束缚，大胆进行思考，还是有积极作用的。明中后期王学风行。

王阳明"心学"

王阳明名守仁，字伯安，浙江余姚人，生于明宪宗成化八年（1472 年），卒于嘉靖七年（1528 年），终年 57 岁。他生前曾在会稽阳明洞隐居，自号"阳明子"，又曾创办阳明书院，从事讲学，所以后人称他为阳明先生，把他所倡导的主观唯心论学说称为"王学"或"心学"。

明武宗正德元年（1506 年），王阳明因援救谏官戴铣等而触犯专权跋扈的宦官刘瑾，被贬谪到贵州龙场驿当驿丞。龙场地处贵州西北深山，生活相当艰苦。王阳明官场失意，意志消沉，日夜静坐，用以体验封建道德修养的作用，寻求内心的解脱。一天夜里，他突然大声呼喊，说是顿悟圣贤"格物致知"的道理，这些道理全都具备于自己心中，不必外求，此即所谓"龙场悟道"。3 年后，当他 38 岁时，便被聘往贵阳书院讲学，提出了"知行合一"和"致良知"的唯心主义哲学思想。后来，他的学生把他的讲学内容和书信问答汇编成《大学问》和《传习录》，成为王学门徒学习其主观唯心主义理论的教本。

王阳明的主观唯心论是战国时代思孟学派和宋代陆九渊主观唯心论的继承和发展。首先，在本体论方面，他发挥陆九渊的"宇宙便是吾心，吾心即是宇宙"的命题，进而提出了"心外无物""心外无理"的理论。他认为"心者，天地万物之主也"，而"心"就是天，"心之本体无所不该"。意思是：人心是宇宙的本体，是天地万物的主宰；心这个本体是无所不包的，整个宇宙万物都在人的心中，"心"之外别无他物。为了阐明这一观点，王阳明竭力夸大人的思维的能动作用，把客观事物的存在，统归之于人的主观知觉作用的结果。有一次，当他在郊外游览时，有个朋友指着开在山中的花树问他说：

"天下无心外之物，如此花树在深山中自开自落，和我心有何相关？"

王阳明回答说："你未看此花时，此花与汝心同归于寂；你来看此花时，则此花颜露色一时明白起来，便知此花不在你的心外。"

由"心外无物"，王阳明又引出"心外无理"的观点。他说："物理不在吾心之外，离开吾心而求物理，无物理矣。"也就是说，天地万物之理，不必于心外去索求。为了说明这一道理，他举例说，有孝亲之心，就有孝亲之理；有忠君之心，就有忠君之理。这仍然是违背科学常识的谬论，因为人心（古人以为心能够思维）只能看作是思维器官，不能说成是客观事物的"理"，要认识事物的道理，必须通过实践，接触客观事物才能获得。如他所说的"孝亲""忠君"等伦理道德观念，也是由宗法制度和君主制度所产生的，要说明这些观念的道理，则必须从分析封建社会君主制度和宗法关系入手。

王阳明的这种理论主张有其明显的政治目的，那就是把所谓"孝亲""忠君"等封建道德观念说成是人心固有的，要人们加以发扬、实践，并以此摒除不合封建道德观念的所谓"欲念"，做封建王朝的"忠君""孝子"，这样自然就不会去做"犯上作乱"，危害封建统治秩序的事。

王阳明又提出"致良知"的学说。

所谓"良知",是渊源于孟子的"良知""良能"学说。孟子作为先验论者,他认为人们的各种道德知识、判断是非善恶的能力是天赋的,即"不虑而知""不学而能"。王阳明发挥这一学说,他说:"是非之心,不待虑而知,不待学而能",因此叫做"良知"。他还说:"知是心之本体,心自然会知。见父自然知孝,见兄自然知悌,见孺子入井,自然知恻隐,此便是良知,不假外求。"这意思是说,"良知"存在于人"心",它能明是非,别善恶,而且具有孝亲、忠君、辞让、信义等道德观念,而这一切都是与生俱来,"不待虑而知,不待学而能"的。很明显,他是把"人心"看成知识、才能和伦理道德的本源,所以说"不假外求"。

此外,王阳明针对朱熹的"知先行后"提出"知行合一"。

王阳明所说的"知"和"行",和普通人所理解的知、行概念不一样。他说,人见到美色,产生喜爱的感情,这既是知,也是行;人闻到臭味而感到厌恶,同样的既是知,也是行。可见他所说的"知行合一"不是指感觉和思维与实践的统一,而是把人的意念、感觉当作行,混淆了主观认识和客观行为之间的界限,否认了知和行的差别。

不过,王阳明的"知行合一"中还是有积极因素的,比如"合一"论很强调"行"的思想,提倡以"事上磨炼"、提倡"笃实""笃实之功",纠正那种空谈生命、不重实践的流弊。这也反映了王阳明重视"实学"和"事功"的思想。

总之,王阳明是在批判居儒学正宗地位的朱熹哲学的基础上建立起他的主观唯心论学说的,在当时,客观上对打破思想界的僵化,反对旧权威、旧教条发生了积极的作用,因此,他的学说在明朝后期曾经风靡一时。

李贽——"王学"左派

虽说王阳明心学兴起,但理学仍然占有重要地位,因它受官家支持。王阳明时代也有两位唯物主义思想家。一是罗钦顺,曾任翰林院编修。一是王廷相,官至都察院左都御史。他们受北宋张载"气论"的影响,都以"气"的理论来反对"理"与"心",主张物质的气是世界的本原。理在气中,气有变化,附属于气的理也有变化。这是对程朱主客观唯心论的批判。他们反对王守仁的"心外无物"论,坚持唯物论的反映论,反驳王守仁的致良知,正德九年罗钦顺在南京与王守仁进行当面争辩,以后又在泰和争辩或通信争辩中,强调天地万物绝非心的产物。罗钦顺、王廷相和王守仁主观唯心论的斗争,在中国哲学发展史上是有所贡献的。

明嘉靖、隆庆、万历之际,王学大盛。隆庆以后,王学逐步向下层转移,开始出现左派和右派。王学左派以王艮、颜钧（山农）、梁汝元、何心隐、李贽为代表，他们不仅更加反对程朱理学，而且对君主专制政体和封建礼教也颇有微词。王艮接近人民，同情人民。特别李贽，被称为"异端之尤"。

李贽，字宏甫，号卓吾，福建省泉州府晋江县人。他生于明世宗嘉靖六年（1527年）。李贽的祖宗几代都从事航海活动，经常到日本、琉球和南洋各地，最远到达亚洲西部。李贽的二世祖李弩（nú），在明太祖洪武年间，奉命远航西洋，娶色目人为妻，就信仰了回教。李贽的祖父、父亲都是回教徒。李贽本人，也信奉过回教，后来又相信佛教和道教。童年，他跟父亲读书，12 岁时他写了一篇文章，叫《老农老圃（pǔ）论》。在论文里称赞孔子的学生樊（fán）迟，说他愿意学习老农老圃，有隐居的高尚志气，同时讥笑孔子，说他不了解自己的学生，反而斥骂樊迟为小人。这种论调，同传统的说法不一样，显出李贽的思想从小就很不平常，不肯受传统思想的束缚。他说，"予自幼倔强难化，不信学，不信道，不信仙释。故见道人则恶，见僧则恶，见道学先生则尤恶。"这种"三不信"的态度是很宝贵的，说明李贽幼年就不盲从，不迷信，不肯崇拜偶像，敢于独立思考。他读朱熹的《四书集注》等书，读不懂，不知道朱熹究竟讲些什么，不了解朱熹的话里究竟有哪些深奥的道理，所以感到很苦闷。要不读吧，那又有什么可读的书呢？考科举就得读这些书呀！最后，他想通了，他看穿了科举的把戏，原来科举正是要人照抄朱熹的话。他嘲笑地说："科举么，这简直是开玩笑。临场只要抄抄书，蒙混一下就行了。主考官难道个个都能精通圣贤的思想么？"于是，他就挑选了当时最流行的八股文许多篇，每天读熟几篇，读到临近考试的前夕，已经能够背诵 500 篇了。他说："这样就行了。进了考场，拿到了题目，只要会做一个誊录生，一定可以考中。"果然，他在 26 岁那一年（1552 年），考中了福建乡试的举人。

李贽从 30 岁开始，为了解决生活问题，做了 20 年左右的官。他做的官，都是一些冷官（禄俸微薄，公务不多），如教谕、国子监博士、礼部司务，等等。名为做官，生活还是十分贫困。但是他并不嫌官冷而不做，相反的，却利用做冷官的机会，努力学习，追求真理。而不在乎职位和升迁。

十几年的冷官生活，锻炼了李贽。他不怕穷，不怕苦，一味地追求真理。特别是对泰州学派学说的钻研，使李贽本人，也成为一个有名的泰州学派的学者，给后来的反道学思想打下了基础。

李贽 51 岁时被调往云南姚安府任知府，他把女儿留在朋友家，自己和妻子去上任。临走的时候，李贽和耿定理约好，3 年知府任满，有了衣食之资，再来黄安，同耿定理一起，共同研究学问。在李贽的思想里，做官是一种谋生的手段，研究学问才是归宿，说明他对封建社会的官场生活是很厌恶的。

李贽做官跟大多数人不一样，只有罗汝芳（泰州学派人物）跟他一样。李贽在云南做知府，法令很简单，很明白，各少数民族因此都能相安无事。李贽常常不在官署里，而在佛寺里办公，公事桌旁边，坐着一些有学问的和尚。公事办完之后，就同和尚讨论佛学。这种做官的办法，同一般官吏很不相同。另一位泰州学派的学者罗汝芳也是这样。罗汝芳不但在佛寺里办公，而且在审理"盗贼"案件的时候，常常不判罪，还把官府的财物送给那些为生活所逼，铤（tǐng）而走险的人们。罗汝芳把枷、杖、镣、铐等刑具烧掉，说："治理老百姓，依靠这一套东西，那是最恶劣的办法。"他期满离任时，两袖清风，只带了几卷图书在行囊里。老百姓夹道相送，车马不能行。

20多年的官场生涯，使他更看透了官场的黑暗、肮脏。他走到哪里，都要同上司抵触。而且越是有名的道学家他就抵触得越厉害。他怀着一肚子的感慨和愤激说："我就因为受不了人家的管束，受尽了磨难，一生倒霉。即使整个大地全是一块墨，也写不尽我的磨难，写不尽我的倒霉。"李贽在教育上主张发挥小孩子的自由精神，不要用封建的道德、礼教去束缚小孩子的天真。

李贽后来在风景优美的麻城龙湖山区住下来，过着隐居生活，李贽很爱清洁，一天多次扫地，衣服也洗得很干净。经常洗脸、洗澡。走进他的屋子，觉得窗明几净，一尘不染。有一年夏天，天气很闷热，头发里有了汗垢，他就把头发剃光了。那时候，只有和尚剃光头，叫做落发。李贽落了发，许多痛恨他的道学先生就借此造谣，称他为"异端"，意思就是说，他不能再算是孔子的信徒。李贽自己也就自称为"和尚"，表示与封建礼教一刀两断。

李贽读了很多书，他隐居后，生活也不平静，因为他与道学家的斗争更激烈了，他对道学家的批评更为深刻了。即使在他读书著述的过程中，也充满了对古文献的审查批判精神，而这也处处触动封建社会的疮疤，使道学家感到头痛，因而，激起一次又一次的斗争的波澜，李贽的无情的笔锋，引起万丈波澜，冲击着道学家建筑起来的礼教堤防；随即，封建统治者便用卑劣的手段，一步加紧一步地迫害这位无畏的战士，直到把他害死为止。

在将近20年的龙湖隐居生活里，李贽完成了大量著作，其中最重要的是《焚书》和《藏书》。《焚书》把伪道学丑恶嘴脸指了出来。该书的出版受到很多的周折。耿定向还组织人马写书，造谣谩骂李贽。《藏书》是1599年出版的。这是一部巨大的历史著作，记载了从战国到元朝末年的历史，一共有800多篇传记。李贽用反传统的独到的见解，评论了许多历史人物。书中，李贽认为中国1000多年来，以孔子的是非为是非，跟无是非毫无两样，李贽现在给千古人物评定是非，可以说是李贽一个人的是非，也可以说是千百年来最公正的是非。因此，在这部《藏书》里，李贽做了许多翻案文章。有许多人，历来被认为是英雄，但是在李贽的笔下被写成了软骨头；有一种人自负有高深的学问，但是在李贽的笔下被写成喜欢空名，做不了什么事情的空头学问家；有些风流人物，在李贽的笔下却被写成俗不可耐；有些历史上被批评的人物，李贽却表扬了他们。例如秦始皇，历来都认为是暴君，李贽却称赞他为"千古一帝"；武则天，历来都认为是狠毒、淫虐的女主，李贽却认为她极有才干，极有眼光，为人民办了一些好事；卓文君以寡妇私奔司马相如，一向都被谴责，李贽却认为她勇敢果断，大胆追求自己的幸福。他对宋朝的道学家程颐、朱熹非常不满，认为他们只会说假话骗人。李贽在《藏书》里，推翻了千百年来孔子的是非，实际上是推翻了千百年来封建社会旧的传统的道德标准；树立了李贽自己的是非标准，实际上是树立了反对旧传统的是非标准。李贽说，我这部书不能随便给人看，只能藏在名山，等待千百年之后，人们才会发现它的价值。

李贽在讲到《藏书》的写作过程时，说他住在龙湖，"山中寂寞，常常读历史，同古人见面，也很愉快。总感到历史上有许多真正的圣贤，被人冤屈了，同时也有一些人，只有虚名，实际上是空空洞洞。从古至今，真有不少冤屈，谁来给他们分辨呢？所以我读历史的时候，正好像同几百人、几千人、几万人敌对。经我一批判，敌人就投降了，非常痛快。"可见，李贽用的是批判的眼光去读历史的。

1596 年起李贽便遭到迫害，有人对他进行诬陷、毁誉等等。李贽说："我活了 70 岁，生平经历过不少风波。我虽然希望无事，但是也不怕多事。正因为我不怕多事，所以宁可守着正义而挨饿，也不肯随便求得一饱；宁可遭受冤屈而死，也不肯勉强偷生。听说巡道大人要办我的罪，我正等着，办就办罢！如果想借此吓唬我，要我离开这儿，那是办不到的。如果我求饶，那我也不成为李卓吾了。我，可杀不可去，我的头可断，我的身不可辱。我是一个 70 岁的老人，身上没有半个钱钞，左右没有半个亲随，怎么敢遨游万里之外呢？正因为我自己知道，我这个人，心上无邪，身上无非，形上无垢，影上无尘，我堂堂正正，光明磊落。我同道学先生交战，而不失败，就因为我的学说是正确的，敌人无隙可乘，对正确的学说，谁敢去攻击他，自找失败呢？"

1602 年，明政府对他进行了最后一次迫害，明神宗下令逮捕李贽，焚烧其著作。

李贽在狱中病得很厉害，听说明政府要押解他回福建原籍，他说："我今年 76 岁了，只有一死，为什么要回去？"三月十五日，他在狱中自刎，第二天，气绝身死。这位战斗了一生的反道学的老战士，终于在统治阶级的残酷迫害下，英勇地牺牲了！

当然，除了王学外，明末还有东林党人的实学思想、王艮的泰州学派等。

明代文学

明代文学，可从诗文小说、戏曲几个方面来说。

诗文

明初宋濂、刘基、高启等还有两首好诗，后来歌功颂德的诗歌成风，为"台阁体"，为应制之作，无生气。中期于是有拟古、复古派运动。先后兴起两次运动即前七子和后七子。

前七子是指李梦阳、何景明、康海、徐祯卿、边贡、王廷相、王九思等。以李梦阳、何景明为领袖，主要活动于弘治、正德年间。前七子的诗文复古主张，是由李梦阳首先提出来的。李梦阳，字献吉，号定同，甘肃庆阳人，弘治七年进士，官至户部郎中，因上疏弹劾宦官刘瑾被下狱。刘瑾被诛，而起官江西提学副使。气节名震一时。"梦阳才思雄鸷，卓然以复古自命"。著有《空同集》66卷。何景明，字仲默，号大复，河南信阳人。弘治十五年进士，官至陕西提学副使。与李梦阳诗文相交，初友善，后因见解歧异而互相诋诃。有《何大复集》38卷。为人处事"老操耿介，尚节义，鄙荣利，与梦阳并有国士风"。

前七子的复古主张，是"文必秦汉，诗必盛唐，非者老弗道"。

李、何所倡导的第一次诗文复古运动，对冲垮台阁体起了一定的作用，但他们这种惟古是尚的主张和句窃字摹的恶劣文风引起人们强烈的不满和抨击，其复古气焰也就渐渐地衰弱了。正当此时，以李攀龙、王世贞为领袖的后七子运动步其前履，通过在一定程度上修改前七子的主张登上了文坛。

后七子主将李攀龙，字于鳞，号沧溟，山东济南人，进士，任刑部主事，出顺德知府，擢河南按察使。著有《沧溟集》30卷。另一主将王世贞，字元美，号凤洲，又称弇州山人，江苏太仓人。嘉靖丁未进士，授刑部主事，出为山东副使。以父忤被杀解官，复起，累官至刑部尚书。著有《宾州山人四部稿》。王世贞与李攀龙共主盟文坛，时称王、李。李攀龙死后，王世贞独主文坛20年。前后七子中，王世贞影响最大，学问最为渊博，他才高位显，"一时士大夫及山人、词客、衲子、心流，莫不奔走门下，片言褒赏，声价骤起"。而这一运动的中坚则是七子中的另外几位文人，即谢榛、宗臣、梁有誉、徐中行、吴国伦等。

后七子诗文主张与前七子大同小异，均是"是古非今"。前后七子的诗文复古运动，维持文坛近百年。后来，公安派反复古口号提出，他们的主张才瓦解。

小说

　　明代最有名的小说是《水浒传》《三国志演义》《西游记》和《金瓶梅》。

　　《水浒传》是元末明初人施耐庵根据宋元以来有关宋江等36人的故事话本和杂剧编写而成的。作者塑造了各种不同性格的反抗者的典型形象，歌颂了农民战争和农民英雄，同情他们"逼上梁山"的悲愤的遭遇。此书对长期受地主剥削压迫的农民起了很大的鼓舞作用，特别是对明末农民起义有深远的影响。水浒的故事在各地广泛流传，有的演为戏文，或从说书人的口中传播开来。书中也反映了统治者对农民军的残酷镇压，揭露了封建社会的黑暗。指出了农民起义的局限。

　　《三国演义》，罗贯中著。又名《三国志通俗演义》。原书24卷，每卷10节。清人毛宗岗加以改作，成120回本，流传至今。《三国演义》是一部历史小说，根据《三国志》和历来的民间传说写成，起自东汉末年的黄巾起义，终于西晋王朝的统一。该书以刘汉政权为正统。描写了三国时期错综复杂的封建割据斗争，在很大程度上反映了元末以汉族人民为主体的反元斗争潮流和各反元政权之间的战争。书中描写了分裂战争带给人民的灾难，反映了厌恶分裂、要求统一的社会思潮。书中对众多历史人物的刻画，如诸葛亮的足智多谋，关羽的忠义，曹操的奸诈，董卓的骄横，等等，都具有典型的意义。特别是诸葛亮，作为智慧的化身，着墨最多。他在隆中对政治斗争形势和战争形势的透彻分析，他联吴抗曹的战略思想和在赤壁大战中的表现，他七擒孟获、平抚西南的历史功绩，他辅佐后主刘禅，"鞠躬尽瘁，死而后已"的精神，既有历史的依据，又有艺术的夸张，使这个艺术形象丰满无比，受到人民的喜爱。《三国演义》中的人物都是在战争和政治斗争的环境中进行活动的。该书对战争场面的细致描写，是其他文学作品很难企及的。

　　《西游记》是一部浪漫主义的古典小说。作者是吴承恩。全书100回，写唐僧取经的故事。书中大部分人物以神怪妖魔的形象出现，但通过他们的活动，展开了人间的美和丑，善和恶。孙悟空是主人公。他艺高胆大，蔑视天纲，不畏艰险。他曾树起"齐天大圣"的旗号，与天庭对抗，搅得周天不宁；他保护唐僧以来，经历81难，总是一往直前，从不后退。在他的身上，集中体现了人民群众的聪明才智和斗争精神。猪八戒和唐僧是缺点比较突出的正面人物。唐僧分不清敌我，常常认敌为友；猪八戒害怕困难，私心很重，贪恋舒适生活。但他们与妖魔之间，有一道鲜明的界线，属于两个营垒。特别是猪八戒，形象生动，语言诙谐，很让人喜爱，体现了作者对小生产者的善意的讽刺。作者用极为夸张的手法设计了人物的性格和能力，安排了故事情节的发生和发展，给予人们一种超现实的美感。《西游记》通过各种神化的故事和人物，淋漓尽致地揭露了明统治者的腐朽以及封建社会的丑恶现象，同时热情地歌颂了中国劳动人民反抗压迫，坚决同一切灾害困难和邪恶势力做斗争的精神品质。但作者还不能摆脱"佛法无边"和"轮回""报应"等宿命论的思想。

《金瓶梅》100 回，署名兰陵笑笑生。全篇截取《水浒传》中武松杀嫂故事演绎而成。因书中有潘金莲、李瓶儿、春梅等人物，故名为《金瓶梅》。书中塑造主人公恶霸土豪西门庆以及他勾通权贵，结交士人，又与地痞流氓为友，横行乡里，无恶不作，过着荒淫糜烂的生活，反映出明代官僚地主、大商人的腐朽和堕落，同时反映了明代市民的生活意识。被冯梦龙等称为"第一奇书"。《金瓶梅》在中国小说史上有着特殊的贡献。第一，是文人个体创作；第二，是细微描写了日常生活的场景，构成了长篇小说发展史转变时期的标志。

明代长篇小说比较著名的还有《封神榜》《东周列国志》《三遂平妖传》《禅真逸史》等。此外，明代的短篇白话小说"三言两拍"，即冯梦龙的《醒世恒言》《警世通言》和《喻世明言》，凌濛初的《拍案惊奇》《二刻拍案惊奇》更为脍炙人口。"三言二拍"中有很多封建糟粕，但其中某些篇章却在一定程度上揭露了社会的黑暗面，反对了封建礼教的束缚，对男女之间的自由爱慕寄予充分的同情，如《施润泽滩阙遇友》《杜十娘怒沉百宝箱》《卖油郎独占花魁娘》《蒋兴哥重会珍珠衫》等，这些小说后被改编为戏曲，几百年来，得到广大观众的喜爱。

戏曲

明代，杂剧已日益衰落，但民间的南戏却不减昔日雄风。随着城市经济的繁荣、士人的提倡，戏剧已成为城市居民不可缺少的文化活动。江南各地的地方戏非常流行，有余姚、海盐、弋阳诸腔。嘉靖时，昆山乐工魏良辅和剧作家梁辰鱼合作创成昆曲，用笛管笙琶合奏，以后传入北京，也成为北京流行的戏曲。传奇方面，经明初文人的改编润色，宋元时的南戏《荆钗记》《白兔记》（即《刘知远》）《拜月记》《杀狗记》等，被称为荆、刘、拜、杀，即明初的四大传奇。其后，汤显祖有《还魂记》（即《牡丹亭》）《邯郸记》《南柯记》《紫钗记》，被称为"临川四梦"，以《还魂记》最著名。明朝的传奇打破传统规格，情节也更加复杂。汤显祖是万历时期著名的戏剧作家。他反对在传奇的写作上过分讲求音韵和格律，所创作的剧本也打破了音韵、格律的限制，而注意其结构和思想内容。代表作《牡丹亭》是明代传奇艺术的高峰。

汤显祖，江西临川人。字义仍，号若士。早有文名，生性耿直，不愿与权贵为伍，34 岁才中进士。与东林党首领有密切接触，并接受了王学左派的影响，因而政治上屡受挫折。万历十九年，汤显祖不满朝政，上疏抨击当权大臣，被贬至雷州半岛的徐闻县做典史，后迁至浙江遂昌任知县。这期间，他对人民的痛苦有了深切了解，更坚定了反抗黑暗现实的态度，这种态度对他日后的创作产生了深远影响。万历二十六年辞官归乡，从此隐居黎里，潜心著述。汤显祖一生著述颇丰，除有《红泉逸草》《差别棘邮草》等诗文集外，逝世后又有《玉茗堂集》刊行。汤显祖的著作主要有《紫钗记》《牡丹亭》《南柯记》《邯郸记》4种，因作者系临川人，四剧又都写到梦境，故被称作"临川四梦"，又因显祖书斋名"玉茗堂"，故亦称其为"玉茗堂四梦"。

他多方面继承了前人的艺术成就，并能突破，予以发展，有所创新。在创作上，他打破戏曲音韵的格律限制，注意作品的结构和思想内容。他反对矫揉造作，主张"自然而然"地进行创作。他的作品在当时和以后影响都很大。汤显祖在戏曲方面的代表作是《牡丹亭》，它不仅是明代传奇艺术的杰作，也是我国戏曲史上浪漫主义发展的高峰。《牡丹亭》写的是：南安太守杜宝的独生女儿杜丽娘，在封建礼教的束缚下，与外界隔绝，囚居深闺。这个正在成长的青春少女，偶去花园中，为明媚的春光唤起了她青春的觉醒，梦中和一个书生柳梦梅相爱，醒后思虑致死。3年后柳梦梅到南安养病，发现丽娘的自画像，深为爱慕，丽娘感而复生，两人终归成为夫妻。这部作品，它通过杜、柳生死离合的爱情故事，表现出对封建礼教束缚的抗议，追求自由幸福的爱情和强烈要求个性解放的精神。这个故事不仅表达了青春女性争取爱情自由的深沉苦闷和热烈期望，而且深刻反映了封建礼教对青春合理权利所制造的厄难以及人们对美好生活的向往。《牡丹亭》写成于万历二十六年（1598年），300多年来一直受到人民的欣赏，流传不衰。

晚明的作家高濂的《玉簪记》和周朝俊的《红梅记》都是仅次于《牡丹亭》的写情的出色作品。另一戏剧家李玉所写的传奇《一捧雪》和《清忠谱》（即《五人义》），直接揭露严嵩、严世藩父子和宦官魏忠贤的罪恶，也具有一定的现实意义。

明代史学

明前期为官修史书，后期则私撰史籍不少。

国史

《元史》210卷，宋濂编。是记载元朝史事的纪传体史书，包括本纪47卷、志58卷、表8卷、列传97卷，记载了从成吉思汗至元顺帝约160年间蒙古、元朝的历史，尤以元朝史事为主。该书依据实录、后妃功臣列传及诸家所撰行状、墓志编写，其中表、志，依据《经世大典》等书而撰成，因此书中保存了不少原始史料，尤以天文、历史、地理、河渠等四志材料最为珍贵，是研究元史的基本资料之一。《元史》修撰的时间，前后只用11个月，成书之速给它带来了不少缺陷、讹误，遭到后来学者的非难。

《大明会典》是记载明章国典的，今存两种。一是正德《大明会典》，共180卷，截止于孝宗弘治十五年，正德四年刊行。一是万历《大明会典》，共228卷，新补了嘉、隆等朝的条例，万历十五年刊行。两书可相互参考。会典类今存者还有洪武时的《诸司职掌》和嘉靖时戴金所辑的《皇明条法事类纂》等。

私修的史书以谈迁《国榷》最有名。该书108卷，是编年体明史，此书对于研究明史，特别是研究明代建真女真及崇祯一朝的历史，有重要参考价值。

野史

明代野史很多。纪传体的有郑晓《吾学编》、何乔远《名山藏》，邓元锡《皇明书》、李贽《续藏书》和尹守衡《明史窃》等；属于编年体的有薛应旂《宪章录》、黄光昇《昭代典则》、陈建《皇明从信录》和《皇明通纪辑要》、谈迁《国榷》。属于纪事本末体的有高岱《宏猷录》；属于杂史类的有王世贞《弇山堂别集》朱国桢《皇明史概》；属于典制类的有徐学聚《国朝典汇》、孙承泽《春明梦余录》；属于笔记类的有叶盛《水东日记》、王锜《寓圃杂记》、何良俊《四友斋丛说》、谢肇淛《五杂俎》、沈德符《万历野获编》等。

家乘

明代家乘盛行。包括碑传、行状、年谱、家书、家谱等。碑传总集著名的有《明臣琬王琰录》及《续录》，还有《国朝献徵录》，有的年谱、行状是单行的，如戚国祚《戚少保年谱耆编》《李东阳年谱》《霍韬年谱》《顾亭林年谱》等；有的则附录在文集中，如张居正《张江陵文集》附录行状，周顺昌《烬余集》附录年谱，《海瑞集》则行状、碑传、年谱皆有附录。此外，还有大量抄本的家谱出现，以供研究之用。家乘每多谀辞，须与国史相互参照。

《永乐大典》

永乐元年七月，朱棣命大学士解缙组织人马在南京编纂而成的一部类书。五年乃成，名为《永乐大典》，全书22877卷，装订11095册，它是中国历史上规模最大的一部类书，也是迄今世界所公认的一部大型百科全书。

初，朱棣诏谕："天下古今世物，散在诸书，篇帙浩穰，不易检阅，朕欲悉采各书所载事物，类聚之而统之以韵，庶几考索之便。"把编纂大型类书的目的和方法作了明确交代，并对编纂的范围提出要求，"自有契以来，凡经、史、子、集、百家之书，至于天文、地志、阴阳、医、卜、僧、道、技艺之言，备集为一书，毋厌浩繁。"

解缙等召集147人，匆匆编纂，永乐二年（1404年）十一月，初稿完成，定名《文献大成》呈上。朱棣阅后，不甚满意，说"所进书，尚多未备"，过于简单，采摘不广，遂命重修。永乐三年（1405年），再命资善大夫、太子少师姚广孝，礼部尚书郑赐，侍读解缙等人主持重修，召集朝臣文士、四方老儒宿学研究编纂这部大型类书的体例、所需工作人员及组织机构。

《永乐大典》编纂时机构严密，分工精细，依次排下是监修、副监修、都总裁、总裁、副总裁、纂修、编写人、缮录及圈点生等。整个机构的工作人员为2169，再加上缮写人员以及其他参与其事的人，总数在3000人左右。另设"催纂"5人，监视各部门编辑工作的进度。所以，工作进行很顺利。

《永乐大典》的编纂体例，全书依照《洪武正韵》的韵目，"用韵以统字，用字以系事"的编辑方法，将我国自古以来所有的书籍中的有关资料，整段、整篇，甚至整部地抄入。当时辑入的图书达七八千种，包括经、史、子、集、释藏、道经、北剧、南戏、平话、工技、农艺、医药、志乘等门类。经过3年的紧张编纂，到永乐五年十一月完成。定稿后，由姚广孝撰写了《永乐大典表》进呈。朱棣审阅后，非常满意，御定书名为《永乐大典》，并亲写序文。序文说，该书编纂"始于元年之秋，而成于五年之冬，总二万二千九百三十七卷"（其中目录为60卷）。朱棣赞扬《永乐大典》"上自古初，迄于当世，旁搜博采，汇聚群书，著为奥典"。《永乐大典》成书后，分别装订成11095册，总计约3.7亿多字。它是我国历史上空前的最大的一部类书，也是极其珍贵的中华民族的历史文化遗产。

《永乐大典》是在南京文渊阁修纂的，修成后就藏于此阁的东阁里，因卷帙浩繁，只有原本，不曾刊印。明成祖很重视很喜欢这套类书，迁都北京，命令将《永乐大典》从南京移藏于北京紫禁城的体仁阁。

嘉靖三十六年（1557年）四月十三日北京紫禁城内发生一场大火，明世宗连下几道命令，意即不惜一切代价抱出大典。为防不测，世宗在嘉靖四十一年八月，决定重录。重录工作由张居正主持，保证后勤供应，笔墨纸砚、水果、木炭、薪水、安全等统统具备。为了保证重录工作的质量和进度，明廷规定每人每日抄写3页，"如遇差错，发与另写，不拘一次两次，只算一页"。发现有谎报、混报或怠工者，"罪坐各官"。每册《永乐大典》重录完毕之后，于该册之后注明点校官、分校官、写书官及圈点人员的姓名，以示各负其责。为了防止原本丢失，规定抄写人员早入晚出，每次领取《永乐大典》原本必须登记，不得私自带出，亦不许外出雇人代抄。整整6年，才重录完毕。

明代科技

中国古代科学技术在明代继续发展，医药学、农药、天文等方面均取得极大成就，有的居世界先进水平。

医药学

中国医药学历史悠久，人才辈出，明代李时珍是杰出代表。其所著《本草纲目》也是世界巨著。

李时珍字东璧，号濒湖，是明代著名的药物学家。正德十三年（1518年），他诞生于湖广蕲州（今湖北蕲春县）东门外瓦硝坝的一个世代行医的家庭。

李时珍24岁开始行医，在行医过程中，他发现古代医药学著作中有不少讹误和不明之处，决定加以证实改正，他决定对本草书来一番革新重编，对前辈乃至自己的医药知识和新的经验加以整理总结，务必做到纲目分明，体例划一，名称一致，分类合理，图文配称。

为了把理想变为现实，李时珍认真阅读了大量书籍，除医药专著之外，"凡子、史、经、传、声韵、农圃、医卜、星相、乐府诸家"，无不毕览，史称"阅书八百余家"，而且记录了大量可资参考的资料，写了读书札记。同时，他还把自己在医疗实践中的经验、心得随时记录下来。除阅读外，他更注重实地考察和野外采集。他虚心好学，实事求是。李时珍在野外考察中，还虚心地向当地农民、渔民、猎人、樵夫、果农、工匠等各色人请教，把他们当老师，和他们交朋友，取得劳动群众的热心帮助。他从药农那里知道，蓁蕜和女萎是两种不同的药用植物；向渔民请教有关鱼类繁殖的过程；从猎人那里学习了各类动物的生活习性和药用价值；向群众征集了许多民间治病处方和经验……

经过长时间的准备，李时珍撰写了《本草纲目》。

《本草纲目》以唐慎微的《证类本草》为基础，结合自己收集的资料，根据新的体例，进行创作。它是一部规模宏大、内容丰富、图文并茂的药物学专著。为了提高质量，李时珍动员了全家力量协同创作，有的帮助抄写，有的帮绘图，先后三易其稿，经历了二十多年的努力，直至万历六年（1578年）才最后脱稿。这时李时珍已是61岁的老翁了。

《本草纲目》全书共50卷，190多万字。全书把药物分做16部，62类，收载药物1892种，比前人增加374种，载入药方11091个，比以前医书增加4倍，同时附有动植物插图1110幅。它是前人药物学遗产的总结，也反映了明代医学和药物学的新成就，它凝集了李时珍的心血和智慧，是他毕生辛勤劳动结下的硕果。

《本草纲目》具有重大的科学价值。它对前人的科学成果既有订正又有补充，从而提高了我国的医药学水平。它确立了新的分类法，以药物的自然属性进行分类，如把矿物性药物分为水、火、土、金四部，植物性药物分为草、谷、菜、果、木五部，动物性药物分为虫、鳞、介、禽、兽、人六部，部之下区分不同的类，类之下又细分不同的种，做到了"物以类从，目随纲举""博而不繁，详而有要"。对于药物性能的说明，也做到纲目有序、条理清楚。如以某药物名称为纲，下列具体条目，以"释名"说明药物名称来源和依据；"集解"说明产地、形态和采集方法；"修治"说明炮炙方法；"气味"说明药物性质；"主治"说明药物功用；"发明"说明临床经验和药理等等。

《本草纲目》还是一本植物学、动物学和矿产学专著。由于《本草纲目》按药物自然属性分类，记载了众多的动植物和矿产品种，所以它又是一部植物学、动物学和矿物学专著。李时珍以植物的形态、特征、生长环境和性能等进行分类，这种分类法比西方植物分类学的创始人林耐在《自然系统》一书中提出的分类法还要早一个半世纪。

当然，《本草纲目》也有某些缺点和错误，但不管怎样，它仍是世界伟大的医药学巨著。万历二十一年（1593 年），76 岁的李时珍与世长辞，遗体安葬在蕲州雨湖南岸的竹林湖。3 年后，《本草纲目》在南京首次刊印。1606 年流传至日本，先后出版两种日文译本。以后又传入朝鲜以及欧洲各国，被翻译成拉丁、法、朝、德、英、俄等国文字，其影响遍及世界各地，对世界药物学和植物学的发展产生了积极的影响。李时珍也成为深受世界人民爱戴和敬仰的中国著名学者。

徐光启和《农政全书》

中国是农业大国，农学自古受重视。到了明代，随着社会经济的高度发达，特别是中后期出现了资本主义生产关系的萌芽，农业生产又有了新的发展。适应时代的需要，便又有反映新时期农业生产的新水平、新技术和新经验，全面总结古今农业生产知识的新农书问世，这就是徐光启编著的、驰名中外的《农政全书》。

徐光启，字子先，号玄扈，嘉靖四十一年（1562 年）出生在上海一个商人兼小地主家庭。他通过读书应试，虽然在 35 岁考中举人，42 岁考中进士，先后在翰林院、詹事府和礼部任职，到了晚年，甚至被崇祯皇帝由礼部左侍郎升任尚书、内阁大学士，但是由于明朝末年政治腐败，权臣用事，宦官专权，使得他身在其位却不能谋其事，并且屡遭排挤打击，未能在政治上有所建树。他关心国家的前途命运，关心人民疾苦，热烈追求真理，以坚忍不拔的精神，钻研科学文化，特别是农学知识。史书上称他"宽仁果毅，淡泊自好，生平务有用之学，尽绝诸嗜好，博访坐论，无闲寝食"。通过毕生的努力探索，终于成就广博的学识，并且，在介绍西方自然科学和发展我国的农业、天文、数学等科学技术方面做出了重大贡献。他晚年编著的《农政全书》更使他名扬中外，永垂史册。

从万历三十四年（1606 年）开始，徐光启便和利玛窦过从甚密，向利玛窦请教自然科学方面的知识。他痛切感到中国知识分子在科举制度和儒学的影响下，死记经书教条，学术空疏，轻视实学，脱离实践知识，一心只想升官发财，导致科学技术停滞落后。于是他决心把所学到的西洋自然科学知识介绍到中国，便开始与利玛窦合作，翻译了欧几里得的《几何原本》前 6 卷。在翻译的过程中，他虚心听利玛窦的讲解，认真细致地绘图、笔录，反复订正修改，终于在万历三十五年（1607 年）定稿刻印出版，成为中国历史上第一本翻译的西洋数学书。此外，徐光启还和利玛窦合译了《测量法义》《测量异同》等两部应用几何学著作，自译水利科学著作《泰西水法》。魏忠贤专政，徐光启被罢官。崇祯皇帝即位后，才被任命为礼部左侍郎，不久又被提为礼部尚书。这时，他已是年逾花甲的老人，可他壮心不已，建议开设历局，修订历法。崇祯皇帝批准了徐光启的建议，以他为监督，聘请耶稣会士龙华民、罗雅谷、汤若望等人共同修订。在修订历法的工作中，他作风严谨，遇有差错，必查明原因，务求做到"上推远古，下验将来，必期一一无爽；日月交食，五星凌犯，必期事事密合"，并且亲自参加观测、验算等具体工作。经过多年的艰辛劳动，终于编成了 100 多卷的《崇祯历》。

徐光启最重要的著作不是这些，而是编写《农政全书》。《农政全书》是一部"考古证今，广咨博讯"的农业科学名著。它是徐光启一生刻苦钻研、亲身试验和实践而获得的丰硕成果，也是中华民族文化宝库中的一份珍贵的文化遗产。

《农政全书》内容丰富多彩，可以说是集古代农业知识之大成。它总结了封建社会农业生产的经验，辑录了有关农业理论和政策的资料，具体介绍了关于水利工程、农业工具的形制和使用方法，以及各种谷物、蔬菜、果树、桑、棉、麻等作物的选种、栽培方法，还有关于牲畜的牧养、食品的加工、以及消灭虫害、荒年赈灾等等无不详录备载，议论精到。这部科学著作的主要价值是：

第一，重视农业生产经验和技术的总结，既辑录了古代 300 多种重要的农业文献，又及时地总结了明朝当代农家以及徐光启本人的农业实践经验，使一些传统的农田园艺知识和从实践中获得的新经验得以流传推广。在揖录农业文献资料方面，除汇集历代重要典册之外，更注意搜集明人的著述，如沈一贯的《山东营田疏》、吴严的《兴水利以充国赋疏》等。在总结农业生产经验方面，他把自己多年观察研究的重要成果也都加以记述。如对农业的用水五法，逐点陈述；对于如何消灭蝗灾、确保粮食丰收方面，他详尽地叙述了自己观察所得的蝗虫成长规律，以及消灭蝗灾的具体办法。其他如作物果蔬的栽培种植的经验的记载，那就更多了。

第二，注意提倡经济作物的种植和推广。明代中后期，随着商品经济的进一步发展，出现了资本主义萌芽，经济作物的种植比以前更为普遍和繁荣。《农政全书》关于这方面的记载反映了当时社会经济发展的新特点。如对棉花的种植记载得特别详细，从选种、种子贮藏、播种期、施肥技术、行距等，总结出一整套栽培技术理论；又如种植乌桕可以取桕油，种女贞可以取白蜡，"其利济人，百倍他树"，书里也做了详细介绍；又如茶叶，当时已经销售国际市场，是"民生日用之所资，国家课利之一助"，徐光启在书中也详细论述了有关品种、采取、制作以至收藏、饮用等方法。

第三，书中宣传"人定胜天"思想，反对保守，有助于人们破除迷信、解放思想，推动人们从实践上得真知。徐光启在书里说道："土性虽有宜不宜，人力亦有至不至，人力之至，亦或可以回天，况地乎？"意思是说，人有回天之力，可以使土地由不适宜作物成长变为适宜。他反对那种"凡种植必用本地种"，否则"风土不宜"、难于存活的保守思想。他还引实例作为有力论证，说棉花由外国传入，中国普遍种植，成为衣被之源；甘薯由外国传入南方，在北方也得到推广，并且获得丰产。由此他得出结论说："若谓土地所宜，一定不易，此则必无此理。"

《农政全书》于1625—1628年之间写成。全书60卷50多万字，分做12门，包括农本、田制、水利、农器、农事、开垦、栽培、蚕桑、牧养、酿造、造屋、家庭日用以及荒政等方面，其中以"开垦""水利"和"荒政"为全书重点，约占全书二分之一的篇幅。

公元1633年，徐光启死，享年七十一岁。

宋应星与《天工开物》

宋应星是继徐光启、李时珍之后的又一个有突出贡献的科学家。

宋应星，字长庚，江西奉新县人。由于封建时代不重视科学技术，《明史》没有为他立传，但是，江西省志及一些地方志书却保留了他的生平事迹的片断记载。

宋应星一生写了不少著作，有《卮（zhī）言十种》《画音归正》《杂色文》《原耗》和《天工开物》等多部，其中前四部已失传。近年来又发现四篇佚著的明刻本，即《野议》《论气》《谈天》和《思怜诗》。《野议》是议论明朝治政的得失，提倡政治改革的文章；《思怜诗》是作者愤世忧民的内心激情的表露，有几篇诗还批判了"宿命论"；《论气》和《谈天》是关于自然科学方面的著作，反映了他的唯物主义哲学思想。如他提出"盈天地皆气也"，由气构成的自然界处于永恒的运动变化过程之中，并由此阐明了关于物质不灭的思想。

其成就最高、影响最大的是《天工开物》一书，写作于分宜县任上，1637年由其友人涂泊聚刊行。这是一部内容广泛的百科全书式的科学巨著。全书分上中下3卷，又细分为18卷，每卷一目，即"乃粒第一"，写粮食作物和一部分植物油原料的生产；"乃服第二"，写衣服原料的生产；"彰施第三"，写染料制造；"粹精第四"，写粮食原料加工；"作咸第五"，写食盐的生产；"甘嗜第六"，写糖的制造；"陶埏第七"，写砖、瓦、陶器的制造；"冶铸第八"，写金属器物的铸造；"舟车第九"，写各种车辆、船只的类型、结构及功用；"锤锻第十"，写金属器物的锻造；"燔石第十一"，写炼炭、石灰及各种矿石的烧炼；"膏液第十二"，写油类的榨取方法；"杀青第十三"，写造纸；"五金第十四"，写各种金属的冶炼；"佳兵第十五"，写兵器、火药的制造及使用；"丹青第十六"，写颜料的制造；"曲蘖第十七"，写酵母剂的制造；"珠玉第十八"，写珠宝玉料的开采。全书附有123幅插图，绘制精良，和文字说明互为表里，相互补充。

《天工开物》涉及的内容十分广泛，衣食住行，凡和人类生活有关的几乎都包括在内。书中对所列各项都作了详细的记载，既总结了我国古代农业和手工业生产技术等各方面的卓越成就，又反映了当时社会生产的发展水平，是一部内容全面，系统分明，资料充实，体制宏大，图文并茂的科学著作。宋应星认为自然界蕴藏着丰富的资源，是人类赖以生存的物质条件，人是"万物之灵"，能够开发自然，创造物质财富，因此把书名定为《天工开物》。在安排章节顺序时，他取"贵五谷而贱金玉"之义，先叙农业，其次是服饰日用，把珠玉列于卷末。

《天工开物》首先总结了农业和手工业生产方面的先进经验，对水稻记载尤为详尽。他介绍了水稻的不同品种、记述了从浸种、育秧、施肥、到耕种、除草、防止病虫害等一系列生产过程，并且记录了用骨灰和石灰改良土壤的先进经验，以及在冷浸田使用"骨灰蘸秧根"的合理使用磷肥的方法。宋应星尤其注意总结经济作物的栽培经验，如对甘蔗的选种、育苗、中耕、培土等方法都有详细的记述，并介绍了多种油料作物。书中还载有利用杂交优势改良品种的科学技术知识，如利用不同蚕蛾品种杂交而"幻出新种"的方法。在手工业方面，介绍了丝织业生产中结构精良的提花机及织造工艺，记载了冶炼业中的大型失蜡精密铸造法和先进的"灌钢法"、炼锌技术等。书中对于榨糖、榨油，以及劳动人民在生产中革新发明的晒盐等方法都详加记录。

其次,《天工开物》对事物分析实事求是。例如,他解释了出现于田野的磷火现象,说明并非鬼火;指明"夜光珠"的"夜光乃其美号,非真有黑夜放光之珠也";说明窑变是原料变质所引起的,并不是什么神秘现象。这有助于破除人们的某种迷信思想。《天工开物》还注意用数据说明问题。宋应星在书中对生产各种产品所需要的时间、人力、原料,生产工具的规格、尺寸、效率,各种金属的比重,合金成分的比例……都有具体数据做说明。据今人研究,很多数据是有科学根据的。这有助于人们判断当时生产力的发展水平,反映了作者严肃认真的科学态度。

但是,不容置疑,《天工开物》中也有一些迷信记载。但它仍是一本科学巨著,影响巨大。日本学者对它十分重视,给予高度评价,认为可以从中了解中国古代科学技术发展的全貌。1869 年,它又被译成法文,介绍到西方,译名为《中华帝国古今工业》。近年来,日本和欧美学者经常在他们的科学论著中加以引用,倍加赞赏。

徐弘祖与《徐霞客游记》

徐霞客原名徐弘祖,字振之,霞客是他的别号。他是南京常州府江阴县(今属江苏省)人,生于万历十四年(1586 年),卒于崇祯十四年(1641 年),终年 55 岁,是我国 17 世纪初期杰出的旅行家、杰出的地理学专家。其祖上世代都是大地主,富裕优越的生活,使他能够结交当时的许多名人学者,从小接受传统的封建教育;家里的丰富藏书,使他有机会博览古今史籍、舆地志、山海图经等书籍。他自幼聪慧过人,过目成诵,落笔成章。他读书最喜欢涉猎历史、地理和游记一类书籍,读得愈多,兴趣愈浓,深深地被书上描绘的祖国的大好河山所打动。同时,他也发现过去的山经、地志中的一些记载,由于缺乏实地调查,错误不少。他决心走出书斋,投身到大自然怀抱,"穷九州内外,探奇测幽",进行实地考察,探索大自然的奥秘。他对友人说:"大丈夫应当朝游碧海暮到苍梧,怎能一辈子局促于海疆一隅!"

徐霞客的母亲积极支持儿子的伟大抱负。她鼓励儿子说:"好男儿志在四方,哪能像藩篱中的雉鸡,车辕下的马驹一样,坐困家园!"在徐霞客初次出游太湖的时候,她还特地为他缝制了"远游冠",以壮行色。此后,徐霞客每次出游,算好旅程,预定日期,按时往返。每次远游归来,都带点地方特产孝敬母亲。王夫人常常是坐在豆棚下,一边织布,一边仔细地听着儿子对她倾谈旅途中的种种新鲜见闻和惊险经历。每当听完之后,她总是喜形于色,欣慰地对徐霞客说:"儿啊!你外出跋山涉水,我坐守家中,看着豆荚一天天长大,望着天际飘荡的白云,秋天到了,知道你该回家了。听着你介绍新鲜的旅途见闻,真叫人惊喜赞叹。比起那些碌碌无为的庸人,你也算问心无愧了。"为了显示自己的身体强健，消除徐霞客出游的顾虑，王夫人还在 73 岁那年和徐霞客一起游了荆溪、句曲两地。在封建社会里，这位母亲真是一位令人敬佩的中国妇女。

母亲的支持使徐霞客更加坚定了信念，使他以坚强的毅力，持续了 30 多年，经历了千辛万苦，周游祖国大地，遍览名山大川，开拓胸怀，增广见识，并且在科学考察方面做出了杰出贡献。

在当时的历史条件下，外出旅行，交通诸多不便，特别是访名山，探幽洞，必须跋山涉水，披荆斩棘，走的是崎岖曲折的羊肠小道，甚至得攀登悬崖峭壁，穿越深邃洞穴，常常置身于荒野险僻之处，出没在深山老林之中。夜里无处投宿，只能栖身破庙古刹，或是睡卧在大树下、石头边。饿了吃一口干粮，渴了喝一口山泉水，没有粮食就以草木野果充饥，真所谓风餐露宿，不畏虎狼，不避风雨，不惧艰辛，表现了他坚定的信念和超人的意志。为了探寻山川岩壑的奥秘，弄清山脉的走向、河流的渊源，在考察中，他登山必达顶峰，探洞务至幽邃，真正做到穷本溯源。那些令人望而胆寒的悬崖绝壁阻挡不了他，那些可怕的传说和自己亲身遇见过的毒蛇巨蟒也不能使他却步。徐霞客在旅行考察中的种种惊险经历，都具体地记载在其游记里面。如他记述游黄山的情景：山峰高而陡，山崖积雪很深，背阴处还结了冰，溜滑难行，他就用手杖凿冰成洞，凿出一个洞，跨上一脚，再凿一个洞，又跨上一脚，就这样一步一个洞地向上攀登，直至登上峰顶。游云南石房洞时，他只身攀登陡峭的山坡，山坡上的岩石和表土风化松动，使劲攀缘则容易脱落，有滑落山崖的危险。他只能寻找比较坚固的岩石，身体坚贴，绷紧脚跟，像是挂在墙壁上似地，缓缓移动，使尽全身力气，拼命攀登爬行，好不容易才爬到洞口。在考察中，有时为了弄清问题的来龙去脉，他反复几次攀缘悬崖。如游浙江雁荡山时，为了勘明大龙湫瀑布的源头和雁湖的确切位置，他冒着坠身深壑的危险，几次攀登雁宕顶峰，途中碰到一面绝壁，就解下足布，接起来悬于崖顶，然后利用这垂空的足布攀缘上下。由于徐霞客不畏艰险，实地反复考察，终于证实了雁湖之水与大龙湫风马牛不相及，纠正了以前志书的"宕在山顶，龙湫之水即自宕来"的错误。

旅途中有时还会碰到强盗土匪，但徐霞客仍然无所畏惧。旅游之余，徐霞客坚持写日记，将所见所闻所感记下，歌颂祖国大好河山。它的日记，内容丰富多彩，有山脉汇河、地形地貌、奇峰异洞、瀑布温泉，乃至风土人情、民族关系、边疆防务、矿石物产等等的详尽记录。这些文字记载，经后人编辑刊行，就是举世闻名的《徐霞客游记》。

《徐霞客游记》写得"文字质直，不事雕饰"。明末学者钱谦益称它是"世间真文字"，另一位学者潘耒也作序称赞它："向来山经地志之误，厘正无遗；奇踪异闻，应接不暇。然未尝有怪遇侈大之语，欺人以所不知。"他说《徐霞客游记》的优点就在于"精详、真实。"所以后人评论说，这是一部以清丽新奇的散文体裁写成的科学文献，既是文学名篇，又是重要的地理学著作。

《徐霞客游记》更是一部科学巨著。在这部著作里，有对江河源流的勘察和辨讹，有对地形地貌的考察和研究，有对动物、植物生态品种的比较和鉴别，有对矿产物产、水文气候的观察和记述，等等。其中关于我国西南地区石灰岩地貌的考察和研究，尤其具有重大的科学价值。徐霞客旅程经过的湖南、广西、贵州、云南这一带，是世界上最广大的石灰岩地貌区域之一。他在《徐霞客游记》里记录了旅程中所见到的石灰岩地貌的种种特征，如"铮铮骨立"的石山和"攒出碧莲玉笋世界"的峰林；又如"坠壑成井，小者为眢井，大者为盘洼"的圆洼地，以及各种幽邃曲折的石灰岩溶洞等等。记载形象生动、具体细致，徐霞客还探讨这些地形的成因，观测其方位，研究它们的结构。他用目测和步量得出的数据，和现代的科学测量十分接近。

徐霞客的日记中，有的地方还纠正一些长期以来被认为是正确的说法。例如他通过长期、广泛、深入的实地踏勘，推翻了自古被认为是不可动摇的"岷山导江"说。大江（即长江）的发源地问题，人们历来迷信《禹贡》的"岷山导江"之说，错误地把岷江作为大江的正源。徐霞客经过实地调查勘察，写出了著名的《溯江纪源》（又名《江源考》），以无可辩驳的事实论证了金沙江才是大江的正源，推翻了 1000 多年来陈陈相因的谬说，他还对盘江、左江、右江、龙川江、麓川江、大盈江、澜沧江、潞江、元江、枯柯河等水道的源流作了辨正。虽然由于当时条件的限制，他对北盘江上流和南盘江下游未能得出正确的结论，但是，他在元江、澜沧江、潞江、枯柯河等河流的考察上，纠正了《明一统志》有关记载的混乱和错误。

徐霞客开创了实地考察自然，系统描述自然的新方向。其"游记"不但是一本文学作品，更是一部科学巨著，是文化宝库中的瑰宝。

西学东渐

明末，欧洲一批耶稣会士来到中国传教，将西方科技带到了中国，形成了中国早期的西学东渐。其中，利玛窦、汤若望是代表人物。

利玛窦是意大利马塞拉塔人，1552 年生，出身贵族家庭，1571 年 19 岁时加入耶稣会。1580 年为司铎（神甫），万历十年（1582 年）来到澳门，以后又到肇庆、韶州、南昌、南京等地进行传教活动。

他勤学苦练，加上天资聪颖，对于儒家的经籍、诸子百家、中国历史，无不通晓，并能流畅地讲汉语和用中文书写。他熟悉中国的风俗礼节，身穿儒服，和名士们饮酒赋诗，畅谈天文地理、风化习尚、哲学伦理，言谈中引经据典,如数家珍。如他在宣扬教义时,总爱从中国史籍中找根据,把中国"天"的观念说成是他们宗教中的"天主",把他们敬爱天主与爱慕人和孔子"仁"的学说相比附,所以,被当时的士大夫誉为西儒。士大夫佩服其学识渊博,乐与交游。名士如李心斋、李贽、瞿太素等人都和他来往,促膝交谈,互赠诗文。一些达官显宦,如两广总督郭应聘、文渊阁大学士、礼部尚书徐光启、太仆寺少卿李之藻等人,与他过往尤密,结为知交。徐光启和李之藻甚至接受洗礼,加入天主教。

利玛窦把从欧洲带来的一些所谓奇器异物,如世界地图、浑天仪、三棱玻璃镜、自鸣钟、救世主和圣母的油画像等一类东西赠送给明朝官员,以取得他们对传教活动的支持。每到一地,他还把这些东西公开陈列展览,任人参观。好奇的民众被这些奇器异物所吸引,参观的人众摩肩接踵,门庭若市,耶稣会的名声不胫而走,影响日益扩大。

1600 年,利玛窦为了长期传教,他投神宗爱财贪货的习惯,带了一些小玩意觐见皇帝。如油画三幅(救世主像、圣母像和耶稣偕约翰像各一幅)、天主教经典一本、珍珠镶嵌十字架一座、大小自鸣钟各一架、《坤舆万国全图》一册、八音琴一张、三棱玻璃镜两面,以及一些镜子、玻璃器皿等等都是明神宗甚至中国人民当时没见过的东西。明神宗在便殿召见,询问天主教的教义和西方的民风国政,并且赐宴慰劳。神宗原是个贪财好货的皇帝,见到这些精巧新奇的贡品,欣喜万分,爱不释手。他把油画和万国全图张挂于宫中,建造一个亭子安放自鸣钟,还派人向传教士学习八音琴。由于爱屋及乌的缘故,这些外国传教士就此得到中国皇帝的青睐。明朝政府赐给屋宇,允许他们长住北京。这正是利玛窦求之不得的事。从此他就在北京住了下来,直到死。

利玛窦所进物品中最有价值的是那幅《坤舆万国全图》。当时,我国的民众还相信着天圆地方的说法,利玛窦的世界地图使中国人第一次知道人们生存的大地是个球体,懂得了世界有五大洲,第一叫亚细亚洲,第二叫欧罗巴洲,第三叫利未亚洲,第四叫亚墨利加洲,第五叫墨瓦腊尼加洲。在今天看来,利玛窦介绍的那些地理知识还存在着错误,但它毕竟开拓了人们的眼界,使人们增长了见识。利马窦还特地为明神宗绘制世界分洲地图,四大洲每洲一幅,图边附有文字,简略说明各国的地理、历史、政治、物产的概况。

利玛窦把当时比较先进的天文知识传入了中国。自古以来,封建统治阶级为了愚弄,恫吓人民,神化王权,以巩固其统治地位,就把天人格化,鼓吹唯心主义的"天人感应"论,把自然界日月星辰的运行,春夏秋冬的更替,都说成是天的意志的表现。由于生产力水平的低下和科学知识的贫乏,人们对于自然界的一些现象无法解释,只能盲从种种迷信的说法。利玛窦向民众介绍了天体知识,解释了日食、月食的道理,并制造浑天仪、地球仪供人观览。他还和李之藻合译《乾坤体义》。在耶稣会士的影响下，李之藻又自著《浑盖通宪圆说》，这是中国人撰写的第一部介绍西方天文学的科学著作。这些天文知识的介绍，对于破除迷信，开启民智，起了有益的作用。

另外，西方数学理论也由此传到了中国。如利玛窦与徐光启合译的《几何原本》，介绍了曾流行于欧洲的欧几里得平面几何学的系统理论。此书一问世，当时的知识分子无不啧啧称道，近代学者梁启超更赞誉它是"字字精金美玉，为千古不朽之作"。直至今天，几何学中所用的一些贴切的名词术语，如平面直角、垂线、钝角、直径、三角形、平行线、相似、外切等等，都是徐光启当年翻译时确定的。利玛窦还与徐光启合译《测量法义》和（测量异同》两部应用几何的著作。李之藻又自泽《圜容较义》，专论几何学中圆的内接和外切问题。这批著作的问世，大大丰富了中国原有的几何学知识。利玛窦与李之藻合译的《同文指算》，则是一部应用数学著作。它第一次向中国人介绍了比例级数，介绍了开平方和开立方的方法。古时候，我国民众一直利用算盘计算，不重视笔算，这部著作刊印以后，人们见了这种新算术，不禁拍案称奇。

利玛窦带来了一系列有关地图和地学的西方近代科学方法，包括采用有等积投影和方位等距地投影的地图投影方法，它第一次打破了中国人"天圆地方"的传统旧观念，使中国学者认识到中国只是地球的一小部分。另外，在利玛窦的地图上已经以北极圈、昼长圈（即北回归线）、昼短图（即南回归线）、南极圈等为界，划分为热、温、寒五带；再有就是图上的海陆分布，已大体反映了其基本轮廓；世界地图上附有的日、月食图，看北极法（即测定地理纬度法）、太阳每日经纬表、中气图以及地球的概念等，对于当时的中国知识界来说，都是十分新鲜、闻所未闻的事物，大大开拓了人们的眼界，从而使中国一二千年流传下来的地图学受到了强烈的冲击，并随之开始改革。

1610 年利玛窦死，葬于北京。

除利玛窦外，外来传教士中最有名的要算汤若望。他是日耳曼人。1591年生，1622 年到北京，1666 年死于北京。他经徐光启推荐，参与修订历法。经过 7 年的时间，至崇祯八年（1635 年），历书著成，取名《崇祯历》。由于修订人员工作作风严谨、认真，以及汤若望等人掌握了当时世界上先进的天文历算知识和技术，因而《崇祯历》比《大统历》准确，和日月星辰的运行及节气的变化都相符合。其中的《星录》部分，绘出了整个天体的恒星图，这个成果在我国天文学史上是前所未有的。《崇祯历》在论述宇宙结构时，虽然仍采用当时欧洲天主教会坚持的地球中心说，但同时也向中国人介绍了波兰天文学家哥白尼的太阳中心说，并应用了他的一些天文计算方法。在历局中，汤若望还训练培养了一批天文历算的专门人才，并为钦天监制造了天体仪、赤道与兽带合制的圈环仪、半面球形图、水平日晷（guǐ）及大、小望远镜、星高机等观测工具。

汤若望还受聘为明铸造大炮并传授方法。成火炮 20 门、小炮一批。1618 年，日耳曼教士邓玉函将伽利略望远镜带到中国，送给崇祯帝。汤若望特写一本介绍望远镜的书——《远镜说》。详细介绍了其性能、原理和制造方法，这是在中国介绍物理学中光学原理推算的一部著作，邓玉函本人也是科学家，他是罗马科学学会会员。他与中国学者合作介绍了物理学中力学的重心、比重、杠杆、斜面、滑轮等理论，并介绍了一些简单的机械构造和钟表的结构原理。邓玉函还写作了人体解剖生理学专著《人身概说》，以及《测天约说》《黄赤距度表》等天文学著作。意大利传教士熊三拔著的《泰西水法》是一部水利科学著作。此书共 6 卷，前 5 卷专论水利知识，第六卷介绍诸如抽水机、蓄水机等水利机械的构造、图式和原理。

利玛窦他们是来传教的，是为殖民主义服务的，但是他们这一派为达到传教的目的，向当时中国的知识分子、士大夫阶层介绍西洋学术文化和科学技术，这在当时适应了中国社会经济发展的需要，也迎合了明朝政府为富国强兵、增强武备的需求，因此受到了当时官僚士大夫如徐光启、李之藻等的欢迎，推动他们积极翻译西洋学术著作，吸取西方科学，发展科学技术，在客观上起了积极的作用。西方殖民主义国家的统治者虽然想利用宗教宣传对中国进行侵略，但是，早期来华的耶稣会士，由于他们的派别不同，他们或基于对天主教的虔诚和信仰，或由于当时中国的强大和殖民主义势力尚鞭长莫及，所以还不能直接为殖民主义的侵略服务。他们来华后，主要是从事传教和著书立说，还不能进行有损中国主权的活动。而他们当中像利玛窦等人，在中国生活、工作数十年，把中国作为第二故乡，成了中国人民的朋友，这是值得肯定的。由于他们和当时中国科学家的共同努力，传入了西方的科学文化，对当时中国社会和科学技术的发展起了积极的作用。在中西文化的交流上做出了杰出贡献。

清　朝

（1644—1848 年）

后金崛起

肃慎—挹娄—勿吉—靺鞨—女真

满族是个历史悠久的民族，他们世代居住在南起长白山地、北抵外兴安岭、西自黑龙江上游和嫩江两岸、东达海滨及库页岛这片辽阔富饶的"白山黑水"地区。3000多年前的肃慎人便是满族人的祖先，当时肃慎是西周东北边境上的一个部族，以后肃慎人相继改称挹娄、勿吉、靺鞨。唐开元元年，朝廷在粟末地区设置忽汗州，授粟末部首领大祚荣为忽汗州都督，并册拜为左骁卫大将军、渤海郡王，即史称的"渤海国"。

五代起，靺鞨改称女真。947年，契丹建元大辽，辽对东北地区的女真管理十分重视，把女真分为两部分，开原以南称"熟女真"，开原以北称"生女真"。12世纪初黑水靺鞨的后裔，生女真完颜部的杰出领袖阿骨打于辽天庆四年（1114年）兴兵伐辽，第二年建国大金，定都上京。1141年，金迫使南宋订立"绍兴和议"，以淮河为宋金的分界线。直至1234年，金被蒙古灭掉。

建州三卫和海西四部

明初，女真分为三大部：建州女真分布在牡丹江、绥芬河及长白山一带，海西女真分布在松花江流域，"野人"女真分布在黑龙江和库页岛等地。建州、海西、"野人"三大部之间及其内部，不断发生互相兼并和掠夺战争。建州、海西女真为了躲避"野人"女真的侵扰，于明初逐渐向南迁移。

洪武五年（1372年）前后，建州女真胡里改部阿哈出率众沿牡丹江南进，迁徙到图们江以北，珲春河以西居住。永乐元年（1403年），明廷在胡里改部住地设建州卫，命阿哈出为指挥使。"卫所"是明朝的地方军事行政机构，除了行使军事职能外，还要管理地方行政事务。明政府先后在黑龙江流域及附近沿海地区分别设置了100多个所。永乐十年，增设建州左卫，命斡朵里部首领猛哥帖木儿领其卫，任指挥使。猛哥帖木儿死后，其子董山与其异父同母弟凡察彼此争夺领导权，明政府于正统七年（1442年）分建州左卫为二，增设建州右卫，以董山为建州左卫都指挥使，凡察为建州右卫都指挥使，与阿哈出孙子李满住的建州卫合称建州三卫，皆臣属明朝。

海西女真的忽剌温的一部分迁移到松花江上游和开原东北边外，有的还同东来的蒙古族人相融合，明中叶以后，逐渐形成乌拉、哈达、叶赫、辉发四部，史称"扈伦四部"，也即海西四部。

建州女真和海西女真的南迁，大体到嘉靖时期基本上稳定下来，它们沿着辽东北边分散聚居，建州三卫分布在抚顺关以东，海西四部散居在开原以北。

努尔哈赤建立后金政权

努尔哈赤，姓爱新觉罗，号淑勒贝勒，嘉靖三十八年（1559 年）出生在建州左卫苏克素护部赫图阿拉城的一个满族奴隶主家庭。万历三年（1575 年），其外祖父王杲起兵反对明王朝在女真地区推行民族压迫政策，结果兵败遇害，建州右卫遭到明军残酷掠杀，努尔哈赤也被俘，不久获释逃回家乡。这种血与火的现实，无疑给以后努尔哈赤要勃兴女真点燃了火花。他弓马娴熟，武艺超群，同时勤奋好学，深受汉族文化的影响。努尔哈赤慈母早逝，继母寡恩的身世和阅历，培养和锻炼了他坚韧的意志和开阔的胸怀，成了一名"多智习兵"的出色人才，从政治和军事才能而论，都远远超出与他同时的女真各部首领之上。

从万历十一年（1583 年）至十六年（1588 年）的 5 年时间，先后打败了众多敌手，统一了建州女真各部，于是"环满洲而居者，皆为削平，国势日盛"。接着，努尔哈赤又于万历十九年（1591 年）正月，兼并长白山的鸭绿江部。至此，努尔哈赤统辖区域，西起抚顺，东至鸭绿江，北接开原，南连清河，建州女真的大部分被统一了。

万历二十一年（1593 年）六月，海西四部合兵进攻努尔哈赤，结果大败而逃，九月，叶赫部贝勒布寨、纳林布禄，又纠合哈达贝勒孟格布禄，乌拉贝勒满太之弟布占泰，辉发贝勒拜音达里，科尔沁贝勒明安，锡伯、卦尔察、朱舍里、讷殷，组成九部联军，共 3 万人马，分 3 路进犯建州。努尔哈赤精心准备应战，于古勒山之战中俘获叶赫首领布占泰，缴获战马 3000 余匹，并灭了讷殷、朱舍里二部。古勒山之战，是统一女真诸部的转折点，不仅保卫了建州，而且从此建州"军威大震，远迩慑服矣"。

努尔哈赤打败九部联军之后，便把统一女真各部的进攻矛头指向海西女真。他深知现有的军事力量不可能一举消灭海西四部，因此，努尔哈赤采取分化瓦解、各个击破的策略：一方面与海西四部中较强的叶赫、乌拉二部联姻结盟，特别是拉拢乌拉部首领布占泰，不仅是为了离析四部，而且也是为了取得貂参之利。另一方面，利用四部间的矛盾逐个将其灭亡。

努尔哈赤由"遗甲十三副"起兵，发展到"自东海至辽边，北自蒙古、嫩江，南至朝鲜、鸭绿江，同一语者俱征服"，使"诸部始合为一"。他用了 30 多年的时间，统一了建州女真和海西女真，以及"野人"女真的大部，基本上结束了女真社会的长期分裂、割据、动乱的局面，从而推动了女真社会的发展和满族共同体的形成。

努尔哈赤在统一女真的过程中为了提高、稳固自己的地位和权势采取了一系列的政权建设措施。首先是创制满文,以蒙古文字母与女真语音拼成满文,作为满族统一的文字。满文的创制和颁行,使满族从此有了本民族的文字,可以用来交流思想,记载政事,翻译汉籍等,对政权建设起了重要作用。

其次是将其居所由费阿拉城移至赫图阿拉城并加以扩建,规模远远超过了费阿拉城,从此赫图阿拉成为努尔哈赤的第一座都城,亦是他管辖地区的政治、军事、经济和文化的中心。

再次是创建八旗制度,他在牛录制的基础上建立八旗制度,八旗制度是"以旗统人,即以旗统兵",又是"出则备战,入则务农"兵民一体的社会组织形式,具有行政管理、军事征伐、组织生产的三项职能,努尔哈赤是八旗的最高统帅。

同时,努尔哈赤设立理政听讼大臣 5 人、扎尔固齐 10 人佐理国事,另设判官 40 名,荐举办事大臣 8 员,管理城防和乡间事务等。

在统一女真的过程中,努尔哈赤集团内部发生了权力冲突和意见分歧,产生了一股分裂的势力。到了万历四十四年(1616 年)正月,努尔哈赤在以上政权建设的基础上又清除了内部的分裂势力,认为"帝业已成",遂称汗登位,建立"大金",史称后金,改元天命,建都赫图阿拉城,从此成为与明王朝中央政府相对抗的地方割据政权。

皇太极的政治改革和清朝的建立

皇太极出生于明万历二十年(1592 年),是努尔哈赤与叶赫纳喇氏孟古哲哲所生,在努尔哈赤诸子中排行第八,自幼受到努尔哈赤的钟爱。经常跟随父兄出兵东征西杀,锻炼了军事才能,丰富了阅历,后因战功显赫而升为贝勒,成为八旗中镶白旗之主和重要的军事将领。天命十一年(1626 年)八月十一日,努尔哈赤因患毒疽不治而死,四大贝勒中皇太极无论政治眼光、军事才能和个人威望都在众贝勒之上,被拥举为汗。

九月初一日,皇太极在沈阳故宫大政殿举行了庄严的即位典礼,接受群臣九叩之礼,改明年为天聪元年。在接受礼拜之后,皇太极又率诸贝勒向大贝勒代善、二贝勒阿敏、三贝勒莽古尔泰行三拜之礼,不以君臣之礼相待,这一举动使得离心的亲兄弟暂时拢到了一起,也表明皇太极能屈能伸,很有魄力。

皇太极即位以后,在后金内部实行全面的社会改革措施。

首先是政治方面的改革和加强中央集权:

(1)重用汉官

皇太极改革的一个重要方面,就是重用汉官。他对努尔哈赤曾大规模屠杀汉人缙绅和儒生非常后悔。他从实践中认识到,要统治一个国家,单纯依靠武力的征服是不够的,还需要文化和教育。天聪三年,他决定考选儒生。

考取者分为 3 等,一等赏缎二匹,二等三等赏布二匹,各免二丁差舶,并候录用。此次考中者称为秀才或生员。此后又在天聪八年三月、四月,崇德三年(1638年)八月,崇德六年(1641 年)七月,举行考选。通过这几次考试,散处于辽东地区略通文义的知识分子大多数被吸收到后金政权中去,成为后来入关文职官员中的骨干。

（2）设立文馆与内三院

文馆也称书房,是后金国汗召集部分儒臣起草文书诏令的处所。皇太极于天聪三年(1629 年)四月,正式将文馆的工作分作两值(班),巴克什达海与笔帖式刚林、苏开、顾尔马浑、托布戚 4 人翻译汉文书籍,巴克什库尔缠同笔帖式吴巴什、查素喀、胡球、詹霸 4 人记注后金国朝事。从此文馆成为一个正式的办事机构。其授官为参将、游击者称巴克什,次之称笔帖式,其以儒生入馆工作尚未授官者称秀才,或称相公,无定员。文馆最初主要负责人是满洲旗人,后来逐渐增加汉人,最著名者有高鸿中、范文程、宁完我、鲍承先等。文馆的设立,使文人参与后金政治并发挥了很重要的作用。

由于文馆作用的重要与皇太极称帝的需要,天聪十年 1635 年(三月)将文馆改为内三院:内国史院、内秘书院、内弘文院。内国史院掌记注皇帝起居诏令、编纂书史、纂修实录、撰拟郊天告庙表文、功臣诰命。内秘书院掌撰外国往来书状及敕谕祭文,并录各衙门章奏。内弘文院掌注释历代政事得失、御前进讲,并颁行制度。三院各设大学士、学士来主持。

（3）六部与都察院、理藩院

皇太极根据宁完我的建议,依照明制改革后金官制,设立吏、户、礼、兵、刑、工六部统一管理全国的军事、民政、刑狱事宜,每部由一贝勒主管,下设承政 4 人,满承政两员,蒙古承政一员,汉承政一员,启心郎一员,承政之下各设参政八员,唯有工部参政满洲 8 员,蒙古两员,汉官两员,余为办事人员,称笔帖式。贝勒多尔衮管吏部,德格类管户部,萨哈廉管礼部,岳托管兵部,济尔哈朗管刑部,阿巴泰管工部。全国重大事情仍由皇太极主持的诸贝勒和八旗大臣议政会议解决,但六部要直接向皇太极负责。六部的设立使后金有了全国统一的行政机构,提高了办事效率,加强了中央集权,同时给予蒙古和汉官相当高的地位。

崇德元年(1636 年)五月,皇太极称帝以后,根据汉官建议设都察院,以大凌河降将张存仁、祖可法为承政,都察院的职责是劝谏皇上、弹劾纠察六部以及诸王贝勒的不法行为。与三院六部不相属。皇太极授该院以很大的权力。

天聪九年(1635 年)林丹汗之子额哲投降,漠南蒙古全被后金统一,为了妥善地管理蒙古事宜,在崇德元年(1636 年)设蒙古衙门,以尼堪为满承政,塔布囊达雅齐为蒙古承政。三年六月,改蒙古衙门为理藩院。七月,以贝子博洛为承政，塞冷（蒙古）为左参政，尼堪为右参政。设副理事官 8 员、启心郎一员。因为理藩院是专管外藩及蒙古事务的，故无汉人参政。

六部与都察院、理藩院合称八衙门，是当时清王朝中央一级的最高行政机构，基本上是按照明王朝的模式建立的，但也保留了一些清王朝的民族特点。

第二是建立专制皇权：

皇太极名义上是后金国汗，实际上与几个大贝勒的权势区别不大。在处理政务上是执行努尔哈赤天命六年（1621 年）的规定，四大贝勒每人轮流执政一个月，在朝会、宴会接见群臣时，皇太极与三大贝勒代善、阿敏、莽古尔泰并排而坐，俨然如四汗。这种局面既不利于后金政权的巩固，也不利于对明斗争的形势需要。

皇太极为了加强以汗为首的中央集权，削弱八旗贝勒的权势，逐步废除反映氏族社会军事民主落后的八和硕贝勒共治国政的制度。他采取各种办法，狠狠打击足以与自己争权的三大贝勒的势力。当时，后金的决策机构议政王大臣会议被八主旗贝勒所控制，而三大贝勒又是其中能左右局势的力量，因此极大地束缚着汗权。早在天命十一年（1626 年）九月，皇太极即汗位后，沿袭旧制，仍在每旗设总旗务大臣一名（即固山额真），并扩大了他们的权限，规定"凡议国政，与诸贝勒偕坐共议之，出猎行师，各领本旗兵行，凡事务皆听稽察"。同时又在每旗设佐管旗务大臣二员，调遣大臣二员，前者"佐理国政，审断状讼"，后者"出兵驻防，以时调遣，所属词讼，仍令审理"。这就在一定程度上削弱了诸贝勒掌管旗务的权力，而且使他们处在众多人员的监督和制约之中。天聪三年（1629 年）正月，皇太极以关心三大贝勒身体健康为由，他说："向因值月之故，一切机务，辄烦诸兄经理，多有未便。嗣后，可令以下诸贝勒代之，倘有疏失，罪坐诸贝勒"，于是"以诸贝勒代理值月之事"。这不仅削去了三大贝勒每月轮流执政的大权，而且拉拢和团结了其他贝勒为己用，从而提高了后金汗的地位。

天聪四年（1630 年）六月，皇太极利用二大贝勒阿敏"弃滦州、永平、迁安、遵化四城"败归为口实，召集诸贝勒大臣会议，定阿敏罪状 16 条，以"俨若国君""心怀不轨""丧失城池""扰害汉人"等罪名，将阿敏"革去爵号，抄没家私，送高墙禁锢，永不叙用"，以后阿敏"病卒于狱"。天聪五年（1631 年）八月，在大凌河战役中，皇太极和三大贝勒莽古尔泰发生口角，莽古尔泰拔剑相向，皇太极以此把莽古尔泰治罪，革去大贝勒名号，降为一般的贝勒，夺其 5 牛录的属员，罚银万两及马匹若干。翌年，莽古尔泰因气愤"以暴疾卒"。

至此，三大贝勒只剩下大贝勒代善一人，是年十二月，当诸贝勒提出莽古尔泰"不当与上并坐"时，代善立即说："我等奉上居大位，又与上并列而坐，甚非此心所安。自今以后，上南面居中坐，我与莽古尔泰侍坐于侧。"他主动请求退出并坐，得到皇太极允准。天聪六年（1632年）正月，皇太极废除"与三大贝勒俱南坐受"，改为自己"南面独坐"，这标志着汗权的确立。到了天聪九年（1635年）九月，皇太极召开诸贝勒大臣会议，指责代善对己不恭，众议代善"与皇上相左"，列了4条罪状，拟革去大贝勒名号，削除和硕贝勒职，剥夺10牛录所属人口，罚雕鞍马10匹，甲胄10副，银万两。但是皇太极心中有数，这不过是借题发挥，提高汗权而已，所以只罚银马甲胄。从此，威胁汗权的三大贝勒势力已除，皇太极势力大增，其余贝勒无力和他抗衡，使汗权得以加强和巩固。

第三是建立蒙古、汉军八旗：

皇太极一则是为了团结和拉拢汉族地主与蒙古贵族，加强统治基础；二则是为了增强军事力量，以适应对明作战的需要；三则是为了削弱满洲八旗主旗贝勒和旗内贝勒的势力，借以加强汗权，所以又分别建立汉军八旗和蒙古八旗。

早在努尔哈赤时期，在满洲八旗中就有16个汉人牛录。皇太极即位后，到了天聪五年（1621年）正月，把汉人牛录拨出约2000多人，正式成为一汉军旗，命汉官佟养性统辖，谕曰："凡汉人军民一切事务付尔总理，各官悉听尔节制。"天聪七年（1633年）七月，皇太极命满洲各户下汉人十丁抽一，约1000多人，由马光远统领，天聪八年（1634年）五月，正式定名为汉军，以黑旗为标志。崇德二年（1637年）七月，汉军由一旗增为二旗，称为"左右两翼"，以石廷柱为左翼固山额真，马光远为右翼固山额真。崇德四年（1639年）六月，又分汉军两旗为4旗，以马光远、石廷柱、王世选、巴延4人为固山额真，各领一旗。崇德七年（1642年）六月，再增设4旗，共为8旗，称之汉军八旗，旗色与满洲八旗相同，每旗设固山额真1人、梅勒额真2人、甲喇额真5人。约有161个牛录（即佐领）33000多人。

天命六年（1621年），后金攻占辽沈后，归降的蒙古军民，有的已被单独编为牛录，称蒙古军，由武纳格、布彦代统领，隶满洲八旗。皇太极即位后，蒙古归附军民不断增多，大约到了天聪三年（1629年），将原先的蒙古军扩编成"蒙古二旗"。天聪七年（1633年），把"蒙古二旗"，分为"右营"和"左营"，以武纳格和鄂本兑同为固山额真，分别统领。天聪八年（1634年）五月，改"右营"为"右翼兵"，鄂本兑领之；"左营"为"左翼兵"，武纳格领之。天聪九年（1635年），皇太极将蒙古二旗，扩充为蒙古八旗，旗色和建制同满洲八旗一样，入关之前蒙古八旗，约有129个牛录（即佐领），25000多人。

汉军八旗和蒙古八旗的组成虽然与满洲八旗相同，但是汉军八旗、蒙古八旗的固山额真是由皇太极任命，而且可以撤换，他直接指挥这两支八旗军，因此军事实力大增，其他贝勒无法抗衡。

第四是发展经济：

努尔哈赤晚年，由于政策失误，致使后金的经济形势很糟，人民缺衣少粮，汉人的处境更是困难。皇太极认为要摆脱和克服经济困境，根本的出路就是千方百计调动生产者的积极性，发展生产，活跃经济，实行改革。

——分屯别居。努尔哈赤时，实行编庄，"汉人每十三壮丁编为一庄，按满官品级，分给为奴。于是同处一屯，汉人每被侵扰，多致逃亡"。皇太极针对这种情况，在他即位不久，就采取满、汉"分屯别居"的办法，以缓和民族矛盾，使汉民安心生产。规定："乃按品级，每备御（即牛录）止给壮丁八，牛二，以备使令。其余汉人，分屯别居，编为民户，择汉官之清正者辖之。"这样就有百分之四十的汉民从满官的奴役下解放出来，成为由汉官管理的自由"民户"。另外，还派孟阿图等人"丈量地亩"，将"各处余地"归公，分给民户耕种，不许再立"庄田"。天聪四年（1630年）十月，皇太极下令编审壮丁，要"牛录额真各察其牛录壮丁，其已成丁无疑者，即于各屯完结""此次编审时，或有隐匿壮丁者，将壮丁入官"。同时又令，"凡贝勒家，每牛录止许四人供役，有溢额者……将所隐壮丁入官"。通过以上措施，大量土地改为国家控制的屯地，许多汉民壮丁变为国家管理的民户编民，而且实行"分屯别居"，协调了满汉关系，促进了农业生产。

——离主条例。皇太极为了调整生产关系，解放束缚在八旗贵族庄园里的生产者，使其变成自由民。天聪五年（1631年）七月，颁布《离主条例》，崇德三年正月，皇太极下令直接解放部分奴仆。这些措施，不仅打击了奴隶主，削弱了奴隶制，而且许多奴仆成了自由民，有了自己的经济支配权，从而提高了生产的积极性。

——重农政策。皇太极非常重视农业生产，认为农业是"立国之本""国之大经"，因此颁行一系列保护和鼓励农业生产的法令。

首先是不许扰农，把农业生产放在第一位。他即位不久就下令停止大规模的建筑工程，天聪元年（1627年）九月，皇太极明令禁止屠杀大牲畜。

其次是保护汉民耕种，鼓励满族务农，确保农业生产有充足的劳动力。皇太极很清楚，后金的农业生产，主要依靠汉人，他们有农业生产的经验和技术，所以满汉分屯别居后，禁止满洲旗人到汉人居住地"擅取庄民牛、羊、鸡、豕"等财物。皇太极为了改变满洲壮丁只战不耕的现象，天聪年间开始实行"三丁抽一"，就是说三丁中一人披甲出征，二人留家生产，称为余丁。披甲人和余丁的关系是：余丁专事农业生产，保证披甲人的生计，而披甲人所得战利品也分给余丁，耕战相辅。

再次是重视农业生产技术，提高生产效益。由于以上农业措施得法，收到了很好的效果，天聪年间后金的农业生产有了明显的发展，随之手工业、商业、交通运输等，也有了一定的发展，从而使后金的经济逐步摆脱了困境。

皇太极在不到 10 年的时间里，统一了漠南蒙古和黑龙江流域，改革了官制，后金的经济也因无战火迅速发展，而且意外地得到了传国玉玺，于是顺天应人，称帝上尊号便顺理成章地摆上了日程。

天聪十年四月，皇太极正式即皇帝位，受"宽温仁圣皇帝"的尊号，改元崇德，定国号为大清。皇太极开辟了清朝历史的新纪元。他是名副其实的清朝第一个皇帝。

明军兵败萨尔浒

万历四十六年（后金天命三年，1618 年）四月，努尔哈赤以"七大恨"（杀其祖、父即其中一恨）告天，誓师伐明。他乘明朝不备，攻取抚顺，连败明军，全辽震动。这下子，连终日纵情声色、万事不理的明神宗也着了慌，在次年二月调集了近 9 万人的兵力，连同 1.3 万名朝鲜兵，计 10 万余人，号称 47 万大军，由辽东经略杨镐指挥，企图一举将后金歼灭。

明军兵分 4 路，第一路以山海关总兵杜松为指挥，由抚顺东向，直扑苏子河谷；第二路以辽东总兵李如柏为指挥，由清河（今辽宁本溪市东北）出鸦鹘关东向；第三路以开原总兵马林为指挥，由开原出三岔口自北南下；第四路以辽阳总兵刘綎为指挥，合 1.3 万名朝鲜兵，出宽奠口自南向北。经略杨镐坐镇沈阳为总指挥，4 路兵马皆指赫图阿拉。南路的刘綎最先行动，而杜松带领的第一路为全军的主力，有兵 3 万。且这一路出抚顺，渡浑河，沿苏子河谷而下，道路平坦易行，两日就可到达赫图阿拉，对后金的威胁最大。而其他 3 路山高水险，行进困难，一时均不易到达。

明军的这种分兵合击、声东击西的战略却为努尔哈赤所洞察。他在分析军事形势时对诸部将说："明军要让我首先见到南路有兵，诱我南下。而其由抚顺方向来的一路必是重兵，须急拒战，破此路则他路兵不足忧矣。"他抓住明军兵力分散的弱点，采取"凭你几路来，我只一路去"的战略。对于最先告警的南路，他并不增援，仅以原驻防的 500 人抵御，而集中了八旗所有的军队和各将的亲兵约 10 万人左右，西向抵抗兵马最多、威胁最大的杜松一路。努尔哈赤的分析和部署，可谓知己知彼，令人叹服。

杜松虽然勇猛，然而无谋。他轻敌冒进，想占头功。三月初一，杜松率领第一路明军开抵萨尔浒（今辽宁抚顺东）。这里隔着浑河是界凡。后金征调的 1.5 万个役夫正在构筑界凡城，仅有 400 名军队守卫。杜松想趁后金大兵未到，迅速攻占界凡，于是就将辎重和 2 万人马留在萨尔浒，自己带 1 万精锐抢渡浑河，进攻界凡。后金军队早有准备，预先把浑河上游堵起来，待明军渡到一半时，决堵放水，明军淹死无数，而且浑河两岸就此失去联系和互援。

努尔哈赤率军到达时，却不以全力解界凡之围，他仅派两旗兵力救援界凡，而以6旗的兵力抄明军的后路，出其不意攻打杜松的萨尔浒大营。金兵突然从天而降，萨尔浒的明军仓皇失措，匆匆列阵对战。这一天，黑雾弥天，咫尺不辨。明军燃起火炬，恰好为金兵提供方便。金兵从暗处向明处射击，矢如密雨，发无不中；而明军据明处却看不清金兵所在，铳炮都射到柳林中去。金兵乘势逾堑拔栅，顷刻间，明军防线被突破，溃不成军。金兵狠追猛杀，明军尸首漫山遍野，鲜血染红了萨尔浒山冈。萨尔浒明军被歼后，金兵马不停蹄，渡过浑河，从背后包抄攻打界凡的杜松军。攻城的明军一听大营被破，军心动摇，士气瓦解，加上腹背受敌，很快就被后金军消灭。界凡山麓，血流成渠，浑河河面上，僵尸漂浮，如解冻的冰块，旋转而下。第一路军就这样全军覆没，杜松等将领均力战身死。

当夜，马林率第三路军开至距萨尔浒三四十里的尚间崖，听到杜松全军覆没，早就吓破了胆。第二天，努尔哈赤率军进攻，明军大败，仅马林只身脱逃，其余尽被歼。

由南北上的第四路刘𫘧军，不知萨尔浒之败，努尔哈赤令降兵伪装并持杜松令箭，驰至刘𫘧营假报军情，说杜松军已得胜，诱刘𫘧深入。让刘𫘧以为真，引军深入，遂中后金兵埋伏。刘𫘧阵亡，第四路军也就迅速被歼。

经略杨镐闻报3路兵马尽败，急令第二路的李如柏退兵，因而这一路得以全师而还。这一仗，明朝损失士兵4.6万人、将领300多员。因战斗主要是在萨尔浒地区进行，所以历史上称之为"萨尔浒之战"。这是历史上一个集中优势兵力打歼灭战的著名战例。

萨尔浒战役之后，后金与明王朝的力量对比发生了重大变化。后金的军事力量增强，其政治野心和掠夺财富的欲望也愈来愈大，由防御转入了进攻；而明朝的力量大衰，不得不由进攻转入防御。此后，双方战争的性质也起了变化。在这之前，后金对明发动的战争是反压迫、反剥削的民族自卫战争；此后的战争，却是女真贵族为实现其政治野心和满足贪欲而发动的侵略掠夺战争。

萨尔浒战役的当年，金兵又攻取开原、铁岭，冲入明朝边墙。

明军一再败绩，经略杨镐被明朝政府逮捕处死。天启元年（后金天命六年，1621年），后金又攻破军事重镇沈阳和辽阳，连克70余城。努尔哈赤先迁都辽阳，天启五年（后金天命十年，1625年）又把都城迁至沈阳，改名盛京。

明朝的失败，主要在于用将不当。熟悉军事、有谋略的熊廷弼虽两度被任为辽东经略，但无实权。而素不知兵的巡抚王化贞却指挥着十几万大军，他反对熊廷弼的正确防卫措施，轻举妄动，致使广宁大败，明朝又丧失40余城。明政府不分是非，把熊廷弼和王化贞都逮捕下狱。阉党借此兴起大狱，诬陷熊廷弼贿赂东林党人杨涟和左光斗，把熊廷弼处死。

后来，守辽主帅孙承宗采取部将袁崇焕的建议，整顿山海关防务，兴工修筑宁远城（今辽宁兴城），又修建了锦州、大凌河、小凌河、松山（今锦州市南）、杏山（今锦州市西南）等要塞，形成一条宁锦防线。天启五年，阉党高第代替孙承宗为辽东经略。高第怯懦，主张撤销关外防线，退守山海关，把锦州、松山、杏山诸城的防守全部撤除，驱民入关，委弃米粟10余万。百姓死亡载途，哭声震野。高第命袁崇焕也丢弃宁远，撤兵进关。袁崇焕誓死不从高第命令，他说："我在此地为官，就当死在这里，决不离开。"坚守宁远孤城。次年正月，努尔哈赤率军进攻宁远，袁崇焕英勇抗击。努尔哈赤负伤败退，不久病死。这是明朝对后金作战以来取得的第一次胜利。

清太祖肇基开国

在长白山下有个美丽的传说：在古老的年代，天上有3位仙女飘降到人间，来到长白山下的布勒里湖中洗澡。她们正玩得高兴，忽见一只神鹊衔了枚朱果飞来，放到岸边，叫了几声就飞走了。老三佛库伦动作轻捷，游到岸边，见那果子红通通，亮晶晶，爱不忍释。穿衣时，含在嘴里，可一不小心竟咽到了肚子里。她因而怀了孕，生下个男孩。这仙女所生的男孩就是满族的始祖，名叫爱新觉罗·布库里雍顺。

这个有关满族起源的神鹊故事，同殷人的玄鸟生商的传说大同小异，这或许是满洲人与殷人的先民都曾以鸟作图腾的缘故吧！

满族的历史也是相当古老的，先秦称肃慎，隋唐称靺鞨，五代以后称女真，明代后期（1366年）才改称满洲。满洲是族名，但"洲"字义近地名，故也假借作地域名称，相沿既久遂不改。同时，族名却省却了"洲"字，而直称为"满"了。

明后期，当历史上的金朝被灭国300多年之后，女真族又出了位英雄人物，即清太祖努尔哈赤（1559—1626年）。

努尔哈赤属建州女真的一部。当时，女真族散居中国东北，共分4大部分：

建州女真——生息在牡丹江和图们江流域；

海西女真——居住在松花江流域；

东海女真——生活在乌苏里江及其以东的滨海地区；

黑龙江女真——聚居在黑龙江流域。

努尔哈赤，早年丧母，以挖人参、采松子辅助家庭生活。通汉语，喜读《三国演义》。25 岁时，以 13 副铠甲起兵，经过 30 多年努力，基本上统一了女真各部。于是，在 58 岁时，在赫图阿拉图城（今辽宁新宾）穿起黄衣，称起皇帝来。建国号"金"，史称后金，自号天命。因其不曾建元，故后世即以"天命"作努尔哈赤朝代的年号了，天命元年，即 1616 年。

努尔哈赤的金朝，只是中国的一个地方性的政权。

努尔哈赤在统一女真的肇基时期，是尊明的，并接受明廷龙虎将军等封号。开国后的第二年誓师反明，出兵劫掠抚顺城。第三年，明廷兴师伐罪。努尔哈赤兵将虽少，却勇敢沉着，在萨尔浒一役，以迅雷不及掩耳之势，歼灭明师主力杜松部，旋又集中兵力歼灭明师另外两路，共歼 10 余万人，大获全胜。

萨尔浒在今辽宁省抚顺市东。

萨尔浒之役在明清的兴亡史上是一场战略决战。从此，努尔哈赤在辽东战场上夺得了主动权，进据辽河流域，迁都于沈阳，后金的政权稳固了。明廷兵将却从此龟缩于山海关，虽先后有名将出镇关隘，然而，却只是被动的防御了。后来，清高宗（乾隆皇帝）东巡至此地，曾立碑纪功，赋诗曰：

> 铁背山头歼杜松，
> 手麾黄钺振军锋。
> 于今四海无征战，
> 留得很难缔造踪。

今天，萨尔浒古战场已淹没在 20 世纪 50 年代修建的大伙房水库之中，可那铁背山、萨浒山却仍然屹立在碧波之畔，充当那明清兴亡史的见证。

努尔哈赤的肇基之功甚多，在历史上值得一书的还有"八旗制度"和制定满文。八旗制度是从中央到地方的社会组织形式，兼有军事、行政、生产的多种职能。它的创立将原来散漫的居民统一了起来，也是后金强大起来的重要原因之一。满文的制定也是一件大事，它对借鉴汉文，发展其民族文化，促其社会制度的加速封建化，都有莫大功绩。

今天，八旗制度已成历史陈迹，满语与满文也都正在消亡。目前，只有黑龙江的爱辉、富裕县等地的部分满族人中仍说满语，用满文，在其他地方它只是少数学者研究的内容了。尽管如此，努尔哈赤的历史功绩仍是应该褒扬的。

努尔哈赤戎马一生，攻必克，战必胜。可是，1626 年春，当他率兵攻打宁远堡（今辽宁兴城）孤城时，却被明将袁崇焕的大炮打得大败而归，几个月后便含愤去世了。

明后金宁远之战

明天启六年（1626 年）正月，名将袁崇焕在宁远（今辽宁兴城）督率军民击败后金汗努尔哈赤进攻的城邑保卫战。

万历四十七年（1619 年），后金努尔哈赤在萨尔浒之战大获全胜之后，又相继夺取开原、铁岭（今属辽宁）等要地，然后将作战矛头直指已成孤立之势的沈阳、辽阳。天启元年（1621 年）二月，努尔哈赤统数万骑兵，分八路攻略沈阳外围，并于三月中旬以重兵围困沈阳。努尔哈赤诱守城将领贺世贤出战，然后佯败退兵，使明军中伏，大败明军，而后乘机攻城。沈阳城破，贺世贤、尤世功等将领先后战死，守城军民死者达 7 万人。

沈阳失守后，后金军又转兵迎击明朝援军，先后打败驰援明军童仲揆、陈策部和李秉诚、朱万良、姜弼部。十八日，又乘胜直趋辽阳。再次诱明军主将出城应战，然后设计破城。至二十一日，又拿下辽阳，辽东经略袁应泰见城陷自焚而死，巡按御史张铨被俘后自杀。沈辽战后，后金军又连克广宁（今北镇）等 40 余城堡，并企图进兵山海关。

六月，明廷仍以熊廷弼为兵部尚书兼右副都御史，经略辽东，兵部尚书王象乾总督蓟、辽军务。因熊与辽东巡抚王化贞意见不合，天启二年，又命兵部侍郎王在晋为尚书兼右副都御史，经略辽、蓟、天津、登、莱军务。面对后金军的凌厉攻势，王在晋主张在山海关外八里铺构筑重关，派重兵防守，均遭到兵备佥事袁崇焕等人的坚决反对。袁主张守宁远，阎鸣泰主张守觉华岛（今辽宁兴城东南菊花岛）。不久，又派学士、兵部尚书孙承宗接替王，驻守山海关。孙认为只守山海关不行，主张水陆配合，守关外以蔽关内；宁远为关外通向关内的咽喉，必须确保；但宁远孤立难守，应与觉华岛守军相配合，有战事，岛上军队可出三岔河，断浮桥，绕到背后横击。无事，可以控制关外 200 里地区。因此，他接任后，兼取袁崇焕和阎鸣泰二人的意见，派袁崇焕驻守宁远，对城防进行修复加固，作为关外抵御后金的重镇；一面派兵驻守觉华岛，以利水陆配合，屏障山海关。孙承宗经略辽东 4 年，训练军队 11 万人，修复大小城堡 50 余座，使后金军无隙可乘，辽东防务得到巩固。

可是，因为这期间山东发生了徐鸿儒领导的农民起义，明廷在对西南用兵的同时，无兵可调，遂抽调辽东部队入鲁，削弱了辽东防务。同时，又不支持孙承宗的防务措施，反而听信宦官谗言。天启五年（1625 年）罢免孙承宗的职务，以宦党高第接任。高第怯战，他认为"关外必不可守"，于是命关外锦州、右屯、大小凌河、松山、杏山、塔山等处守备将士拆除防御设施，撤军入关，实行消极防御。只是由于袁崇焕的坚决反对，才保留宁远孤城，让袁崇焕驻守。

天启五年，后金迁都辽阳。次年正月，努尔哈赤乘高第向关内匆忙撤军之机，亲率八旗兵约6万人（号称13万），于十四日出沈阳，十七日西渡辽河，倾全力直逼宁远，企图打通辽西走廊，进而夺取山海关。

明廷闻讯，多数大臣认为宁远必不能守，束手无策。经略高第和总兵杨麒龟缩山海关，拥兵不救。这时，宁远前有大敌，后无援兵，形势险恶。但袁崇焕临危不惧，决心死守宁远。他召集众将计议守城良策，决定发动全城军民，坚壁清野，共同守城。为了激励士气，他当众刺血宣誓，誓与宁远共存亡，军民为之感奋。并立即做出如下城防部署：总兵满桂、副将左辅、参将祖大寿、副将朱梅各自领兵一支，分守东、西、南、北四面，在城头上配置西洋大炮11门，东、北两面及西、南两面，分别由彭簪古和罗立指挥。并由满桂协助袁崇焕提督全城。同时，动员城中商民入城，焚毁城外民舍、积刍，让后金军无从劫掠，暴师于严寒荒野之外。针对努尔哈赤善于运用间谍的特点，派人日夜巡守街巷路口，动员民众配合士兵逐户搜查，并令同知程维楔专门负责稽查奸细。令通判金启倧督派民夫，供应守城将士饮食；还派官吏督带商民筹办物料、督运矢石和火药等战略物资。并于城外泼水为冰，阻止后金军登城。二十二日——敌军到达前一天，一切城防守备事宜准备就绪，全城军心民心亦得到了安定。

二十三日，努尔哈赤率后金军进抵宁远，在距城5里处，横截山海大道，扎营布阵，切断宁远与关内的联系，在宁远城北安下大营。努尔哈赤还派俘虏的汉人入城向袁崇焕劝降，声称以20万大军攻城，宁远指日可下，如果投降，可得高官厚禄。袁崇焕严词拒绝，命罗立用西洋大炮向后金军大营轰击。后金军伤亡甚重，被迫拔营西移。次日晨，努尔哈赤命后金军推盾车、运钩梯，配合步骑兵，在城西南角发起猛攻。一时间，万矢齐射，城上箭注如雨。袁崇焕命守军连续发射西洋大炮还击，伤敌甚众，当面守将左辅率军民奋勇作战，坚守不退。祖大寿率军应援。以铳炮、药罐、礌石迎击敌军。后金军攻击受阻，死伤累累。努尔哈赤无奈，转兵攻打城南，以盾车作掩护，在城门角守御薄弱部凿开大洞4处，城守危在旦夕。在此危急关头，袁崇焕亲冒矢石，担土、搬石，堵塞缺口，血染战袍，仍沉着镇定地指挥军民作战。为打退敌军，他命军民以柴草浇油、混以火药，垂下城去，以火阻止敌兵登城；并选敢死健丁数十人，携带棉花火药，垂下城去，焚毁后金军的攻城战车，战至深夜，后金军被迫收兵。

二十五日，努尔哈赤再次发起攻城。守军于城上施放炮火，大量杀伤敌人。后金军畏惧炮火，不敢贸然接近城墙。双方激战1天，后金军尸横城下，其将领持刀驱兵，仅至城下而返。努尔哈赤无奈，下令抢回尸体，就地焚化，并撤回部队，在离城 5 里之外的九龙宫扎营。次日，后金军继续攻城，守城将士仍以炮火、矢石顽强守御。精于骑射的八旗后金军面对坚城，无法施展，却暴露在深沟高垒之前，矢石炮火之下，伤亡严重，被迫撤军。努尔哈赤战败受伤，心情抑郁，叹道："朕自 25 岁征伐以来，战无不胜，攻无不克，何独宁远一城不能下耶？"八月十一日，努尔哈赤病卒，后金军被迫撤军。袁崇焕乘胜率兵出击，将防线推进至小凌河一带，收复了高第放弃的地区。

宁远保卫战捷报传来，明廷晋升袁崇焕为辽东巡抚。袁崇焕继续执行守关外以蔽关内的作战方针，并提出"坚壁清野以为体，乘间去瑕以为用"的作战方法，积极修复城堡，调整部署，加强守备，使后金军进不能攻，毫无所获。

多尔衮挥师入关

多尔衮为清太祖努尔哈赤第十四子。1612 年生，这时努尔哈赤年已 54 岁，努尔哈赤死时，多尔衮才 15 岁。皇太极即位后，封多尔衮为贝勒，因按年齿序列第九，故称九贝勒或九王。天聪二年（1628 年），多尔衮随同皇太极进军蒙古察哈尔多罗特部，因作战英勇，被皇太极赐以美号为墨尔根代青，意即聪明王。天聪九年（1635 年）二月，皇太极派多尔衮为元帅，往攻察哈尔部林丹汗子额尔克札果尔额哲。由于多尔衮不费一兵一卒，圆满地解决了察哈尔向清朝的归服问题，再立奇功，赢得了在满洲贵族中的威信。

崇德元年（1636 年）四月二十三日，皇太极在沈阳论功封兄弟子侄，多尔衮被封为和硕睿亲王，是六大亲王之一，名列代善和济尔哈朗之后，其政治地位节节上升。

崇德八年（1643 年）八月，皇太极在沈阳暴逝，宗室中很多人倾向于支持多尔衮争夺皇位，多尔衮为了谋求内部的统一，顾全大局，采取折中方案，立皇太极第九子年仅 6 岁的福临即位，自己和济尔哈朗共同摄政，负责实际政务。

多尔衮率领清军入关，以及入关后的统一大业，是与范文程的襄助分不开的。范文程祖籍沈阳，其祖父官至明朝兵部尚书。崇德初年，皇太极任命范文程为内秘书院大学士，进世职二等甲喇章京，参与机密。范文程虽系汉人，但属于清朝元老，他头脑清醒，有大略，深得清朝统治者信任。

顺治元年（1644 年）四月初四，当多尔衮即将率师伐明时，范文程曾向他提出如下几点看法和建议：

（1）明朝腹背受敌，进军关内的时机已经到来；

（2）中原地区可一举平定；

（3）农民军将是角逐的对手；

（4）进取内地时，应注意军纪；

（5）应据守关内据点，主张稳扎稳打。

范文程的建议，对当时执政的多尔衮影响极大，事实上多尔衮入关前后的行动，均依照范文程的奏疏所拟议，未做大的修改。

顺治元年（1644年）四月初九日，多尔衮以大将军名义率领大军浩浩荡荡由沈阳出发了。

吴三桂降清

吴三桂，字长伯，江苏高邮人，祖籍辽东。他的父亲吴襄，崇祯初年任锦州总兵。吴三桂则以武举承父荫，授都督指挥。松锦战役时，洪承畴督率诸镇兵，吴三桂为他手下之主要将领之一。这次战役之后追究责任，吴三桂被降三级录用，仍守宁远，戴罪立功。这时由于吴三桂年富力强，加之吴三桂本为辽东世将，实力雄厚，对清的多次诱降置之不理，所以他甚为明帝所重。崇德八年（1643年）十月当济尔哈朗及阿济格率清兵向山海关外中后所、前屯卫、中前所等明军守地发起进攻时，都为吴三桂所部的明军所击退，这说明当时明廷于辽东一线所依恃者，非吴三桂莫属。

李自成军攻破北京时，吴三桂原本投降农民军的可能性应大于降清，但是由于李自成军在北京对降官追赃索饷搞得十分厉害，特别是吴襄在北京也被拷掠追赃，其消息传到了吴三桂的耳中，这对吴三桂的政治态度产生了很坏的影响。同时其爱妾陈圆圆被掳更加深了其对农民军的不满，使其最后走向降清道路。

多尔衮所率清军于顺治元年（1644年）四月十一日到达辽河。十四日到达翁后。由于行经之地一面有山，素称多兽，多尔衮约定次日与朝鲜世子行猎。但十五日卯时，清兵刚刚行军5里许，忽闻镇守山海关的明军统帅平西伯吴三桂突然派人前来约降。他们除了约降事宜之外，同时也把农民军攻占北京及崇祯皇帝身死之事一一报告。这对清军的入关提供了难得的方便。多尔衮立即召开了军事会议，决定迅速向关内进军。

在这次军事会议上，洪承畴起了重要的作用，他由于多年参与镇压农民军的活动，对农民军的情况一清二楚。他根据吴三桂使者的报告，马上在会上提出下列意见：

（1）应首先发布命令，说明清朝这次出师的目的系"扫除乱逆"（指农民军）。

（2）应当整顿纪律，强调"不屠人民，不焚庐舍，不掠财物；其开门归降及为内应立大功者，破格封赏"。

（3）农民军惯于"遇弱则攻，遇强则走"，因此，清军"宜从蓟州、密云疾行而前。若贼走，则以精骑追之"，如果农民军"仍据京城以拒我，则破之更易"。

（4）清军抵京之日，要"连营城外"以断西路诸援兵，这样"则贼可一战而歼矣"。

（5）行军中为了防止埋伏，宜改骑兵为步兵先行，"俾步前马后"；兵入关后则改"步卒皆马兵也"。

洪承畴的这些意见都是针对当时关内的政治形势，特别是农民军的具体情况而发的，所以深得多尔衮的赏识。

随后吴清联军即与李自成亲自指挥的农民军在山海关接战，李自成败退撤回北京，清军随后紧追，势如破竹，五月二日即达北京，李自成军已节节败退撤回陕西。

顺治登基和清迁都北京

多尔衮进入北京以后，宣布明朝"各衙门官员，俱照明录用，""其避贼回籍，隐居山林者亦具以闻，仍以原官录用，""薙发归顺者，地方官各升一级，""朱姓各归顺者，亦不夺其王爵，仍如恩养"。又下令军民为明崇祯皇帝服丧3天，发丧安葬，并遣官祭明诸帝，以此安抚明朝官吏。这些措施，收到很好的效果，河北、山东、山西等地的官僚士绅纷纷归顺清朝。

六月，多尔衮与诸王开始议定迁都北京。在迁都一事上，满洲贵族中很多人不同意，认为应趁此时大肆屠抢一番，大军或退沈阳，或退山海关，可以无后顾之忧。多尔衮力排众议，坚持迁都北京，以图进取，并强调这是清太宗皇太极时就定下来的策略。最后，多尔衮说服了持异议的满洲贵族，派辅国公吞齐喀、和托等人回沈阳迎驾。

顺治帝见诸王奏议后，表示同意"迁都于燕，以抚天界之民，以建亿万年不拔之业"。八月二十日，顺治帝自盛京迁都燕京，是日车驾启行。九月十八日，顺治帝到达通州，多尔衮率领诸王大臣至通州迎驾。十九日，顺治帝至北京，从正阳门入宫。十月一日，顺治帝举行定鼎登基大典，定都北京，以示新王朝全国政权建立的标志。从此清朝在关内进一步立稳脚跟，并逐渐统一了全中国，使中国作为统一的多民族的国家得到新的发展。

清政府以武力统一全国，打败数倍数十倍于己的各个敌手，除在军事上采取了正确的策略，八旗军制度严明且积极进取而外，还与实行满汉联合执政的政策分不开。

清朝定都北京

清朝发源于东北地区的建州。16世纪末,太祖努尔哈赤以13副遗甲起兵,四方征讨,至明万历四十四年(1616年)建立起后金汗国。万历四十六年(1618年),后金开始向明朝发起进攻,并在几年之内攻占了辽东的大部分地区,迁都至沈阳。崇祯九年(1636年),清太宗皇太极改国号为大清,即皇帝位,继续攻击明朝。崇祯十五年(1642年),清军夺得松山、锦州等地,明朝在关外仅存宁远一城,至此,清朝已经基本上具备了入主中原的实力。

崇祯十七年(1644年)春,农民军李自成部进军北京,向明王朝发起总攻击。清朝统治集团的核心人物摄政王多尔衮感到时机成熟,遂于这年四月率大军西进,准备乘战乱伺机夺取明朝天下。此时李自成农民军已经攻克北京,明亡。原明平西王吴三桂据山海关降清。四月二十二日,清军和吴三桂军联兵在山海关内大败李自成农民军,农民军溃退回京。多尔衮于当日封吴三桂为平西王,统马步兵一万隶之。第二天即向北京进军。

清军及吴三桂部在西进京师的途中发布榜文告示,宣传"义师为尔复君父仇,非杀尔百姓"。多尔衮也极重视部队的政策与纪律,向诸将提出"今入关西征,勿杀无辜,勿掠财物,勿焚庐舍"。清军的这种做法消除了许多汉族官僚地主的疑惧,因而在向北京进发的过程中几乎没有遇到抵抗。五月二日,多尔衮率军到达北京,此前李自成已领人马全部撤离京城,京城的官民开城门迎接清军,一些人家门前还摆花焚香以示欢迎。这样,清军兵不血刃,轻易地占领了北京这座故明都城。

入关后的清军把大顺农民军看作自己的主要敌人,进京后立即马不停蹄地继续深入攻击围剿。而对故明势力,清方则采取了安抚拉拢的政策。多尔衮在进京的第二天即宣布,明朝:"各衙门官员,俱照旧录用,""其避贼回籍,隐居山林者亦具以闻,仍以原官录用,""剃发归顺者,地方官各升一级,""朱姓各王归顺者,亦不夺其王爵,仍加恩养。"紧接着,又下令为崇祯帝发丧,军民服丧3日,以收拢人心。在清军的政策攻势下,直隶和山东、山西等地的大批官僚士绅归顺清朝,清朝在京畿及其周围地区的统治初步巩固。

摄政王多尔衮在占领北京后就以北京作为对关内军事、行政发号施令的指挥中心,常驻下来。但由于清朝未成年的皇帝顺治帝和朝廷班子还在盛京(今沈阳),北京此时还不是清朝的正式首都。五月十五日,聚集在江南的明朝官僚拥立福王朱由崧在南京称帝,改元弘光,继承明朝的系统。南明王朝的建立,无疑是对清朝入主中原的正统性的一种挑战。多尔衮的对策,一方面是在军事上积极打击南明势力，一方面是在政治上竭力证明自己的合法正统性。积极组织迁都，也是这种努力之一。

清朝贵族中一部分眼光比较短浅者并不同意迁都北京，他们或拘于传统，或由于利益根基已深植于辽东，不愿离开辽东的老根据地。英郡王阿济格就曾建议："宜乘此兵威，大肆屠戮，留置诸王以镇燕都，而大兵则或还守沈阳，或退保山海，可无后患。"但多尔衮却坚持迁都以图进取的方针。七月，黄河以北地区大部分被占领后，多尔衮就派辅国公屯齐等带着请迁都的奏章去盛京迎接顺治帝。顺治帝于八月十一日葬太宗皇太极于昭陵，二十日车驾起行。九月十八日，顺治帝抵达今北京通州区，多尔衮率诸王、贝勒及文武群臣至通州迎驾。十九日，顺治帝至京师，自正阳门入宫。

十月初一日，顺治帝在北京行登基礼。顺治帝在上一年已经行礼即位，但那只是东北一隅的皇帝，这次占据着明朝都城，行礼是表明要君临天下，因而特别隆重。顺治帝亲至南郊，祭告天地，读祝文，宣布仍用大清国号，顺治纪元。十月初二日，顺治帝准孔子第六十五代孙孔允植仍袭封衍圣公，兼太子太傅，表达了新王朝对儒学圣教的尊重。初十日，顺治帝于皇极门向全国颁即位诏书。诏书除宣布自己作为天下最高君主的毋庸置疑的合法性之外，还提出 55 款。其主要内容有：加封亲王宗室及满洲开国功臣；察叙满洲将领及入关后降顺之文武官绅；赦免十月初一日以前的罪犯；加恤出征兵丁；地亩钱粮俱照前朝原额，而加派辽饷、新饷、练饷、召买等项悉行减免；大兵经过地方免征正粮一半，无大兵经过者免三分之一；各直省拖欠钱粮，自五月初一日以前，凡未经征收者尽行减免；等等。

在颁即位诏的同一天，顺治帝加封多尔衮为"叔父摄政王"。以后几日又加封郑亲王济尔哈朗为信义辅政叔王，晋阿济格、多铎等为亲王、郡王。在这一系列庆典完成之后，清廷又于十九日以英亲王阿济格为靖远大将军，率师西征大顺军；于二十五日以豫亲王多铎为定国大将军，率师南讨南明政权。此时清朝统治者的野心已经十分明确，就是要统一全中国。

清朝迁都北京，顺治帝在北京行定鼎礼，标志着清朝政权在中原地区统治的初步确立。尽管清朝统治者又用了近 20 年的时间，才真正统一了天下，但其新的统治中心北京地区却一直是相当巩固的。北京作为清朝的首都，也就一直延续到 20 世纪初清朝灭亡，200 多年中始终没有改变地位。

大顺政权的覆亡

顺治元年（1644 年）四月二十九日，大顺政权撤离北京前李自成在武英殿举行即位典礼，草草完毕后，便吩咐全城军民，各自出城避难，并放火焚毁了明代宫殿和各门城楼，开始撤离北京。他们严守纪律，日夜兼程。但不出 10 天，清兵就在庆都（今河北望都县）追上大顺军，双方交战，大顺军饥疲交迫，士气不振，败退下去。接着又在今河北正定与清军相遇，交战失利，只得退入山西境内，清军也马困人疲，不得不退回北京附近。

在太原，李自成亲自召见陈永福，授以防御之计，并对山西一带的防务做了具体的部署，便自己率大部回西安，积极准备反攻。而清军入京后，也加紧为大举进兵做准备，前期的一个主要工作是招抚农民军。不久，山西北部的一些大顺将领便投降了清军。大顺军加紧防御太原，他们处死了明宗室千余人，又把大批明朝官绅押往陕西，以防内患。九月十三日，叶臣等统率清军进抵太原城下，但因防守坚固，无法突破。20 天后，清军调来"西洋神炮"，轰破西北城角，城垣毁塌数十丈，清军蜂拥而入，大顺军大败，守将陈永福也投降了清朝。清廷又令英亲王阿济格、吴三桂、尚可喜等由北京出发，准备先攻陕西，取西安，另一支部队则由豫亲王多铎、孔有德等统领南下进攻江南。

与此同时，大顺军于今河南泌阳做了局部反攻。十月十二日，大顺军两万多人，连克数城，击毙清军提督金玉和，直扑怀庆。清廷闻讯大惊，遂改变进军南京的计划，命多铎先救怀庆，再取潼关，与阿济格夹攻西安。多铎部队不久抵怀庆，大顺军兵力不足，主动撤退，多铎乘势追击，于十二月二十二日进抵潼关。当时，李自成将主要的防御精力投在陕北，以防由蒙古取道而来的阿济格军，此时，就不得不抽调驻守该地的部队，由刘宗敏带领赶往潼关。

十二月二十九日，潼关战役打响。刘宗敏先战不利，李自成便亲率部队参战，遭多铎部八旗兵全力反击，损失甚重。次年正月九日，清军调来攻坚利器红衣大炮，轰击潼关，然后大举进攻。大顺军尽力反抗，并派骑兵迂回至清军阵后突击，均未成功。十二日，潼关镇守将领马世耀以 7000 余人伪降，清军占领潼关。当晚，马世耀派使者密告李自成，被清兵截获。次日，多铎假说打猎，于潼关城西南 10 里的金盆坡埋伏军队，随后又声言举行宴会，将马世耀部军械全部解除，尽杀 7000 多大顺官兵。

在北线，阿济格已至陕北，占领了米脂，将李自成故里居民不分老幼，全部屠戮殆尽。随即进兵西安。李自成在两面夹攻下，带主力退回西安。正月十三日，又决定放弃西安，取道蓝田、商洛地区向河南转移。临行前，李自成命权将军田见秀将留下粮食等全部焚毁，但田见秀却以"秦人饥，留此米活百姓"之由，偷偷留下，尽焚东南城楼。

清军占领西安后，多尔衮即命多铎按原计划移师进攻在南京建立的南明弘光政权，命阿济格部由陕北南下追击大顺军。李自成率大顺军先至河南，由于士气低落，拖家带口，行动迟缓，在内乡一带歇息多日，直到阿济格部清军追上后，才拔营南下湖北。三月，大顺军渡长江，在荆河口击败明将左良玉部将马进忠等驻军，旋又占领武昌。此时，李自成想夺取东南之地作为据点，到湖北时，留有军队几十万，遂改编为四十八部。把主要兵力置于东部，可同清军争夺南京，而把次要兵力置于北面，拒北来的阿济格部。结果阿济格部尾追而来，大顺军后方空虚，刘宗敏、田见秀领兵5000出击，不久败还。大顺军只得弃武昌东下。

四月，清军追至九江一带，直接攻入老营，大将刘宗敏、军师宋献策、明降将左光先、李自成的两位叔父和大批随军将领家属皆被俘。刘宗敏当场被杀，宋献策、左光先降清。丞相牛金星知大势已去，不告而去，躲入降清的儿子牛铨的官衙内。

五月初，李自成率残部欲由江西西北部入湖南。行至湖北通山县境九宫山下，遭当地地主武装袭击。当时随身左右的仅义子张鼐等20余人。20余名战士均被击杀，李自成也于搏斗中身亡。至此，轰轰烈烈的大顺政权覆亡。

张献忠的大西政权

在明末农民起义军中，最强大的两支力量是张献忠军和李自成军。张献忠是今陕西延安柳树涧人，天启末年起义，号八大王。崇祯年间，张献忠率所部转战于黄河以及江淮流域。崇祯十一年（1638年）春，张献忠降于明，几个月以后再度起事。此后，张献忠部曾破武昌、长沙等重镇，并占领了湘、赣的广大地区。张献忠于崇祯十四年（1641年）在武昌称西王，设置官职，建立政权。至崇祯十六年，张献忠已经拥有数十万百战之师，力量十分强大。

崇祯十七年（1644年），李自成军自陕西向明朝的统治中心北京进军。而张献忠为了同李自成争夺霸业，决定以四川为根本，然后北伐并征讨天下，因而率重兵自荆州入川。这年年初，张献忠部沿长江两岸夹江上行，先后攻克今重庆奉节、四川万县等他。六月，张献忠率师接连攻占今涪陵、江津、重庆，紧接着又亲统水陆两师直逼成都。八月初九日，张献忠攻陷成都，成都附近的各州县也相继被占领。九月，张献忠部同此前进入川北地区的李自成大顺军展开激战，大顺军失败退回汉中。至此，张献忠的农民军基本控制了整个四川。

张献忠在扫平四川后，于十一月十六日在成都正式称帝，国号大西，改当年为大顺元年，改成都府为西京，诏民间称其为老万岁。大西政权以汪兆麟为左丞相，严锡命为右丞相，并设置六部尚书；颁布新历，铸造"大顺通宝"钱；在各地方也设置府、县官员，并派兵镇守。张献忠还任命孙可望为平东将军，李定国为安西将军，刘文秀为抚南将军，艾能奇为定北将军，分掌大部分部队，孙可望等人都是张献忠的义子。

大西政权建立后的最初阶段，采取了一些安抚民众的措施。为了网罗人才，又于顺治二年（1645年）两度开科取士。同时还把各处生员及家属集中在城里，以防止他们在乡间造谣生事。在这段时间里，大西政权是较稳定巩固的。

张献忠在称帝之后仍把大顺军作为主要敌手，曾派李定国领兵进攻大顺军占据的汉中，还亲自率军接应。但这时四川各地的官绅武装和南明的军事力量却由东、南、西三面向大西政权发动进攻，顺治二年（1645年）三月，明副将曾英等部在重庆、今四川宜宾等地击败大西军；南明督师王应熊、总督樊一蘅在遵义誓师，命令各路明军会师攻击大西政权。各地对大西政权不满的缙绅和民众趁机起事，刺杀大西政权的地方官吏，甚至有一县之内在三四个月内连杀10余位县官的。还有的地方用马粪涂抹大顺年号，改成南明的弘光年号。到这年年底，南明军队已在重庆、内江、嘉定（今乐山）、大渡河（今汉源境内）一线集结了数十万兵力，在成都以北的茂州也有军队屯驻、形成夹击成都之势。

张献忠性情暴躁，称帝后更发展为残忍嗜杀，常因小事屠戮身边近侍和朝廷官员。对于四川到处出现反叛，张献忠异常愤怒，认为四川"百姓等已暗通敌人"，不但杀死了许多归顺的官员和缙绅，还屠杀了许多居民。顺治二年七月，张献忠在成都残杀了大批居民。领兵在外的孙可望听到消息后愤懑感叹说："吾侪数年辛苦，是为百姓受之，今付东流，可不惜哉！父王为此，实不思已甚。父王为百姓之首，如一身之肢体然。今手足已去，其头安能独存哉？有王无民，何以为国？实不啻空有王名而已。"言毕痛哭不已。由于执行这种错误的屠杀政策，大西政权迅速衰落。

顺治二年（1645年）底，清廷在初步平定江南之后，也开始腾出手来对付大西政权。这年十一月，顺治帝发布劝降诏书，要求张献忠率众来归，"自当优加擢叙，世世子孙，永享富贵。"这次招降遭到拒绝。于是清廷于顺治三年（1646年）正月任命肃亲王豪格为靖远大将军，统大军入川征剿张献忠部。此时张献忠仍在全力对南明军作战。三月，南明杨展部在成都以南大败大西军，占领川南各县。大西军10余万人向东欲开辟入楚道路，再次战败，只得退还成都。五月，南明总兵曾英等部开始向成都方向进攻，而清军豪格部也已达汉中，大西政权受到南北两方面的巨大威胁。

这年七月，张献忠决计放弃成都，向北插入陕西，再同清军周旋。于是放火焚烧了蜀王宫殿和城中民房，把各种金珠珍宝投入江中，并且乘醉将自己唯一的幼子扑杀，而后弃成都北走。孙可望、李定国、刘文秀、艾能奇等率重兵从行。

十一月末，张献忠的大西军主力行至川北西充县境内，而清军主力也到达了今四川仪陇的南部县，两军相隔不过百里。大西军并不了解清军情况，而清军则因有大西军保宁守将刘进忠投降，对张献忠的实力和营地了如指掌。二十七日凌晨，清军以刘进忠为向导，兼程奔袭至西充的大西军营寨。其时大雾迷漫，大西军哨兵报告近处有盔甲声，张献忠以为是煽惑军心，立斩哨兵数人。但不久后又有探兵入营急报，满洲骑兵已在对面山上。张献忠闻讯带亲兵和太监数人到营外凤凰坡探察虚实，被清军的弓箭射中，当即死亡，时年41岁。

张献忠突然去世造成大西军各营惊慌失措，十分混乱，无法组织抵抗。清军乘胜攻破了大西军所有营盘，斩首数万人。大西军奔溃四散，只有孙可望、李定国等人收集了数千残部和万余名家口，经顺庆府（今南充）南逃，始终组织严紧，并且一直坚持大西国号。这支大西军几经转战，于第二年春进入贵州，而后进攻云南，以云南为根据地，成为抗清斗争中最重要的一支力量。

满汉联合政权

入关以前，皇太极已实行利用和团结汉族官僚、知识分子的笼络政策。入关以后，以多尔衮为首的满族贵族清楚地认识到，要建立和行使对全国的统治，仅靠满洲旗人、八旗军和原有制度，是难以实现的，必须沿袭明代的统治制度，任用汉族地主官僚，笼络汉族知识分子，建立联合政权。

多尔衮接受范文程的建议：清朝不是在跟明朝争天下，而是跟农民军争天下，首先在战略上改变以往那种掠杀政策，以"复君父仇""灭流寇以安天下"的旗号，争取汉族官僚和知识分子的支持。所以一入北京，便令官民为明崇祯帝服丧三日，予以隆重的礼葬，表示自己对汉族前政权的"宽大"和"恩礼"，以减少汉族官僚、士大夫、地主对新政权的抵触。多尔衮入京后还立即派人"祭先师孔子"，接着又公布孔子的后人"仍袭封衍圣公"；顺治二年（1645年）又给孔子加上"大成至圣文宣先师"的头衔，多尔衮亲自"谒先师孔子庙行礼"，规定：每年三、九月必须派官致祭。顺治九年（1652年），顺治帝也亲自去孔庙祭奠，并拨修庙银3万两。以孔子为代表的儒家思想，长期以来是封建地主阶级的统治思想，历代封建统治者都以孔子为神圣的偶像，汉族地主阶级"只要尊孔崇儒，便不妨向任何新朝俯首"。多尔衮、顺治帝的尊孔活动，可谓抓住了稳定政治、定鼎中原的根本，以后的清朝皇帝无不效法。

多尔衮还根据范文程、洪承畴、冯铨等人的建议，大体上沿袭明制，建立从中央到地方的政权机构，"依准明律"，颁行《大清律集解附例》等政策法令，尤其是"邪正兼收"地网罗汉族官僚士大夫。他深知"古来定天下者，必以网罗人才为要图"。凡明朝降官，不苛求他们以往的种种不法，只要对清王朝实心忠顺，便一律官复原职，或加官晋爵。在明王朝统治下，因党争闹得水火不容的汉族官僚们，却在清政府的笼络、控制下，奔走供职，各得其所。原明朝大学士冯铨谄事魏忠贤而声名狼藉，降清以后仍以大学士原衔"入内院佐理机务"。原依附于东林党的陈名夏也颇受多尔衮器重而当上了吏部尚书、弘文院大学士。连参加过李自成农民起义队伍的牛金星父子，降清后也得到任用。除原官留用外，还要求现任官员"举荐"隐逸贤良，对一些知名官员、士大夫，摄政王多尔衮还亲自加以"书征"，黄宗羲、顾炎武等人都在"书征"之中。一时故明吏部尚书谢升、礼部尚书王铎、南明福王政权的礼部尚书钱谦益等人，纷纷投靠新朝。

顺治二年（1645年）七月，浙江总督张存仁看到地方上"反顺为逆"的士人很多，建议清政府开科取士，"则读书者有出仕之望，而从逆之念自息"；范文程也提出："治天下在得民心，士为秀民，士心得，则民心得矣，宜广其途以搜之。"于是，同年十一月，多尔衮便下令举行"乡试"，第二年三四月相继举行天下举人会试、殿试。在全国大部分地区尚在殊死战争的情况下，初次科举时，顺天乡试"进场秀才三千"，使多尔衮惊叹不已："没想到有这么多人与考"。第一次乡试，便取全国举人1534人。此后，正科之外，又行加科；加科之外，又举博学鸿儒，为汉族知识分子大开仕进之门，大张利禄之网。

以四书五经为主的科举考试，吸引了大部分知识分子，在一定程度上消弭了来自汉族旧官僚、知识分子的反清情绪，加强了清政府的统治力量。

同时，多尔衮也非常重视对汉族将领、部队的招降、收编工作，以减轻占人口少数的满族面临武装统一全国和统治广大地区所遇到的兵力不足的困难。入关以后，对明朝、农民军等降将多加以重用，编入汉军八旗，如吴三桂、郑芝龙等。汉军八旗都是汉族人员，但采用的是满洲八旗的组织形式，具有满汉结合的特点。利用汉军八旗的汉旗官僚向各地进行招抚，起到了满人所不能起的作用，成为清朝统治地方不可或缺的依靠力量。从清初到清朝中叶，地方督抚大多为汉军旗人，据统计，顺、康、雍三朝的地方督抚："八旗人员之任督抚者，汉军十居其七，满洲十居其三，蒙古仅二人"。

清政府还帮助汉族官僚、地主恢复因农民起义失去的旧有产业，允许官员、绅衿有一定赋税、徭役豁免权。为了联络满、汉统治者阶级的感情，顺治五年多尔衮还决定：自后允许满汉官民通婚。顺治帝亲政后，还将皇太极的第十四女，下嫁给吴三桂的长子吴应熊。

顺治七年（1650年）十二月，多尔衮病死，顺治帝亲政。尽管由于多尔衮生前过于揽权，死后被贬削爵位，财产籍没，满洲守旧势力有所抬头，但是，年轻的顺治帝并没有改变多尔衮生前定下的方针、政策，反而由于统治的需要，不仅自己苦读汉文经史典籍，博览群书，而且要求特别是满族贵族学习和掌握儒家文化，不断将"满汉联合"引向深入。

满汉联合是在"首崇满洲"的民族统治原则下的联合，满洲贵族始终控制着中央的中枢机构，各部院寺的大权都由满洲尚书和卿掌握，满洲贵族、官员往往享有更多的特权。清政府标榜的"不分满汉，一体眷遇"的联合统治，并不是一种平等关系，更不是平分政权。

南明的兴亡

明崇祯十七年（1644年）三月，农民军李自成攻陷北京，崇祯帝自缢身亡。四月中旬，消息传到明朝的陪都南京，参赞机务南京兵部尚书史可法立即召诸大臣会议立君。当时避兵乱至南京地区的近支宗室有福王与潞王，前侍郎钱谦益等东林党人认为主福王将不利于东林，于是向史可法进言，说福王虽然按伦序当立，但有贪、淫、酗酒等7大缺点，因此应该立潞王为帝。史可法以为然，但凤阳总督马士英为争拥戴之功，坚持要立福王，并密约江北四镇总兵黄得功、刘泽清、高杰、刘良佐拥兵护送福王至仪真。史可法只得接受既成事实，迎福王至南京。五月四日，福王就监国位，十五日，即皇帝位，以明年为弘光元年。弘光帝名朱由崧，是万历帝之孙，福王常洵之子。

弘光帝即位之前，多尔衮已率清军在山海关大败李自成军，入关后占据北京，传檄远近，大有一统天下之势。在这种危急时刻，弘光朝君臣却以为"君父之仇"稍稍得报，幻想偏安一隅，把主要精力放在内部的钩心斗角和奢侈享乐上。马士英因拥戴有功入阁，但仍受命督师凤阳，于是大怒，向弘光帝揭发史可法等人曾有"七不可"之议，挤史可法督师于扬州，自己终于入阁掌握了朝廷大权。不久，马士英荐用崇祯初年被列入"逆案"的阮大铖为兵部尚书，军事、行政布置都以阮大铖的是非为是非。而阮大铖憾于积年党争成见，终日以党同伐异，翻逆案、排东林为第一要务，一些较有作为的大臣如姜曰广、刘宗周等相继被罢去，朝中充满庸碌之辈。

弘光帝贪图享乐，是个毫无进取心的人。即位数月就下令大选淑女，太监们乘机肆扰街坊，苏、杭等处民间为逃避选宫，竟然嫁娶一空。顺治二年（1645年）三月，有一个自称是崇祯太子的人来到南京，当局经甄别认为是伪装的，把他关进监狱里。但民众和一般官员出于对弘光政权的极度不满，宁愿相信太子是真的，京中人情汹汹。驻守武昌的总兵官左良玉长期与马士英和江北四镇不睦，此时以太子事为口实，起兵东进，声称要除马上英等以清君侧，并保全太子。

左良玉军沿江而下的时候正是清军南下进攻南明的时候，但马士英等以全力抵御左军，而置江北防务于不顾。四月二十五日，清军攻破扬州，史可法就义。五月初十日，弘光帝正观戏酣饮，忽闻清军已经渡江，于是带数十名内监仓皇逃出南京，文武百官无知者。第二天，马士英等人亦出逃，城中百姓拥自称"太子"者登武英殿，城中大乱。十五日，清军进入南京，弘光朝大批官员迎降。弘光帝逃至芜湖，不久即为清军俘获，当他被押解进南京时，百姓夹道唾骂，甚至投掷瓦砾。次年五月，弘光帝在北京被杀。

南京陷落时，明唐王朱聿键正流亡杭州，福建巡抚张肯堂等议奉唐王监国。闰六月二十六日，唐王于福州即皇帝位，改福州为福京天兴府，建元隆武。与此同时，浙东张煌言等人拥立鲁王朱以海监国，不奉隆武正朔。而江西、湖广及两广的残明势力则都拥护隆武帝。

隆武帝好读书，比较了解民间疾苦，即位后亟思有一番作为。但当时清军不断向南方推进，大局已难以扭转，而且闽中一切军政大权实际都把握在郑芝龙兄弟手中。郑芝龙原为海上大盗，受抚为总兵官，封为伯爵，在福建有极大的势力。他虽然以自己的势力拥戴隆武帝，却不愿意出闽进取。顺治二年（1645年）底，大学士黄道周兵败于江西，被执，清军逼近赣南。顺治三年（1646年）六月，清军克浙东诸邑，郑芝龙即通款于清军，尽撤闽界守军，清军长驱直入，隆武帝自延平逃往汀州。六月二十八日，隆武帝被乱军杀害。隆武之后，其弟朱聿𨮁浮海至广州，由大学士苏观生等拥立为帝，改元绍武，但仅维持了一个多月。这年年底，清军攻陷广州，朱聿𨮁被执，绝食死。

顺治三年八月，隆武帝遇难的消息传到广东，两广总督丁魁楚、广东巡抚瞿式耜等议以正在肇庆的明桂王朱由榔监国。十日，实行监国，颁诏西南，以丁魁楚、瞿式耜等为大学士。十一月十八日，即皇帝位，改明年为永历元年。当时南明政权的势力范围，除广西、贵州、云南及广东一部外，尚有何腾蛟支撑于湖广，而郑芝龙之子郑成功起兵海上，也尊奉永历帝为正统。

永历帝庸碌无能，初年大体被身边的太监掌握着。顺治四年（1647年），清军攻占肇庆，进而占领广东全境，并进一步攻取广西的梧州、平乐、浔州等地。永历帝面对一连串的军事失败，对策只是不停地逃亡、转移，先由广东至广西，并企图逃入湖南，由于瞿式耜等力劝，才止于广西北境的全州。后来又被军阀刘承胤劫至湖广的武冈，任其跋扈。八月，清军在湖广方面攻克宝庆，永历帝再向南逃，经靖州、柳州，本来想到南宁，因道阻只得回桂林。顺治五年以后，永历帝又长年奔走于广西、广东、云南以至境外的缅甸，军情的险恶和他自身的无能使其成为中国历史上最为行踪不定的一个皇帝。

顺治五年（1648年），在江西的降清将领金声桓和广东的降清将领李成栋先后叛清归明，南明军在湖广战线也收复一些失地，形势一度有所好转。但永历君臣没能控制局势，顺治六年、七年，清军再克江西、广东及湖南、广西大部分重要城市，何腾蛟、瞿式耜先后牺牲。永历帝再次开始大逃亡，于顺治八年（1651年）被张献忠大西军余部孙可望挟持，第二年安顿于广西贵州交界处的安隆所，改称安龙府。

此后数年间，永历帝完全在孙可望的掌握之中。孙可望及大西军将领李定国、刘文秀等都封为王爵。孙可望甚至要逼永历帝禅让，拟自建国号为"后明"。其间由于大西军余部的参与，南明军在广西、湖广、四川等地都有所进取，形势稍安，但永历帝及其文臣却备受孙可望的侮辱逼凌。在上报孙可望的银米开销册上，甚至直书"皇帝一员月支若干，皇后一口月支若干。"永历君臣只能隐忍以苟延残喘。

顺治十三年（1656年），孙可望与李定国决裂，相互攻击。李定国至安龙，护送永历帝入云南，以昆明为滇都。明年七月，孙可望反，兵败，奔长沙降清。此后永历朝内部较稳定，稍具国体，但其势太范围仅余滇、黔两省而已。

顺治十五年（1658年），清朝命贝子洛托及洪承畴、吴三桂等率军分3路进攻南明。十月，清3路大军会师于贵州平越府，李定国组织力量抵抗，但终于战败。十二月，清兵抵曲靖，李定国等保护永历帝撤离滇都。顺治十六年（1659年）正月，清军入昆明，永历帝在崇山中仓皇奔逃，从人所剩无几，最后逃入缅甸。在缅甸的永历流亡政府的境况非常悲惨，居草庐，短衣跣足，大臣家甚至3天不能生火做饭。永历帝则仍然迷蒙混日。

云南既平，清廷命吴三桂镇守之。顺治十八年即南明永历十五年（1661年），吴三桂发兵至缅甸边境，威胁缅甸交出永历帝。十二月，缅方向吴三桂献上永历帝及太后、太子。次年四月十五日，吴三桂在昆明将永历帝及太子绞死于市。不久后，率余部在滇南坚持抗清的李定国亦病逝，其子以所部降清。

康熙帝的统治

铲除鳌拜集团与皇权的巩固

顺治十八年（1661年）正月初七，亲政10年，年仅24岁的顺治帝因出天花而死于北京故宫养心殿。遗诏皇三子玄烨即帝位，玄烨即康熙帝。索尼、苏克萨哈、遏必隆、鳌拜四大臣辅政。

最初，4人能够尽心尽力地辅佐幼君，相安无事。但随着时间的变化，4人中逐渐产生了矛盾，起因是居辅臣之末的鳌拜不满苏克萨哈。

鳌拜是太祖时开国勋臣费英东之侄，骁勇善战，军功卓著，以巴牙喇壮达累升至内大臣，位至公爵，赐号巴图鲁。他先后设计除去其他3人以后，专权已达到了令人无法容忍的地步。一切政务均在家私自议定，四处安插其党羽，而且多次抗旨不遵，一意孤行。康熙帝觉得鳌拜害君之心暴露无遗，容不得半点迟疑，必须先发制人。康熙帝表面上未动声色，在暗中却加紧行动，先是将索尼之子索额图召回身边任一等侍卫，然后将鳌拜的亲信大都派往外地，等到一切安排就绪，康熙八年（1669年）五月十六日，康熙帝一面召索额图、明珠定下智擒鳌拜妙计，一面将鳌拜党羽以各种名义派出京城。而鳌拜同往常一样，昂首阔步地走进乾清门。这时，康熙已经做好周密布置，四周都是化装成宫人杂役的侍卫，门内埋伏了布库少年。康熙帝看到鳌拜只身前来，便拍案怒斥鳌拜结党营私、陷害贤能、图谋弑君等种种罪行。鳌拜从未受过康熙帝这等斥责，便疾声厉色、暴跳如雷地反驳。康熙帝立即命布库少年逮捕鳌拜，把他结结实实地捆绑起来，并不由他求饶，命侍卫立即将他押入大牢，听候审讯。

康熙帝命议政王大臣勘问，大臣会议审实鳌拜罪状30条，同声喊杀。康熙帝念鳌拜为三朝元老，战功颇著，不忍加诛，命革职，只将其永行拘禁。处死其党班布尔善、阿思哈等9人，没有株连任何人，并将鳌拜冤杀的苏克萨哈、苏纳海、朱昌祚、王登联等人一一平反昭雪，复其爵位，善后之事处理得当而且深得人心。

康熙帝从鳌拜集团手中夺回权力以后，立即宣布永停圈地，并着手大力加强皇权。康熙九年九月，恢复内阁制度，作为皇帝的秘书顾问班子，内阁承旨出政，稽察六部。康熙十六年（1667年），选翰林入值内廷，设立南书房，书房师友时兼票拟谕旨。康熙十八年（1679年），在八旗各旗设都统、副都统管理旗务，剥夺王公干预旗务之权，各都统直接听命于皇帝。削弱议政王大臣权力，变议政王大臣会议为皇帝操纵下的议事机构。由此，康熙帝很快将国家大权集中于自己一人之手，并将这种专权形成传统。他说："今天下大小事务皆朕一人亲理，无可旁贷"。

清朝完全意义上的专制政体从此才正式开始。

崇儒正道与满汉联合政权的巩固

玄烨即位之初，不少汉族官僚多次建议给这位年幼的皇帝举行经筵日讲，却遭到4位辅政大臣的拒绝。他们对多尔衮、顺治帝定下的政策、制度多有变更，企图"率循祖制，咸复旧率"。然而，康熙帝从治理国家的实际出发，颇有其父遗风，对学习汉族传统文化抱有强烈的欲望和浓厚的兴趣。康熙八年（1669年）四月十五日，康熙帝采纳汉官建议，在宫中致斋后，在诸王、大臣的陪同下，乘辇亲诣太学祀孔。他以极其虔诚的心情，于棂星门外降辇，步行进大成门，至孔子位前，行三跪六叩头礼。亲奠完毕，又至彝伦堂，听满汉祭酒、司业依次讲解《易经》《书经》。听后又训谕道："圣人之道，如日中天，讲究服膺，用资治理，你们师生一定要勤勉学习。"康熙帝充分肯定孔子及其学说的政治地位，已不是他个人的兴趣和爱好问题，而是要利用崇儒重道，来团结广大汉族官民，加强统治。

不仅如此，康熙帝还对于有才识的汉大学士予以提拔和重用，并于亲政伊始即废除内三院，重建内阁和翰林院，设立南书房。南书房位于乾清宫斜对面，是康熙帝旧日读书的地方，因位于懋勤殿之南，故称南书房。入直南书房一般为汉族的饱学能士，不仅辅导皇帝读书写字、讲求学业，而且还充当顾问、代拟谕旨等角色，可见其位置重要。入直南书房的官员大都很快被提升，这对提高汉族官员地位、缓和满汉矛盾有益。

针对官员品级待遇这个最敏感的问题，康熙帝亲政后，通过一系列的举措，使满汉官员的品级、待遇逐渐趋于划一。并且，在他第一次南巡驾临金陵（今南京）时，亲谒明太祖孝陵，行三跪九叩大礼，并赏赐守陵人员。此举对广大汉族官民心理产生了极大影响，也使得满洲学者受其影响而对儒家经典充满兴趣，逐渐以平常的态度对待汉臣，使朝中满汉呈融一体之势。

平定三藩与收复台湾

"三藩"是指平西王吴三桂、靖南王耿精忠、平南王尚可喜。清军入关后，"三藩"竭力效劳于清朝，是镇压农民军和抗清力量的急先锋，并因此扩大了自己的势力。鳌拜执政期间，"三藩"实力有了进一步扩展，俨然3个封建割据的独立王国。康熙帝清除鳌拜后，认为三藩与唐末藩镇无二，势在必除。于是，康熙了抓紧整顿财政，筹措经费，扩大八旗兵的编制，采取缓和民族矛盾的措施，争取民心，以此来为撤藩做准备。

撤藩始于平南王尚可喜请求告老还乡。当时康熙了没有同意尚可喜留其子尚之信袭爵继续镇守广东的请求，而是谕令尚可喜举家迁移，留其绿营兵划归广东府，归广东提督管辖。尚可喜态度比较恭顺，按旨行事。

尚藩撤离，对吴、耿二藩震动很大，他们闻讯后，立即上疏请求撤藩，意在试探朝廷态度，解除朝廷对他们的怀疑。出乎人们的预料，康熙帝在接到二藩的奏疏后立即同意将两藩撤离。康熙帝对此事思虑很久，三藩蓄谋已久，撤亦反，不撤亦反，莫不如早早除之，以免养小疾而成大恶。尤其对云南的吴三桂，康熙帝在派礼部侍郎折尔肯和翰林院学士傅达礼去云南经理撤藩诸事时，特赐御刀一把，良马两匹，以示关怀并壮其势。

撤藩令一下，吴三桂于康熙十二年十二月（1674年）发动叛乱，杀掉云南巡抚朱国治等清朝官吏，云贵总督甘文焜自杀。叛军迅速地打进湖南，占领沅州、常德、衡州、长沙、岳州等地。声势浩大，所向披靡。吴三桂自称周王，天下招讨都元帅。清兵措手不及，节节败退。清朝急命顺承郡王勒尔锦为宁南靖寇大将军，总统诸军南下，抵达荆州以后，不敢渡江前进，与吴三桂军隔长江对峙。不久，广西将军孙延龄、靖南王耿精忠响应叛乱，占据广西和福建。吴三桂的党羽很多，大多是清朝的提镇大员，拥有重兵，散布各地，这时纷纷树起叛旗，归附吴三桂。特别是陕西提督王辅臣叛于宁羌，杀清朝经略大臣莫洛，攻陷兰州；平南王尚可喜的儿子尚之信据广州叛乱，使清朝的统治大震动。整个长江以南，加上陕西、甘肃、四川，不是被叛军占据，就是处于战火纷飞之中。"东南西北，大大鼎沸"，清军调兵遣将，处处设防，着着落后，军事上极为被动。

正当形势逐渐好转之时，陕西提督王辅臣因与经略陕甘的兵部尚书莫洛矛盾激化而树起反旗，带动甘肃东部、陕西北部各府州县先后反叛，消息传到北京，康熙帝急命汉军绿营提督张勇为"靖逆将军"，提高绿营兵地位，密谕剿抚并用，扭转后方危机。

康熙帝远见卓识，不久，王辅臣即率众归降。康熙帝未究既往，复王辅臣原官，并加太子太保，擢其为"靖寇将军"，令其"立功赎罪"。

陕甘平定，后方稳定下来，康熙帝立即招降耿精忠，密谕康亲王以时势晓谕耿藩早降，为刚刚反叛的平南王尚可喜之子尚之信做出榜样。

康熙十五年（1676年）九月，耿精忠无力再战，率其藩下文武出降，康熙帝仍留其靖南王爵，命其率所属随清大军征剿郑经，在泉州击败郑经军，福建、浙江各地叛军纷纷投降，二省叛平。

到了康熙十六年，只剩吴三桂孤家寡人地与清军对抗。针对吴三桂的军事实力与部署，康熙帝一面将兵力投入湖南，一面派人在其内部分化瓦解其势力，到康熙十七年（1678年）时，吴三桂已丧失了军事上的优势与主动。

同年三月，吴三桂匆匆在衡州称帝。八月十七日，吴三桂病死。其孙吴世璠继立，部下军心涣散，大部降清，吴世璠退出湖南，回兵四川，后退兵贵州、云南。

康熙二十年（1681年）九月，逆首吴世璠在被围9个月后于昆明自杀，余部出降，为时8载的三藩之乱至此平息。

平叛后，康熙帝先后撤去三藩建制，就地就近安排藩属，将三藩内的选任官员大权收归中央，这对清除藩镇时所留积弊和加强国家统一，促进经济发展扫清了障碍。

平定三藩之乱的同时，康熙帝便着手东南沿海，将目标对准郑氏所据的台湾、澎湖。最初，康熙帝以招抚为主，不断派遣使臣前往台湾，但郑经却在前后5次和谈中不断附加条件，或提出以漳、泉、潮、惠4府为交换，或坚持以海澄为双方往来公所，或要求郑军粮饷由福建供给，欲形成割据之势。

康熙十八年（1679年）正月，康熙帝见招抚毫无进展，便恢复福建水师，积极准备攻取金、厦。后经福建总督姚启圣一再担保，康熙帝力排众议，任命施琅任福建水师提督，并在关键时刻放手支持施琅的渡海计划，授施琅专政大权，令总督姚启圣为其催粮，为日后收复台湾，胜利进兵奠定了基础。

康熙二十一年（1682年），施琅收复澎湖、台湾，接纳郑氏投降。清廷出兵征剿未到两年即统一台湾。后来，康熙帝在施琅等人的建议下，在台湾派驻重兵，台湾正式纳入大清版图。

雅克萨之战与东北边疆的巩固

康熙帝十五年起，俄国沙皇又将侵略扩张推进到了一个新的阶段。俄国侵略军以尼布楚和雅克萨为据点，分两路继续向我国境内深入。

康熙帝密切注视沙俄的行动，曾致书沙皇，要求其迅速撤回其侵略军。但俄方置若罔闻，继续盘踞尼布楚、雅克萨及额尔古纳河流域，并不断向黑龙江中下游流域进犯。到康熙二十一年（1682年），俄军已到黑龙江下游赫哲族人居住处进行抢掠，其势力渗透到了黑龙江下游至海边的广大地区。

康熙深深吸取顺治朝抗俄的经验与教训，先派人侦察敌情，了解沿途水陆交通，并积极准备调兵永成黑龙江，一旦时机成熟，驱逐侵略者后长期戍军，将反侵略与巩固边防结合起来，避免此进彼退，或此退彼进的局面发生。

黑龙江流域是清代"中国统治民族的故乡"。俄国侵入满族的"龙兴之地"，严重地威胁到国家的领土和清王朝的安全与威信，在一系列外交途径都无效益的情况下，清朝决定以战争来保卫国土。康熙二十四年（1685年）二月，康熙帝下令由都统彭春，副都统郎谈、班达尔沙，黑龙江将军萨布素等统兵，水陆两路进取雅克萨。四月，清军自瑷珲出发，六月二十三日，到达雅克萨城下。清军首先派3名俄俘给俄军守将托尔布津带去一封康熙帝致沙皇的信件和一份统帅彭春给雅克萨俄军的咨文，谕其自行撤回雅库次克，以彼为界。俄国恃强负固，置若罔闻。二十五日晨，一支俄军从上游乘筏赶来增援，被清军全部歼灭。当晚，清军从城南、城北两个方向攻城，经过彻夜激战，俄军死伤累累。次晨，清军又在城下三面积柴，准备焚城。托尔布津走投无路，派人到清营乞降，保证决不重来雅克萨。彭春将俄军"愿归者600余人并其器物，悉与遣归"，45人愿留中国，也准其所请。被俄军侵占达20年之久的雅克萨，至此遂告收复。

清军收复雅克萨之后，却没有在这里设兵防守，只是放火烧毁堡垒，而后撤回瑷珲等地。托尔布津逃出雅克萨不久，就遇到了两支赶来增援的部队。当探知雅克萨的清军已经全部撤离以后，托尔布津遂统率俄军于八日窜回雅克萨，重建城堡。

康熙二十五年（1686年）初，清朝得到俄军重占雅克萨的消息，极为愤慨。三月，康熙帝下令征讨。六月底，清军2000余人从瑷珲出发，七月十八日，水陆两路会师于查克丹，逼近雅克萨城。清军仍然首先写信给俄方，令其主动撤退，但俄方未予回答。于是，清军猛烈攻城。九月，托尔布津被清军炮火击中，重伤毙命，拜顿继任为统领。不久，严冬来临，俄军困守孤城，饥病交加，死者枕藉。

康熙二十七年（1688年），俄国政府正式任命戈洛文为全权大臣，负责同中国谈判，翌年，《尼布楚条约》正式签署。《尼布楚条约》是中俄两国在平等基础上签订的第一个条约。整个尼布楚会谈是严格地按照对等原则安排的，两国在尼布楚地区的兵力大体相当，参加谈判的人数相等。双方代表都在各自政府事先指示的范围之内进行谈判，最后签订的条款也没有越出两国政府愿意接受的范围。条约明确划定了中俄两国东段边界，肯定了黑龙江和乌苏里江流域的广大地区是中国领土，使中国收回了部分被沙俄侵占的土地，安定了东北边疆。同时，中国也将贝加尔湖以东尼布楚地区让与俄国，把乌第河流域划为待议地区，使俄国巩固了一定的侵略利益。中国同意通商，也使俄国达到了扩大中国市场的目的。

亲征噶尔丹统一蒙古各部

康熙帝即位前后，游牧于伊犁河谷的准噶尔部日益强大起来，以后更是控制了河西走廊以西，天山南北，伊犁河下游的哈萨克族等地，并不断干扰漠北，严重危害清朝的统一和边疆的安宁。

在康熙帝集中精力经营东北事务的同时，居住在天山北路漠西蒙古的封建大领主噶尔丹乘机叛乱。康熙十六年(1677年)噶尔丹乘中原发生三藩之乱之机，出兵袭击西河套的和硕特部；第二年又乘"回部"伊斯兰教内部教派之争攻取天山南路叶尔羌（今莎车）等回部各城，并侵占哈萨克、布鲁特等地。

然而噶尔丹贪婪成性，康熙二十九年（1688年）他又借土谢图汗贸然杀死其弟等为口实，出兵喀尔喀左翼诸部，时值俄军在贝加尔湖镇压蒙古人民的抗俄斗争，土谢图汗在包围楚库柏兴与俄军对垒之时，噶尔丹突然从背后袭击，土谢图汗两面受敌，屡战失利。当年九月，土谢图汗与其弟哲布尊丹巴请求清廷保护，康熙帝立即批准，将其诸部安置在苏尼特、乌珠穆沁、乌喇特诸部牧地，并谕旨噶尔丹要求居中调停。但噶尔丹拒绝了康熙帝调停的建议，一再向清廷索要土谢图汗和哲布尊丹巴，均遭康熙帝拒绝。康熙帝希望用和平的方式调整蒙古各大小部之间的矛盾，以牵制噶尔丹，但都未能奏效。

康熙二十九年（1690年），噶尔丹率军2万余人，以追歼喀尔喀为名，大举南犯，深入内蒙古的乌珠穆沁。康熙派署理理藩院尚书阿喇尼、兵部尚书纪尔他布率领6000多蒙古骑兵，前往阻击，结果失败。噶尔丹初战获胜，气焰更加嚣张，进一步往内地深入，逼近乌兰布通（今内蒙古克什克腾旗南），距北京仅700里。康熙帝忍无可忍，决心利用噶尔丹的骄傲轻狂打一场围歼战。

康熙帝采取分兵合击的战略，命裕亲王福全（康熙帝之兄）为抚远大将军，率左翼清军出古北口；命恭亲王常宁（康熙帝之弟）为安北大将军，率右翼清军出喜峰口。

康熙帝虽未亲征，但在福全等人出发后几天，便以"巡幸边塞"为名启程北上，意在亲临反击战前线，起到实际指挥作用。可惜的是由于水土不服而不得不流泪撤回，将大权交给了其皇兄及皇长子。

噶尔丹骄横无比，得知清军军事布置后，也不畏惧，提前在乌兰布通摆好阵势，"依林阻水，以万驼缚足卧地"，构成"驼城"。康熙二十九年（1690年）八月初一日，清军向乌兰布通推进，用大炮猛轰驼城。很快，噶尔丹的驼城被攻破，便溃不成军。清军乘势进击，大败噶尔丹军。噶尔丹率1万多人乘夜突围逃遁。清军前线主帅福全惧战、妥协，未能乘胜追剿，致使噶尔丹逃逸，留下后患。

康熙三十四年（1695年）十月，噶尔丹率骑兵3万，沿克鲁伦河而下，向东进攻，再次挑起战火。康熙决心消灭噶尔丹势力，命萨布素率东三省军队，沿克鲁伦河进剿；大将军费扬古出宁夏西路，邀其归路；康熙帝亲率主力，由独石出中路。康熙三十五年（1696年）四月，3路大军进发。已进入克鲁伦河流域的噶尔丹，得知康熙帝亲率大军前来征讨，吓得连夜西逃。费扬古率军早先截断其归路，在古战场昭莫多一带设下埋伏，专等噶尔丹的到来。费扬古采用"以逸待劳"、诱敌深入的战术，把噶尔丹叛军诱入包围圈中，给以迎头痛击，从午至暮，斩杀叛军3000余人，大败噶尔丹。噶尔丹之妻阿奴勇猛善战，率队冲锋，被炮弹击毙。噶尔丹率数骑先众而逃，其余人、物和20万头牛羊尽为清军所获。

康熙帝第二次亲征，以消灭噶尔丹主力而获得决定性胜利。康熙帝乘胜追击，于第二年春，亲赴宁夏，命费扬古、马思哈两路出兵，举行第三次亲征，进剿噶尔丹残部。噶尔丹众叛亲离，身边只剩五六百人；准噶尔部已有新主与清廷通好，准备擒他请赏；往北，俄国也不接纳。在走投无路的情况下，噶尔丹饮药自尽，结束了他不光彩的一生。

康熙帝亲征噶尔丹所取得的胜利具有深远的历史意义，它不仅扫除了西北、漠北地区一大不安定因素，加强了清政府对喀尔喀蒙古、厄鲁特蒙古的统一管辖，而且进一步团结蒙古各部，筑起一道抗击沙俄南侵的铁壁铜墙。这是他一生中的伟大功绩。

郑成功收复台湾

台湾自古是中国的领土，元代曾设澎湖巡检司，管辖澎湖与台湾，明代因之。明末天启年间，大陆福建等地的移民大量迁居到台湾，进一步加强了台湾与大陆的联系。但是，自1604年起，荷兰殖民主义者多次对台湾进行侵略。1624年，荷兰殖民者入侵台湾西南部的海港鹿耳门，在沙洲上建立起一座城堡，命名为热兰遮。第二年，他们又用欺骗手段，以极低廉的价格（15匹粗布）购买下大片土地，后建立赤嵌城（在今台南市）。1642年，荷兰人从西班牙殖民者手中夺取了台湾北部的基隆和淡水，基本上控制了台湾岛的西部沿岸地区。荷兰殖民主义者以台湾的主宰自居，强迫当地居民和过往商客交纳高额税金，甚至烧杀抢掠无恶不作，激起了当地人民的仇恨和反抗。

17世纪中叶，中国的政治局面发生了天翻地覆的变化。清朝统治者入主中原，残明势力和各地人民开展了激烈的抗清斗争。郑成功原为南明隆武政权的御营中军都督，曾被隆武帝赐国姓。隆武政权失败后，郑成功拒不受降，招兵买马组织义军继续抗清。他以厦门和金门为根据地，多次向清军发动攻击，还接受了南明永历政权授予的延平郡王封号。清顺治十六年（1659年），郑成功率军航海进入长江，围攻南京，并收复了江南大片地区，最后不幸兵败，只得又回到厦门。郑成功鉴于当时全国抗清形势已经进入低潮，其所部势单力孤，所占金门、厦门二岛近迫大陆，无险可守，决计收复台湾，作为长期与清朝对峙的基地。

顺治十八年（1661年）正月，郑成功召集诸将密议，提出："前年何廷斌（台湾通事）新进台湾一图，田园万顷，沃野千里，饷税数十万，造船制器，吾民麟集，所优为者。近为红夷占据，城中夷狄不上千人，攻之可唾手得者。我欲平克台湾以为根本之地，安顿将领家眷，然后东征西讨，无内顾之忧，并可生聚教训也。"众将颇有难色，有人还提出水路艰险，水土难服等困难。然而郑成功决心已定，这年二月，他命令修葺船只，整顿武器，准备向台湾进军。留部将洪旭、黄廷、王秀奇等辅世子郑经镇守金、厦。

三月二十三日，郑成功率师启航，第二天到达澎湖。由于风向不利，郑成功的水师在澎湖逗留多日，至三十日晚才继续前进。四月初一日拂晓，郑成功军至台湾岛西南部的鹿耳门港。

荷兰殖民者在热兰遮一带仅有1000多人，武装力量不强。但对郑成功大军压境，他们还是进行了顽强的反击。在郑成功的舰队大部分已经进入港湾，部分士兵已经登陆的时候，荷兰人在港湾中的两艘战船赫克托号和斯·格拉弗兰号以及两艘平底小船开始向郑军发起攻击。荷兰战船依仗炮火猛烈，最初十分嚣张，但郑成功部队英勇作战，不久就使得赫克托号起火，并引起了火药爆炸而沉没。其他三艘荷兰舰船见到赫克托号沉没，吓得连忙逃离港湾，进入远海地区。荷兰殖民当局还派贝德尔上尉和阿尔多普上尉各率200余人分别在热兰遮附近和赤嵌城附近阻止郑成功登陆。贝德尔上尉所部在北线尾的一个沙洲上被郑成功部队包围，几乎全部被歼灭，贝德尔也被击毙。阿尔多普上尉则一击不利，立即逃回热兰遮城堡。在粉碎了荷兰人在海上和陆上的进攻后，郑成功部再没有受到任何阻碍，非常顺利地完成了登陆，并在沿岸扎营，将赤嵌城的普罗文查要塞和热兰遮城分割包围起来。

台湾的汉族和高山族人民得知郑成功率部到达，都纷纷前来迎接。许多人用货车和其他工具帮助郑军登陆，附近各社的高山族酋长也闻风归附。郑成功注意安抚岛上居民，对迎附的酋长百姓赐以袍服酒食，同时严格规定部队纪律，不使扰民。由于有台湾人民的支持与配合，郑成功所部迅速在台湾站稳了脚跟，迫使荷兰殖民者只能蜷缩在普罗文查和热兰遮两处要塞中。

四月初四日，荷兰殖民地当局的代表同郑成功进行谈判，提出愿向郑成功支付赔款，要求郑军撤离台湾。郑成功对此严厉驳斥，申明台湾一向是属于中国的，敦促坚守两处要塞的荷兰人立即投降。这次谈判破裂后，普罗文查要塞司令描难实丁被迫投降。而荷兰殖民地当局所驻的热兰遮城堡却升起了表示抵抗到底的血旗。郑成功立即指挥部队攻占了热兰遮城堡外的市区。但由于荷兰人的炮火猛烈，郑军数次进攻城堡都受到挫折。为了减少过量的牺牲，郑成功决定采取长期围困，迫其投降的策略。

在对热兰遮实行围困期间，郑成功抓紧在台湾进行政权建设。五月，改赤嵌城为东都明京，设承天府，辖天兴、万年两县，天兴附廓，万年即现在高雄县。这是台湾岛设立府县政权之始。郑成功还发布令谕："东都明京，开国立家，可为万世不拔基业。本藩已手辟草昧，与尔文武各官及各镇大小将领官兵家眷，聿来胥宇，总必创建田宅等项，以遗子孙计。但一劳永逸，当以已力经营，不准混侵土民及百姓现耕物业。"还颁布八项条款，严纪律，定税收，保护民众，安顿眷属，开荒屯垦。这些措施有利于社会安定和经济发展，为后来郑氏在台湾建基立业创造了条件。

远在巴达维亚的荷兰东印度公司当局得知郑成功围攻热兰遮的消息后，匆忙拼凑了一支700人的支援部队，任命考乌为总司令，分乘10艘战船，乘着南贸易季风赶到台湾。这支援军于当年七月抵达鹿耳门海湾，但直到第二个月才全部登岸成功。由于有了新生力量，荷兰殖民者决定再对郑成功部队发动一次攻势。闰七月二十三日，荷兰军队从海陆两面发起进攻，妄图夺回热兰遮城堡外的市区。但这一行动遭到郑成功部队的沉重打击，荷兰军船只被击沉烧毁，士兵大量被击毙，残部再次逃回要塞，援军总司令考乌被这次失败震慑，不久就借故逃离了台湾。此后的热兰遮城堡只好坐以待毙。

这年年末，郑成功围城已达9个月，于是再度发动攻势。十二月初六日清晨，郑成功指挥部队用大炮猛烈轰击热兰遮城堡外围的防御工事，并攻占了城堡外的几个重要据点。在面临灭顶之灾的情况下，荷兰在台湾的殖民地最高长官揆一决定向郑成功投降。顺治十八年十二月十三日（1662年2月1日），揆一在投降书上签字，台湾全岛正式回到了祖国的怀抱。郑成功对投降者采取宽大政策，允许他们带走个人财产和途中必要的生活用品。

郑成功在平定台湾后，广招漳、泉、惠、潮等处士民，制法律、定官制。但仅几个月之后，康熙元年（1662年）五月初八日，郑成功因病逝世，终年仅39岁。郑成功死后，其弟郑袭在台湾自行继位，而在厦门的郑成功长子郑经也由部下拥立为延平郡王。攻台以来一直在发展激化的台湾集团和金厦集团的矛盾于是爆发。十月，郑经率师进攻台湾，驻台诸将大多投降郑经。一场内乱平定之后，以郑经为首的台湾郑氏政权才真正巩固下来。

被赶出台湾的荷兰殖民主义者并不甘心自己的失败，康熙元年（1662年）七月，又派舰队到达闽江口，船上竖有支援大清国字样旗帜。他们同清方官员联系，提出愿做先锋，首攻金门、厦门，然后由清军助其夺回台湾。清廷回绝了荷兰的建议，这支舰队就自行以海盗方式向郑经所部船只袭击，毕竟不能再次入侵台湾，终于无功而返。台湾此后一直在郑氏的统治下，康熙二十二年（1683年）才被清朝统一。

清平定三藩之战

清康熙十二年至二十年（1673—1681年），清廷平息吴三桂等三藩叛乱的作战。

清廷进入北京后，为尽快统一中国，采取了以汉制汉的政策，大量起用明朝降将。早在清军入关前后降清的吴三桂、孔有德、尚可喜、耿仲明4人，因在消灭李自成、张献忠农民军和南明政权的作战中屡立战功，先后被清廷封王：吴三桂为平西王，孔有德为定南王，尚可喜为平南王，耿仲明为靖南王。后来，孔有德父子在桂林与南明军作战时兵败身死，无子继爵，所封四王只剩3个。顺康年间，清廷为稳定东南和西南地区的形势，命吴三桂、尚可喜、耿继茂（耿仲明之子）分别镇守云南、广东、福建，并称三藩。此后，三藩各拥重兵，权势急剧膨胀。他们所在地区的官吏要受其节制；任命官吏、将领，吏部、兵部不得干涉；使用经费、军饷，户部不得查核，就是对朝廷的旨谕，也多采取阳奉阴违的态度。这样，清廷与三藩的矛盾日益严重。康熙帝亲政后，即将处理三藩当做朝廷的三件大事之一，写成条幅悬于宫柱上，决意待机撤藩。

康熙十二年（1673年）二月，康熙帝借尚可喜向朝廷提出告老回乡，由子尚之信袭爵驻镇之机，以广东已平定，宗族父子不必分离为由，诏令尚藩官兵及其家属全部撤回辽东。吴三桂、耿精忠（耿继茂之子）得知此讯，非常不安。为试探朝廷的撤藩决心，他们分别于七月三日和七月九日提出撤藩请求。清廷多数大臣担心撤藩会引起时局动乱，主张勿撤。康熙帝认为，吴三桂等蓄谋已久，撤亦反，不撤亦反，不如先发制人，于是毅然下令撤藩。

并命礼部侍郎折尔肯等大臣分赴云南、广东、福建，办理撤藩事宜。吴三桂接到撤藩诏书，不禁大怒，决心举兵谋反。十一月二十一日，吴三桂杀死拒绝从叛的云南巡抚吴国治，扣留了朝廷使臣折尔肯等，自称天下都招讨兵马大元帅，传檄天下，宣布反清复明。

康熙十三年一月，吴军由贵州攻入湖南，连下沅州（今湖南省芷江县）、常德、岳州（今湖南省岳阳市）、衡州（今湖南省衡阳市），并积极开展政治攻势，煽动明朝降将归附。福建耿精忠、台湾郑经、广西将军孙延龄与提督马雄、四川巡抚罗森与提督郑蛟麟、陕西提督王辅臣、襄阳总兵杨来嘉等数十名地方大员相继从叛。

在极为严峻的形势下，康熙帝审时度势，制定出剿抚兼施，各个击破，先除两翼，再攻湖南的作战方针。为集中打击吴三桂，康熙帝下令停撤耿精忠、尚可喜二藩；命顺承郡王勒尔锦、刑部尚书莫洛分赴荆州、陕西，阻击吴军由湖南和四川北上；又命内大臣希尔根领兵赴广西，切断吴、耿两军的联系，初步扼制了吴军的攻势。康熙十三年四月，吴三桂释放使臣折尔肯等，转递了要求与清廷划黄河或长江为界的"奏章"，康熙帝不予答应，并处死吴三桂之子吴应熊和长孙吴世霖，以示平叛决心。

针对各路叛军战斗力强弱不一，叛乱坚定程度不一的特点，康熙帝在对叛军中坚吴三桂保持正面压力的同时，对东西两翼战场之敌，分别采取剿抚并用的手段，力求分而化之。康熙十三年十二月，吴三桂养子、陕西提督王辅臣从叛后，康熙帝立即派其子王潍贞送专敕进行招抚。吴三桂得知王辅臣态度游移，一面派人送犒银 20 万两，一面由四川派兵前往陕西应援，使王辅臣反清立场更为坚定。于是，康熙帝调集兰州提督张勇、总兵赵良栋、王进宝等，以优势兵力大举进剿，将王辅臣的兵马分别合围于平凉、固原（今属宁夏）。康熙帝见清军围攻一年多仍未击破叛军，转而又采取招抚手段，令抚远大将军图海接受王辅臣的请降。康熙十五年六月，王辅臣率众归降。康熙帝恢复王辅臣官职，并加授太子太保，鼓励他立功赎罪。

与此同时，康熙帝又将东翼战场的耿精忠定为剿抚重点，认为他与吴三桂不同，吴三桂是背恩反叛，而耿精忠从叛则是无知。因此，康熙帝将吴三桂的儿子、孙子处死时，对耿精忠的几个弟弟并未加罪。令大将军杰书在闽浙前线加强军事进攻的同时，不断前往招抚。康熙十五年六月，郑经乘耿精忠主力在浙、赣前线作战之机，派兵攻占福建漳州、泉州等地，耿、郑之间矛盾尖锐起来。清军利用这个机会，一面大举入闽，连克建宁、延平（今南平）等府，直逼福州；一面再次遣使劝降。耿精忠两面受敌，无力再战，于十月在福州归降。清军乘胜进军闽南，郑经战败退守厦门，闽、浙告平。

耿精忠归降后，广东尚之信也开始动摇。他发现吴三桂对自己并不信任，便向扬威大将军喇布请降。康熙帝免其罪，准其袭平南王位。吴三桂闻广东有变，急令部将马宝、胡国柱由湖南攻粤，尚之信率军顽强抵抗。江西清军及时赶到，大破吴军，广东遂平。

清廷还通过招抚，使一度从叛的广西的孙延龄有了反正的念头。吴三桂闻讯，急派其孙吴世琮进兵桂林，诱杀了孙延龄。不久，孙延龄部将刘彦明又杀了吴军桂林守将李廷栋降清，广西大部也为清军占领。

在剪除两翼的同时，康熙帝坚持派主力对付叛军的中坚吴三桂军。康熙十四年，他命大将军岳乐从江西进攻湖南，不久即克萍乡、醴陵、浏阳，直逼长沙。吴三桂亲率主力由湖北松滋回援长沙，清军被迫退回江北。康熙十六年三月，清军围攻长沙未克。吴三桂为摆脱三面被围的困境，率军退往衡州、宜章。康熙帝命征南将军穆占进攻衡州，堵住吴军的后路。吴三桂为鼓舞士气，挽救危局，于康熙十七年三月在衡州称帝，建元昭武，立国号周。八月十七日，吴三桂病卒，其孙吴世璠即位。为打破战场上的僵局，安亲王岳乐采纳降清的原吴军水师将领林兴珠的意见，由水陆两路夹攻岳州。康熙十八年正月，清军收复岳州，吴军退往云贵。

康熙十八年十一月，清军兵分3路，由湖南、四川、广西进攻云贵。次年十月，由湖南进入贵州的一路清军由大将军彰泰率领攻占贵阳，吴世璠逃往昆明。康熙二十年二月，由广西进入贵州的一路清军，由大将军赖塔率领，连克安隆所（今贵州省安龙）、黄草坝（今贵州省兴义），与彰泰军会师于云南曲靖。随后两路大军进逼昆明，在城外归化寺扎营。二月二十一日，吴世璠派部将胡国柄率兵数万，列象阵于昆明城外迎战清军。清军勇猛出击，大破象阵，斩吴将胡国柄、刘起龙等多员，继而合围昆明。吴世璠急令大将马宝由四川回援昆明。与马宝交战的清军将领赵良栋等乘势追击，会同清都统希福军在乌木山歼灭马宝军。九月，赵良栋率该部清军由四川进入云南，与其他两路清军合师于昆明城下。从十月八日起，清军开始日夜攻城。先后攻克银锭山、重关、太平桥、玉皇阁等重要据点。吴世璠大惊，急率兵出城应战，又被击败。吴军粮尽弹绝，人心动摇，已无斗志。二十二日，吴将余从龙、吴成鳌出城投降。清军得知城中虚实，加紧四面攻城。二十八日夜，吴世璠服毒自尽。二十九日，吴将线缄率众开城投降。至此，历时8年的三藩之乱被彻底平定。

雅克萨之战

顺治年间，中国军民击毙了沙俄侵略头子斯捷潘诺夫，将沙俄侵略者赶出了黑龙江中下游地区，但他们仍占据着黑龙江上游的尼布楚城（今俄罗斯涅尔琴斯克）等待时机，策划着新的侵略活动。康熙四年（1665年），俄军重占雅克萨城，并建堡筑寨，勒索财物，设置殖民农庄，奴役和镇压当地中国人民。康熙十五至二十一年（1676—1682 年）沙俄又利用清廷全力镇压南方"三藩之乱"、无暇北顾之机，派出大量军队入侵黑龙江各支流，并调集大批枪炮、物资到尼布楚、雅克萨等地，加强侵略力量。对此，清朝政府多次提出交涉、抗议，警告他们必须停止对中国的侵略。沙俄侵略者不但置若罔闻，反而变本加厉，公然在中国领土上设立据点，强征贡赋，开采银矿，烧杀抢掠。清政府忍无可忍，遂于"三藩之乱"平定之后，立即集中力量，准备武力驱逐沙俄侵略者。

事先，康熙帝总结了 30 多年来与沙俄斗争的经验，进行了周密、细致的准备工作。康熙二十一年（1682 年），他亲自出柳条边墙至吉林乌喇（今属吉林市），航行于松花江上，视察边防情况。同年八月，又派副都统郎谈、公彭春等率数百人至雅克萨附近侦察地理形势和水陆交通。十二月，清廷在瑷珲和呼马尔（今呼玛）建城驻兵，贮存粮食，修造船只，作战前准备。康熙二十二年（1683 年）十月，清廷以萨布素为第一任黑龙江将军，着手扫除俄军在黑龙江中下游设置的侵略据点。与此同时，当地各族人民也纷纷拿起武器，以各种形式打击沙俄侵略军。在牛满河上，奇勒尔人打死俄军 10 余人；精奇里江的鄂伦春人和飞牙喀人也先后击毙俄军多名。在各族人民的配合下，清军相继拔除了许多俄军据点。至该年年底，除尼布楚、雅克萨等少数地区外，侵入黑龙江流域的沙俄侵略者基本被肃清。

在加紧军事部署的同时，清政府始终未放弃谋求政治解决的努力，曾通过各种途径表示，只要沙俄停止侵略活动，清朝愿与之保持和平。直到大兵进发雅克萨之前，康熙帝还写信给沙皇，劝其迅速撤回雅克萨之兵，"互相贸易遣使，和睦相处"。但是，沙俄政府将清方的和平努力看成是软弱可欺，不但不予接受，反而继续扩大侵略。他们调整了侵略黑龙江地区的军事指挥机构，任命熟悉当地情况且以骁勇著称的弗拉索夫和托尔布津分别担任尼布楚和雅克萨督军，又增调援军，贮存粮草，加固城防，还派普鲁士军官拜顿在托博尔斯克招募哥萨克来中国助战。至此，清政府已别无选择，只有下决心以武力将侵略者赶出中国。

康熙二十四年（1685 年）四月，都统彭春、郎谈、黑龙江将军萨布素等分率满、蒙、汉等官兵 3000 余人自黑龙江城（今瑷珲）和卜魁城（今齐齐哈尔），水旱两路向雅克萨进发。五月二十二日，彭春率部抵达雅克萨城下，立即向俄方发出咨文，要求其撤出雅克萨，归还逃人，以雅库（今俄罗斯雅库次克）为界，遭到俄方拒绝。次日清军列阵，包围雅克萨城。二十五日，一队增援雅克萨的俄军自黑龙江顺流而下，被清军将领林兴珠率福建藤牌兵拦于江西。一场激战，毙伤俄军 40 余人。随即，清军架设"神威无敌大将军"炮，向雅克萨城猛烈轰击，同时水陆并进，四面围攻。经过一昼夜激战，俄军伤亡惨重，城内到处起火。二十六日，郎谈命积柴焚城。俄国雅克萨督军托尔布津走投无路，只得出城投降，并发誓不再回雅克萨城。清军准其投降。派人将托尔布津及其手下官兵、眷属等 700 余人送到额尔古纳河河口，收复了被俄军侵占达 20 年的雅克萨城。城中 160 余名被俄军扣押作人质的中国索伦族、巴尔虎族民众全部获得释放。不久，清军撤回黑龙江城。

托尔布津等残兵败将回到尼布楚后，仍不死心。正项拜顿率领 600 名哥萨克援兵也到达尼布楚，又探得清军全部撤退，并未留兵驻防的消息，遂率领 500 余名俄军返回雅克萨，加筑工事，重新盘踞。康熙二十五年（1686 年）五月，萨布素、郎谈、班达尔沙等奉命率领清军 2100 余人会师于查克丹，再次进兵雅克萨。命俄俘鄂克索木果带信入城警告俄军，如不立即撤出，必将其全部歼灭。是时，盘踞城中的俄国侵略军共有 800 余人，他们凭借充足的火器装备、弹药粮草和坚固的城防工事负隅顽抗，并自城中频繁出击，不让清军炮位和攻城器械逼近城墙。萨布素率领清军将士在当地各族人民的协助下，屡次击败出城挑战的俄军。六月初九日夜，萨布素下令向雅克萨城发起进攻。郎谈领兵自北面用大炮向城内轰击，班达尔沙领步骑从南面猛攻。自夜到晨，重创俄军，数日之内毙敌 100 余人，托尔布津也中炮毙命，由拜顿继任其职。但是，由于清军除拥有少量大炮外，只有火枪 50 支，士兵作战主要依靠刀矛弓箭，杀伤力较小，对攻坚战尤为不利，故未能迅速拿下雅克萨城，战事一时陷入僵持状态。萨布素等为避免牺牲过大，停止强攻，于城外东、南、北三面挖掘长壕，修筑堡垒，设置木桩、鹿角，派兵严密把守。又于城西江南布置水师，封锁来自尼布楚方向的援兵航道，对城中俄军进行长期围困。由于城中无井，通常依靠通向黑龙江的水道引来水源。清军经过 4 昼夜激战，切断了城中水源。数月之后，城中饮水、粮食、弹药皆已告罄，加之疾疫流行，800 多名俄军只剩下 66 人，尼布楚方面也无力派来援军，困守雅克萨的俄国侵略者已经濒临绝境。

尽管清方在军事上取得重大进展，但为求得边界上持久的和平，仍然不断谋求与沙俄进行谈判。康熙二十五年八月，清政府委托即将离京回国的荷兰使臣宾显巴志带信给俄国沙皇，建议两国休兵谈判，和睦相处。以后，又将同样内容的信件交葡萄牙传教士闵明多带往欧洲，设法转递沙皇。此时的俄国，正值彼得一世之姐索菲亚公主执政，政权极不稳固，不可能再派大批军队前来中国，眼看困在雅克萨的俄军将被全歼，遂决定接受清政府的建议，派出以戈洛文为全权代表的谈判使团与清朝进行边界谈判。该年十月，俄国信使文纽科夫和法沃罗夫等到达北京，呈递沙皇给康熙帝的书信，要求清政府停止攻打雅克萨，等待戈洛文一行到达后进行谈判。清政府以礼接待了俄国信使，并在雅克萨城唾手可得的情况下同意了俄国的请求，命令萨布素等撒雅克萨之围，又派太医赴雅克萨为患病俄军治疗，且发粮赈济，保住了在城中坐以待毙的俄国人性命。次年七月，清政府闻知戈洛文使团抵达边境，遂命萨布素等率部返回黑龙江、墨尔根（今嫩江）等地驻守。至此，历时两年之久的第二次雅克萨之战正式结束。

《尼布楚条约》

　　第一次雅克萨之战后，沙俄见仅靠武装入侵难以实现其对中国进行侵略扩张的目的，遂改变策略，企图以军事侵略和外交谈判交替使用，迫使清政府就范。康熙二十五年（1686 年）正月，沙皇政府任命弗奥多尔·阿列克谢耶维奇·戈洛文为对清谈判使团全权大使，率使团于正月十三日自莫斯科启程来华。整个戈洛文使团共 1900 余人，包括炮兵、火枪兵、龙骑兵等。行前，沙皇政府授予戈洛文广泛的权力：不但负责与清朝谈判缔约，还可以在必要时调动西伯利亚地区的军队与清朝作战。同时对使团的任务和谈判方案也做了明确规定：其最高要求为以黑龙江划界，占领整个黑龙江北岸；如达不到这一要求，则谋求以比斯特拉河（即牛满河）或结雅河（即精奇里江）为界，占领黑龙江中游北岸；再达不到，则以雅克萨为界，并在比斯特拉河和结雅河保留中俄两国共同的渔猎场。并训令戈洛文，如清朝不愿根据上述条件缔约，则不惜使用武力。康熙二十六年（1687 年）八月，戈洛文一行到达贝加尔湖东岸。此时，俄国因克里米亚战败，兵疲财匮，不得不改变其与清朝谈判的立场，指示戈洛文，如清朝同意不在雅克萨驻军，则可以接受撤出雅克萨的条件，另外其他方面也可以做些让步，力求与清朝达成妥协。

　　戈洛文一行在贝加尔湖东岸一带停留了两年时间。因此时清军已然撤销雅克萨之围，戈洛文就不急于与清方谈判。他一面窥探清政府的意图；一面竭力鼓动中国喀尔喀蒙古各部脱离清朝，臣服于俄国。遭到喀尔喀蒙古领袖土谢图汗和哲布尊丹巴的坚决拒绝。戈洛文见挑拨离间难以奏效，又企图以武力逼蒙古各部屈服。是年冬，戈洛文诬陷蒙古人民偷盗俄军牛羊马匹，命俄军闯入蒙古牧区进行烧杀抢掠，并扬言"捣毁帐幕，俘虏他们的妻子儿女"。俄国侵略者的暴行遭到喀尔喀蒙古人民的坚决反击。十二月，蒙古军民在楚库柏兴（今色楞格斯克）一带打败俄军，迫使戈洛文等躲在城中不敢出来。康熙二十七年（1688 年）六月，正当喀尔喀蒙古各部抗俄斗争取得一系列胜利之际，准噶尔部首领噶尔丹以"为弟报仇"为借口大举入侵喀尔喀蒙古。喀尔喀各部相继战败，土谢图汗和哲布尊丹巴等率数十万众南归，要求清政府予以保护。戈洛文见有机可乘，遂与噶尔丹相勾结，派俄军分路出击，逼迫喀尔喀各部归顺俄国。由于喀尔喀蒙古人民的坚决反对，戈洛文一伙的阴谋未能得逞。

康熙二十七年五月，清政府派领侍卫内大臣索额图、都统公佟国纲、尚书阿喇尼、左都御史马齐、护军统领马喇等组成谈判使团，取道蒙古前往楚库柏兴与俄使进行谈判。行前，康熙帝传谕索额图等，尼布楚、雅克萨、黑龙江上下及"通此江之一河一溪，皆我所属之地，不可少弃之于俄罗斯"。索额图等行至蒙古，正值噶尔丹大举入侵，道路受阻，不得不暂时返回北京。康熙二十八年（1689年）四月，索额图等再次启程，谈判地点改在尼布梦（今俄罗斯涅尔琴斯克）。此时，清政府因急于全力镇压噶尔丹叛乱，希望与俄国保持和平，遂重新确定谈判方针。康熙帝表示，为争取达成协议，必要时可将尼布楚让给俄国，以额尔古纳河为界。六月，使团到达尼布楚。随行人员包括水手、仆役、运伕及官兵近3000人，分为两路：一路由索额图等率领自北京出古北口，经达尔泊、克鲁伦河、温都河而来；一路由萨布素、郎谈等率领自瑷珲溯黑龙江而上。

中国使团到达尼布楚半月有余，仍不见戈洛文等前来，反受到俄国方面的无理指责，说中国使团带军队前来违反国际法准则，又诬陷中国士兵途经雅克萨时杀死两名俄国人，还要求中国使团驻地不得离尼布楚城太近，应退往额尔古纳河口等等。对此，索额图等据理予以驳斥，提出：中国使团带来的只是"侍从以及派遣使用之官兵"，并非为打仗而来，一共不到3000人，而尼布楚之俄军也有2600人左右，故中国并无以兵多压人之意；至于雅克萨两俄人被杀，更与中国使团无关；既然双方皆愿以"和好之礼相会议事"，则住于近处，于谈判更为方便，绝无恶意。

七月初五日，戈洛文使团到达尼布楚。初八日，双方进行了第一轮会谈。地点定在尼布楚城外200俄丈处的帐篷之中，进入谈判现场的官兵各300人，除刀剑外不得携带武器，另有500名中国士兵乘船泊于会场200俄丈外，以与城中俄军力量取得平衡。谈判一开始，双方即展开了针锋相对的激烈辩论。戈洛文一口咬定黑龙江流域"自古以来"即为俄国领土，却又拿不出确凿的证据，指责中国"突然派兵侵犯"俄国领土，制造流血事件，引起战争，要求清政府赔偿俄国损失，惩办有关人员。索额图对戈洛文的无稽之谈逐条予以驳斥，以大量事实说明，鄂嫩、尼布楚等地皆为中国人民世代居住之地，当地人民一直向中国政府交税，其首领和子孙至今仍在，因俄国侵略而逃到内地。索额图在回顾了俄国侵略黑龙江流域的历史以后指出，当地中国各族人民多年来遭到俄国侵略者的蹂躏，财产被抢，妻子受辱，父兄被杀害，绝不是如戈洛文所言仅仅为"小小纷争"。对此，中国政府曾多次提出抗议、警告，但俄方始终置若罔闻，中国忍无可忍，只得以武力驱逐侵略者。因此，引起战争的正是俄国的侵略和屠杀，如果说要"惩凶""赔偿"的话，那么俄国首先应惩办侵略凶手，赔偿中国人民生命财产的损失。最后，索额图表示，中国使团是为争取和平而来，故只谈边界划分，谋求达成协议，并不想要求俄方"惩凶"和"赔偿"。在无可争辩的事实面前，戈洛文等理屈词穷，无话可说，在随后进行的划界谈判中，戈洛文首先提出以黑龙江为中俄两国边界的方案，遭到索额图等断然拒绝。清方提出以勒拿河与贝加尔湖划界，也未被俄方接受。第一天会谈没有结果。

次日举行第二次会谈。开始，戈洛文仍坚持以黑龙江划界，后见中国使团坚决反对，又提出以牛满河为界，仍将黑龙江上、中游北岸划归俄国。对此，中国使团当然不会同意，但索额图等以为俄方已然让步，于是提出以尼布楚为界的新方案。由于中国使团缺乏外交谈判经验，一下子就将事先确定的最后方案拿了出来，因而上了戈洛文等人的当，将尼布楚轻易划给了俄国。戈洛文见清方肯让出尼布楚，不由喜出望外，但为了勒索更多的利益，故意与中国使团继续纠缠，拒绝了这一方案。第二天会谈仍无结果。

索额图等不知戈洛文的真正意图，以为最后方案遭到拒绝，谈判已经破裂，准备返回北京。戈洛文一见，急忙通过在中国使团中充当译员的两名传教士——法国人张诚和葡萄牙人徐日升，劝中国使团留下来继续谈判。七月初十至二十三日，张诚与徐日升频繁往来于中、俄使团驻地，进行会外活动。经过激烈的谈判，中国使团又作出一系列重大让步，有些甚至超出了康熙帝允许的范围。如同意将黑龙江上游水岸的分界线划到距尼布楚以东约四五百里的格尔必齐河，黑龙江上游南岸的分界线划到距尼布楚 900 里的额尔古纳河，使大片拥有银矿、盐湖、耕地、牧场的富饶土地划归俄国。戈洛文等见此行目的已基本达到，又赶上大批受俄军残害的中国各族人民听到中国使团到来的消息，纷纷突破俄军封锁，来到尼布楚附近，引起他们的恐慌，于是表示愿意接受中国使团的方案，同意撤出雅克萨。

康熙二十八年（1689 年）七月二十四日，中、俄两国正式签订《尼布楚条约》。共 6 条，内容如下：一、以流入黑龙江的格尔必齐河、外兴安岭直到海边为界，山南归中国，山北归俄罗斯。二、额尔古纳河以南属中国，以北属俄罗斯，其南岸黑里勒克河口所有俄罗斯房舍均迁往北岸。三、将雅克萨地方俄罗斯所修之城尽行拆毁，雅克萨所居俄罗斯人民及诸物尽行撤往察汉汗之地。四、凡猎户人等断不许越界，有越界者即行擒拿，送各地方官惩处。从前一切旧事不议，中国所有俄罗斯之人或俄罗斯所有中国之人均不必遣返。五、今既永相和好，以后一切行旅，有准令往来文票者，许其贸易不禁。六、不得容留对方逃亡者，一经发现即行送还。另外，双方还商定将外兴安岭和乌第河之间的地区暂行存放，留待后议。

《尼布楚条约》是中、俄两国签订的第一个条约，其正式文本为拉丁文本，由双方代表签字盖章，另有满文和俄文副本。《尼布楚条约》是在平等的基础上签订的，其内容也未超出两国政府愿意接受的范围。条约明确划定了中俄两国东段边界，在此后相当长的一段时间时，两国边境相对安定，人民往来和贸易关系皆有所发展。

康熙帝亲征噶尔丹

厄鲁特蒙古又称漠西蒙古，在明代称为瓦剌。约在 16 世纪末，厄鲁特蒙古分为准噶尔、和硕特、杜尔伯特和土尔扈特四大部，并形成了四部联盟。后准噶尔部势力日益强大，肆意役使和控制其他各部，致使土尔扈特部西徙伏尔加河流域，和硕特大部徙居青海。准噶尔部于是在天山以北至阿尔泰山的广阔地区称雄。

17 世纪中叶，准噶尔内部发生争夺统治权力的斗争。康熙十年（1671 年），准噶尔贵族噶尔丹夺取了统治权。噶尔丹极富于扩张野心，在夺取权力后先后占有了青海大部，征服了天山南路的回部，并向西部的哈萨克、布鲁特发动进攻。康熙二十七年（1688 年），噶尔丹趁喀尔喀蒙古内部动乱之机，向喀尔喀大举进攻。以土谢图汗察珲多尔济为首的喀尔喀军民在鄂罗会诺尔等地数次同准噶尔部激战，却终于全面溃败。土谢图汗等遂率部向南，寻求清廷的保护。

喀尔喀诸部归附清廷后，康熙帝仍然希望能以和平方式解决问题，"欲使厄鲁特、喀尔喀释前怨，仍前协和，各守地方，休兵罢战。"但噶尔丹的野心却在继续膨胀，并于康熙二十九年（1690 年）初以追击喀尔喀部众为借口，组织力量再度东征。这年六月，噶尔丹部深入到内蒙古的乌珠穆沁境内，在乌尔会河打败了清军骑兵。噶尔丹对清廷造成的巨大威胁迫使康熙帝以全力对付。七月，康熙帝任命裕亲王福全为抚远大将军，出古北口；恭亲王常宁为安北大将军，出喜峰口，并亲自出塞指挥各路大军，准备对噶尔丹决战。

八月初一日，清军左翼福全部与噶尔丹军相遇于乌兰布通（今内蒙古克什克腾旗南境）。噶尔丹军骑兵数万人结阵于山下，依林阻水，又以上万骆驼伏卧在地上，背上加了箱垛，再蒙上浇湿的毡子，围成一个大圆圈，称之为驼城。准噶尔士卒就隐藏在驼城后面，放箭发铳。清军在河的另一岸列阵，把枪炮火器排在前列，向敌人阵中猛击，两军先用炮火对攻，继而又以士卒肉搏，自未时交火一直战到掌灯时分。后驼城被炮火攻破成为两段，清军左翼兵又由山腰绕路横击，噶尔丹军于是大溃。噶尔丹乘天黑率残部退守于高险处。

噶尔丹在乌兰布通大败后，一面卑辞乞和，一面弃辎重向漠北奔逃。由于清军前敌统帅福全没有果断地进行追击，噶尔丹得以逃脱，但其部众沿途饥踣死亡，精锐几乎损失殆尽，回到科布多大营（今蒙古国西部一带）时仅剩下数千人了。

乌兰布通战役的胜利极大地提高了清廷在蒙古诸部中的威望。为了进一步巩固北方边防，加强对喀尔喀各部的控制，康熙帝在康熙三十年（1691年）四月亲往承德西北的多伦诺尔，集喀尔喀土谢图汗部、车臣汗部、札萨克汗部和内蒙古49旗的王公首领会盟。康熙帝在会盟中宣布：保留喀尔喀三部首领汗号，同时对各级贵族分别赐以亲王、郡王、贝勒、贝子、镇国公、辅国公等爵位；其行政体制则照49旗例编为旗队。多伦会盟后，噶尔丹完全丧失了在喀尔喀的势力地位，在对清作战中也更为孤立。

在第一次对清作战失败后，噶尔丹在准噶尔部的统治地位也受到了挑战。他的侄子策妄阿拉布坦趁噶尔丹常年在外作战，夺取了大量原来属于噶尔丹的土地和财产。为了摆脱在内部权力斗争中的困境，噶尔丹经过几年的休养生息，再度发动了对喀尔喀的进攻。

康熙三十四年（1695年）八月，噶尔丹率军沿克鲁伦河而下，驻军巴颜乌兰地方过冬。康熙帝在得知这一情况后，力排众议，决心亲自率军征讨，以期彻底歼灭，消除后患。康熙三十五年（1696年）春，康熙帝亲征，分兵三路。东路由萨布素率领堵截噶尔丹东进之路；西路由抚远大将军费扬古率领邀击噶尔丹西归之路；康熙帝亲率劲旅居中，直捣克鲁伦河。

康熙帝所率中路军于五丹接近克鲁伦河。由于东、西两路部队都没能按时赶到集结地点，康熙带决定以所部先行袭击噶尔丹军。而噶尔舟在得知康熙帝亲率主力征讨后，自度实力相差悬殊，于是迅速撤退，避敌锋芒，准备在地形有利的拖诺山地区以逸待劳，重创清军。但他的部队一旦轻装奔逃，就有不能止之势，很难重新整合起来。因此康熙帝率军连追了3天，只见沿途丢弃的辎重武器，没有遭遇任何抵抗。五月二十日，因军粮不继，康熙帝下令班师，撤回后方。

五月十三日，费扬古率领的西路军来到土喇河畔的昭莫多（今蒙古国乌兰巴托附近），正好噶尔丹的军队逃奔到这里，两军在这里进行了决战。清军因连日行军，极为疲惫，所以采用了反客为主的战术，选择有利于作战的阵地布阵后，以小股部队引诱噶尔丹军深入。噶尔丹进兵阵地后，拼全力争夺清军占领的小山高地，攻势极其凶猛。清军虽以左中右三翼互相配合，并用大炮、子母炮轰击敌阵，但噶尔丹与其妻阿努亲率士卒冒着炮火冲杀，一时难分胜负，后来清军发现噶尔丹部阵后的眷属辎重队伍，临时改变作战计划，分兵一队突击噶尔丹军左肋，另一队偷袭其辎重。两队突袭都取得了成功，清军正面又同时发起猛烈攻势，噶尔丹等首尾难顾，立时溃败下来。噶尔丹在乱军中仅率数十骑逃走。他所率领的5000多名战士和大量眷属或被清军斩杀，或坠崖负伤而死，或被俘投降。噶尔丹之妻阿努也在这次战斗中阵亡。

昭莫多之战的失败使噶尔丹完全失去了元气，他的根据地科布多也已被策妄阿拉布坦攻占。此后他只能带领着千余名男子和3000名妇孺凄凉地流落在阿尔泰山一带。噶尔丹生性桀骜不驯，即使到了这种境地也决不向清廷屈服投降。康熙帝则仍然把噶尔丹看成必须速行剿灭的心腹之患，于是在康熙三十六年（1697年）春又组织了第三次对噶尔丹的征剿。

这年二月，康熙帝渡过黄河来到宁夏，亲自监督指挥对噶尔丹残部的剿除，命马思哈、费扬古分两路进兵。这时噶尔丹众叛亲离，力量已极其衰微，不堪为战，又无路可逃，最后粮绝，只能靠杀马而食。闰三月十三日，噶尔丹服毒而亡。其余部后来归顺了清朝。

噶尔丹被剿灭后，策妄阿拉布坦取得了珲台吉的称号，成为整个准噶尔部的正式统治者，并且在西北继续同清廷相对抗。

雍正帝的统治

雍正帝夺位与秘密建储制度

康熙二度废太子后，对诸皇子争夺皇位及大臣保皇子嗣储极为反感，断然拒绝诸王大臣保立皇太子，并将奏请复立允礽的翰林朱天保正法，以示其心。时年，康熙已60岁。建储给康熙带来了无穷的烦恼，健康状况也因此而每况愈下。

此时，在诸皇子中，四阿哥胤禛渐渐显露出实力，在其周围，有懿仁皇后之弟隆科多、皇十三子允祥、大学士马齐、川陕总督年羹尧等。隆科多时任理藩院尚书、步军统领、京师九门提督，手握兵权，又是胤禛的亲舅父，地位至关重要。而且，在诸皇子中，胤禛最不露锋芒，与康熙帝的感情很近，深得康熙帝的信任。

据传说，皇四子胤禛在康熙帝弥留之际，派其党羽包围了宫门，只许进不许出，并进参汤一碗，康熙弥留之际见进来的不是皇十四子允禵，知其有篡位之心，手持项上念珠向皇四子胤禛打去，被其夺下，康熙遂亡。胤禛将其遗诏"传位十四皇子"改为"传位于四皇子"，由隆科多当众宣读，胤禛举康熙帝念珠为证，遂登基称帝，承继大宝。此为传说，其真伪未辨，但矫诏之说通过胤禩集团之口传布朝廷上下。连胤禛的生母雅氏也不与他合作，她的第一个反应是要求殉葬，接着是不接受新皇行朝贺礼，也不接受给皇太后所加的尊号。儿子当了皇帝，做母亲的应该高兴，然而，这位皇太后却郁郁寡欢，在新皇继位仅半年就离开了人世，一时弄得雍正帝十分尴尬，身下的宝座摇摆不定。但是，他毕竟已是45岁的成熟政治家，临危不惧，沉着应战。雍正帝利用控制政权的有利地位，对威胁最大的政敌胤禩集团实行有计划的又拉又打、软硬兼施策略。封胤禩为和硕廉亲王，并任命他为总理事务大臣；召胤禵回京，囚于景陵；发遣胤禟到西北，拘禁皇十子胤䄉，不放出胤䄉、胤礽，把他们分置各处，无法联络，动辄得咎，完全掌握了斗争的主动，度过了最危险的权位危机。接着，又对胤禩严加打击。雍正四年（1726年）正月，将胤禩开除宗籍，圈禁高墙；三月，命胤禩改称"阿其那"（意为狗）；九月，胤禩在禁所忧愤而死。

雍正帝自己参加了争夺皇位之争，对骨肉相残的景况感触颇深，尽管他取得了胜利，但他并不希望他的后人再为最高权力的交接出什么乱。继位后，他在谨慎处理、打击政敌的同时，也在深思熟虑地筹划着以后最高权力顺利交接的问题。他总结历史上明立太子和其父两次立废太子的经验教训，结合祖先努尔哈赤定下的选"德""才"兼备的"贤能"皇子为嗣君的家法，不到一年，便想出了一个秘密建储的办法。雍正元年（1723年）八月十七日，雍正在乾清宫召见总理事务大臣、满汉文武大臣和九卿，宣布了立储的原因和办法。他告诉众大臣：他已选定储君，储君的玉名已写好密封，装在一个锦匣内，准备把它放在宫中的最高处、乾清宫正中世祖章皇帝御书"正大光明"匾额之后。让众大臣知道"国本"之定，待他死后，便可取出传位诏，宣布新皇即位。这位储君是谁，本人不知，诸臣不晓，只有皇帝一人预定。这样就确立了秘密建储制度。

雍正帝经常居住在圆明园，除乾清宫的密诏外，又另书内容相同的密诏置放在圆明园御政处。两份诏书，同样有效。这也成为一种定制，以后的传位密诏都存放两处，以防不测。

雍正帝在创立秘密建储制度之前，还创立了一个上书房皇子、皇孙教育制度，作为密建皇储制选"贤能"的基础。将皇子置于同等受教育的竞争环境之下，老皇帝可以根据对皇子的重新评价，秘密修改锦匣内亲书的储君玉名，使秘密建储制度更加完善。

雍正帝创立的秘密建储制度，可以收到立国本以固人心的政治效果，同时也能避免明立太子可能出现的储君与皇帝争权、诸皇子争储、储君骄纵等弊病，还能保证储君有较高的素质和政治才能。乾隆帝弘历继位后认为，这个办法很好，遵奉实行并加以完善。乾隆元年（1736年）正月择上书房师傅，令皇子入书房读书，经过3次选择，密立皇十五子颙琰为储君。乾隆、嘉庆、道光、咸丰四帝都是经过上书房教育培养，用秘密建储的方法择定的。实行秘密建储制度后，清朝再未出现皇位纷争。可见，在减少混乱、稳定政局方面，这一制度相当成功。

火耗归公与养廉银制度

清统治者，为了欺骗劳动人民，"正赋"的额数并不为高，但"正赋"之外，另有种种名目的"附加税"。有些地区，"附加税"往往比"正赋"高达三五倍不等。所谓"催纳之数不多，供亿之数更繁"，劳动人民"不苦于赋，而苦于赋外之赋"。

清初的"附加税"名目很多。如"耗羡"（亦称"羡余"或"火耗"），就是官府将征收来的散碎银子，要经过再加工铸造，熔炼成一定数量的银锭，再上缴国库。其中的损耗，解运费用，名曰"耗羡"，再如交纳粮食入仓的损耗，称之为"雀耗""鼠耗"，都算在劳动人民的身上，要向人民多征收一部分粮食、银钱。

雍正帝反对地方官吏横征加派，但也不同意让他们"枵腹从事……令天下人视官场为畏途"。相反，他主张要使官吏丰足，"督抚司道亦皆饶余"，所以，在他推行火耗归公的同时，又建立了养廉银制度。

雍正帝规定了火耗归公后的用途一是官员养廉；二是弥补官号的亏空；三是留作地方公用。无论弥补亏空，还是留作地方公用，都与官员养廉有关，都是为了整饬吏治。

养廉银制度，最先在地方文官中实行。各省官员的养廉银数额，根据各省、道、府、州县所辖区域大小、冲僻、繁简、贫富等情况，多寡不一，总督最高达3万两，最低也13000两；知府、知县数百至3000两不等，连从九品的典史也有数十两。全国直省文官养廉银每年达280万两。随后到乾隆朝，八旗、京官、武职都实行了养廉制度。

雍正帝推行火耗归公和养廉银制度的头几年，又大力清查亏空，严惩贪赃，的确收到了整肃吏治的效果。但是，随着时间的推移，养廉银也完全变成了官员的个人收入，耗外加耗，养廉银不养廉的问题又渐趋严重。火耗归公无形中加重了老百姓的负担。

"摊丁入亩"制度

康熙年间实行"滋生人丁，永不加赋"的政策虽然是赋役制度的一个进步，但并不能解决长期以来赋役不均的状况。一些较有眼光的官吏，地主鉴于明末赋役不均引起农民大起义的教训，对此忧心忡忡，提出过一些改革方案。

康熙五十二年（1713年），御史董之燧提出"摊丁入亩"的主张，建议把丁银总数统计清楚，平均摊入到田亩中，按亩征收。户部讨论了他的建议，认为这样做变化太大，加上地方持反对意见的人很多，这个建议就没有获得通过。但是，董之燧提出的问题又不能不解决。后来，经康熙帝默许，先在广东和四川两省试点。

雍正元年（1723 年）七月，新登上皇帝宝座的雍正帝，根据直隶巡抚李维钧的建议，正式在全国颁发诏令，推行"摊丁入亩"政策。

"摊丁入亩"具有积极的意义，它简化了税收的原则和手续，取消了征税的双重标准，这是赋役制度的重大改革。按土地多少收税实际上就是按人们的财产和负担能力收税，在一定程度上改变了赋役不均的严重情况，减轻了贫苦人民的负担。因为，地主阶级地多丁少，农民阶级丁多地少，摊丁入亩，势必使农民负担的一部分税款会摊到地主的身上。因此当时人说：把丁银"摊入田粮内，实与贫民有益，但有力之家，皆非所乐"。

创立军机处

为办理国家要务和军机大事，雍正四年（1726 年），雍正帝设军需房，七年六月改为军机房，八年改称军机处。

军机处仅设军机大臣、军机章京两种官职。军机大臣俗称"大军机"，雅称"枢臣"，由雍正帝从满汉大学士、尚书、侍郎内特别选拔，或由军机章京升任，也可由满洲皇族亲王选任。其名额多少由皇帝所定。最初设 3 人为军机大臣，即怡亲王胤祥、大学士张廷玉、蒋廷锡，后来有所增加，最多时达 11 人。他们之间无隶属关系，但以品秩高，资历深者为"领班"，誉称首揆。他们分别对皇帝负责。军机大臣全称"军机处行走"或"军机大臣上行走"，初入者还要加"学习"二字。

军机章京（章京，满语意为"官"儿）俗称"小军机"，初创时称"军机处协办"，乾隆四十五年改为"章京上行走"。最初军机章京定员无额，直至嘉庆四年始定满汉章京各 16 人，以满汉各 8 人轮班值守。最初章京在内阁中书中选用，后多为院部保送，经军机大臣考试后录用，由皇帝传补，负责满、蒙、汉文字工作。

由于军机处是朝廷枢密所在，所以有官无吏，以防泄露秘密。因此军机处洒扫庭院、勤杂送水等工作例取 15 岁以下不识字儿童若干人充任，满语称"苏喇"又称"小么儿"。最初军机处值房在乾清门外偏西，后迁至乾清门内，与南书房临近，最后移至隆宗门西南，都是临雍正帝寝宫不远的地方，以便于联系。

军机处的职责是负责拟写皇帝发布的谕旨，办理皇帝交议的大政，审办大狱要案，奏补文武官员，查考行军山川道里及兵马钱粮，查考大典礼旧案与考证历史事件，扈从皇帝巡幸出游以备顾问，稽查封疆大吏行政效率等。通过军机处的设立，自清太祖以来诸王、贝勒、议政大臣会议决定国家要务的局面被彻底打破，使其成为有名无实的闲曹，同时巩固了皇权的集中，使中国封建社会专制主义达到顶峰。

随着军机处的设立，使整个国家的政治体制运作发生了改变，原来由内阁承旨、六科封驳、公事用题本内阁承办，私事用奏本直接达御前的方式，改为皇帝亲书谕旨或口授，军机大臣承旨拟谕径自廷寄各地的方式，从而使内阁和议政王大臣会议有名无实，大学士和议政王大臣成为有名无实的闲曹。而且军机处临近大内，一切活动均在皇帝监视下进行，便于控制，同时雍正还设立许多警戒，使军机大臣处处小心从事，敬上畏命，雍正帝牢牢地控制了军政、行政大权。

设立军机处还有一种目的是打击掌握朝中重权，在内阁、六部等有党羽的诸王势力。

清初文字狱

为了加强专制主义中央集权的统治，维护满洲皇帝和贵族在全国的优越的统治地位，清统治者对于统治集团内部任何反满思想和活动，都要采取严格的镇压。在康熙、雍正、乾隆三朝，清统治者曾大兴文字狱，前后见于记载的约有七八十起。康熙二年（1663 年），浙江湖州富户庄廷钺刊刻了朱国桢编写的明史，又请人增添了明末天启、崇祯两朝事，其中多有指斥满洲的文句，被人告发。清朝政府把已死的庄廷钺开棺戮尸，作序者、刻印者、校阅者、售书者、藏书者被杀 72 人，充军边防的也有几百人。雍正四年（1726 年），满洲隆科多的党人礼部侍郎查嗣庭出为江西考官，出题有"维民所止" 4 字，清朝政府认为是去掉雍正二字之头，下查嗣庭狱。查嗣庭在狱中病死，又下令戮其尸。乾隆五十三年（1788 年），湖南耒阳生员贺世盛作《笃国策抄》，书中论及清代的政事，以为当时的捐纳制度流弊极多，事发后即被锁拿处死，妻子充军。这都说明了清统治者对汉族地主官绅的猜忌和对他们显示专制君主的淫威。

雍正时的几次文字狱，不仅用血腥的屠杀加强了对文化思想的统治，而且还亲自著书来驳斥反对者。生员陆生枏作《封建论》，反对清朝的统一和专制的统治，企图恢复三代的"封建"，雍正则作《驳封建论》，他说："中国之一统始于秦，塞外之一统始于元，而极盛于我朝，此皆天时人事之自然，岂人力所能强乎！"吕留良是清初有名的思想家，具有浓厚的反清意识，他反对专制政治，主张君臣的关系应如朋友，又主张严"华夷"之别，认为孔子赞扬管仲的"攘夷狄"是最高的道德标准。吕留良早死，其弟子及曾静等人皆崇奉其说，并广为传播。雍正撰辑了《大义觉迷录》一书，并将它颁行天下，他在书中强调了"华夷无别"，认为舜是"东夷"之人，文王是"西夷"之人，自己虽是满族人，却和舜、文王一样，可以完全合法作中国的皇帝。他又下诏谕说："天无二日，民无二主，乃天经地义"。清代的专制政治，在此时已达于极点了。

西北用兵

雍正元年（1723年），青海和硕特部首领罗卜藏丹津乘抚远大将军胤禵回京奔丧之机，裹胁大小贵族发动叛乱。清廷开始准备用和平的方法解决青海问题。兵部侍郎常寿前往罗卜藏丹津的驻地沙拉图，制止罗卜藏丹津对额尔德尼和察罕丹津的进攻，对其叛逆行为给以严厉警告。罗卜藏丹津狡猾抵赖，反诬额尔德尼有侵占西藏之心，并且扣押常寿，煽动部众发动了大规模叛乱。

十月，清廷命川陕总督年羹尧、四川总督岳钟琪统兵征讨。在清朝强大的军事攻势下，叛军迅速瓦解。雍正二年，叛乱被平定，罗卜藏丹津男扮女装逃到了准部策妄阿拉布坦处。清政府多次向策妄阿拉布坦索还罗卜藏丹津不给，可见，清廷与准部仍然处于僵持状态。

随着政治改革的实现，政局稳定，财力充足，雍正帝已有条件解决准噶尔的问题。从雍正帝五年（1727年）开始筹谋、准备讨伐准部事宜。同年，策妄阿拉布坦死，子噶尔丹策零继立，雍正帝认为有机可乘，促使他下定用兵的决心。

雍正帝七年（1729年）三月，雍正帝下令两路进军，讨伐准噶尔。噶尔丹策零闻讯，十分惊恐，马上遣使赴京，声称如果既往不咎，仍愿听从清廷命令，解送逃犯。为此，雍正帝下令暂缓进兵一年，召傅尔丹、岳钟琪进京商议军情。想不到在缓兵之期的雍正八年（1730年）冬，策零派兵2万突袭西路清军大营，清军损失惨重，岳钟琪回到西路军大营，谎报军情，以败为胜；傅尔丹回到北路军营也不积极备战。

雍正九年（1731年），策零又派大、小策零敦多卜领兵3万，向清军北路大营扑来。傅尔丹有勇无谋，中了策零的奸计，率领1万人轻装冒进，在和通泊与敌军2万相遇，结果，几乎全军覆没。傅尔丹幸免于死，被降为振武将军，以顺承郡王锡保代为靖边大将军。十年（1732年）正月，策零派6000人自乌鲁木齐扰掠哈密，西路军指挥失灵，使敌安然逃回。光显寺之战失败后，噶尔丹策零无力再战，于雍正十一年（1733年）首先提出议和。经几年的征战，清军10余万，胜少败多，人力物力消耗很大，也于同年五月宣布暂停进兵。第二年七月，雍正帝正式同意议和。噶尔丹策零重新称臣入觐，清政府划定牧区界限，同意他在阿尔泰山西边游牧。此后维持了将近20年的和局。

雍正西北用兵，调度乖方，几易两路主帅，未能取得预期效果，但对准噶尔部的扩张多少起到了抑制作用，对维护西北地区的安定与统一也有积极意义。

用兵"苗疆"和改土归流

雍正时，清朝政府任命鄂尔泰为云、贵、广西3省总督，在广阔两三千里的"苗疆"（贵州地区），云南东川、乌蒙、镇雄3土司以及云南西南部与缅甸连界的各边地，大规模施行改土归流。鄂尔泰等对各少数民族的土司采取了招抚和镇压两种办法，先后招降贵州苗、瑶各族 2000 余寨，又缴纳广西土司的敕印和军器 2 万余件，并在云南设置了普洱府，以便于对西南各族的镇压。

在改土归流的过程中，由于官吏的暴虐和对各族人民的掠夺屠杀，引起了不断的苗民起义。雍正十三年（1735 年），台拱苗寨奋勇抗清，一直到乾隆初年才停止，清廷派兵在"苗疆"前后烧毁了苗寨 1224 座，屠戮苗民达 17000 余人。

改土归流的主观目的是为了对西南各族人民进行直接的统治，但也有其积极的一面，它改善了某些少数民族地区落后闭塞的面貌，有利于国内各民族间经济、文化的进一步联系，因而也多少促进了少数民族地区社会经济的发展。

中俄《恰克图条约》

清初，沙俄政府在不断侵扰我国东北黑龙江流域的同时，也将侵略矛头指向蒙古地区。康熙二十七年（1688 年），沙俄支持准噶尔部噶尔丹叛乱势力大举入侵喀尔喀蒙古，使喀尔喀各部遭到巨大失败，数十万人被迫南迁。俄军趁火打劫，向南入侵，侵占了楚库伯兴（今色楞格斯克）以南大片地区。中俄《尼布楚条约》签订后，两国贸易迅速发展，俄国商队频繁地前来北京，销售大量毛皮，然后购进大批丝织品、布匹、药材等运回俄国。与此同时，俄国侵略军仍不断入侵中国蒙古地区，掠夺人口，劫掠牛羊，在中国土地上设立侵略据点，使中俄中段边界形势日趋紧张。清政府不断向俄国提出抗议，要求迅速划定两国中段边界，但沙俄政府却置若罔闻。康熙五十七年（1718 年），清政府决定暂停中俄贸易。康熙五十九年（1720 年），沙俄政府派特使伊兹玛依洛夫停留了 3 个多月，康熙帝先后接见 10 余次，再三向其表明中国方面的和平诚意，希望尽快划定中俄两国中段边界，以保持边界地区的安定。但伊兹玛依洛夫却始终采取回避态度，使划界问题未能解决。伊兹玛依洛夫使团回国时，清政府允许使团秘书郎克继续留在北京。郎克勾结俄国东正教驻北京布道团在京进行了大量间谍活动。同时，俄国还在中国西北地区从事侵略颠覆活动，企图诱使准噶尔部策妄阿拉布坦叛乱势力归顺俄国。清政府闻知，立刻于康熙六十一年（1722 年）再次宣布停止中俄贸易，将郎克逐出北京，中俄关系再度紧张。

雍正三年（1725 年）沙皇彼得一世病逝，其妻叶卡捷琳娜一世根据彼得一世生前意愿，派萨瓦·符拉迪斯拉维奇为全权代表来中国进行贸易和边界谈判。行前，沙皇政府训令萨瓦，一定要中国让出"外贝加尔区、乌丁斯克、色楞格斯克以及尼布楚等地"。雍正四年（1726年），萨瓦一行到达中国边境地区。随同前来的，包括大批测绘技术人员、东正教传教士，以及由曾在准噶尔部活动多年的巴赫尔兹上校率领的1500多武装部队。当年十一月，萨瓦等人到北京祝贺雍正帝登基，并与清政府举行边界谈判。中国方面参加谈判的有吏部尚书察毕那、理藩院尚书特古忒、兵部侍郎图理琛。事前，萨瓦通过在京的耶稣会传教士巴多明，收买了清朝大学士马齐，大量窃取清政府和谈判代表团内部机密，使中国方面从一开始就处于极其被动的地位。北京谈判未能取得任何具体协议，只讨论了一般事宜，同时商定在布尔河继续谈判。事后，萨瓦建议沙俄政府尽速加强边界地区的军事力量，企图以武力逼迫清政府接受他们的谈判条件。

雍正五年（1727年）五月，中俄双方在布尔河畔再次谈判。谈判初期，中方首席代表隆科多态度坚决，拒绝了俄方提出的无理要求。萨瓦通过马齐等人，早已十分了解清政府内幕，知道隆科多即将倒台，遂命巴赫尔兹抢占战略要地，公然以武力威胁中国。六月中旬，雍正帝撤销隆科多首席代表职务，派额驸策凌、伯四格会同图理琛继续谈判。最后，中方接受了俄方提出的全部要求，于是年七月十五日与之签订中俄《布连斯奇条约》，将恰克图以北大片领土让给了俄国。《条约》规定：自额尔古纳河沿布尔古特山等处至博木沙鼐岭（即沙宾达巴哈）为两国边界；以恰克图为互市场所。萨瓦等喜出望外，不等边界正式划定，就迫不及待地在恰克图一带修筑要塞，陈兵设防，侵占中国领土。

《布连斯奇条约》签订后，中俄双方派出界务官，沿边界线设置界桩，具体勘定了整个中俄中段边界。九月初九日，双方订立了《阿巴哈依图界约》，确定从恰克图向东至额尔古纳河的边界；九月二十四日订立《色楞格界约》，确定从恰克图向西至沙宾达巴哈的边界。

雍正六年（1728年）五月十八日，中俄双方在北京、布尔河谈判的基础上，再次签订《恰克图条约》，共11款。该条约最终确认了前此各个条约的一切条款，对中俄之间在政治、经济、宗教等各方面的关系作了具体规定。主要内容如下：确认《布连斯奇条约》规定的中俄中段边界；重申"乌第河及该处其他河流既不能议，仍保留原状"，双方均不得占领这一地区；俄商每3年可到北京贸易一次，人数不得超过200，此外可以在尼布楚、恰克图通商；俄国可以派东正教传教士3人来北京，可以在北京俄罗斯馆内建立东正教堂；清政府接受俄国学生来北京学习中国语文；而后对两边逃犯双方皆应负责查办，并送交各自边界官员。

《布连斯奇条约》和《恰克图条约》的签订，使中国从法律上丧失了北部边境大片领土，并使沙俄获得了贸易和传教的权力，但划定了中俄中段边界也基本上遏止了沙俄对中国蒙古地区的进一步入侵，缓和了两国之间的紧张局势。在条约签订后的相当一段时间里，中俄两国边界保持稳定。

乾隆帝的统治

宽严相济的统治政策

雍正十三年（1735 年）八月十三日，雍正帝病逝养心殿，其子弘历继位，改次年为乾隆元年。乾隆帝即位之始就面临着雍正帝严厉统治 13 年产生的副作用，为了缓和紧张的政治气氛，调和矛盾，改善各方面的关系，做了一系列的政策调整。

第一件大事就是将原雍正帝周围的道士、僧侣们逐出皇宫。接着对雍正帝的政敌胤禩、胤禟集团及其后代实行宽大处理；侥幸活下来的胤祯、胤禟宽大释放；许多被禁锢的王公宗室都被释放回家；胤禩、胤禟复其名，收入玉牒，子孙也一并叙入；凡因罪革退的宗室觉罗，分赐红带、紫带，载入玉牒。一大批得罪雍正帝的皇子皇孙，得以恢复名号，重见天日。乾隆帝并非为父亲的政敌公开平反，但适当地缝隙补过，实行宽大处理，却能够树立起新皇仁慈宽厚的美好形象。对其他重要案件和罪犯，乾隆帝也一一重新判处，大多从宽发落。岳钟琪、傅尔丹、蔡珽、谢济世、查嗣庭、沈起元等等要犯，或宽释，或重新起用，甚至对许多亏空钱粮、侵吞公帑受严厉处分的官员，乾隆帝也多所豁免。唯有对吕留良文字狱的主犯曾静、张熙、雍正时免罪释放，乾隆帝一上台，便将两人锁拿至京，凌迟处死。

乾隆帝即位后，相继下令核实垦田升科，停止清丈土地，停废契纸契银法，停止营田水利和井田，停捐纳等，对雍正时不切实际、产生弊端的政策措施进行了调整。乾隆帝没有全盘否定雍正帝的政策，其性质始终不超出纠偏补过的范围。雍正帝许多重要而正确的制度，如秘建皇储、地丁合一、火耗归公、养廉银、奏折、军机处等制度，乾隆帝均原封不动地继承。

乾隆帝经过这一番矫枉过正的宽缓措施，使以往那种紧张、恐惧的政治气氛为之一新，为实行自己的施政方针铺平了道路。

乾隆帝在成功地改变了雍正帝某些政策措施，消除其产生的积弊的时候，同时提出"中道政治"和"宽严相济"的施政方针，并为自己的政策转变制造根据，进行舆论宣传。乾隆帝一上台就宣称："治天下之道，贵得乎中，故宽则纠之以猛，猛则济之以宽""宽严并济之道也"。在他统治 60 年的绝大多数时间里总是宽严并提，把两者看作因时制宜、相辅相成的两个车轮，"宽以济猛，猛以济宽，政是以和"，这就是乾隆帝认定进行统治的不二法门。

按乾隆帝自己的解释，"宽"就是要爱民，"与民休息"，去民之累，去民之扰。他一再告诫臣下，要把宽大与废弛区别开来。"严"就是要对异端邪说、大逆不道、贪官污吏、恶棍奸民绳之以法，如果对这类人宽大，就会造成政治混乱和生民不幸。他祖父康熙帝的特点是"宽"，但是，到了晚年"宽"流于废弛；其父雍正不得不济之以"严"，而他自己却要做到"宽""严"并济，"惩劝兼施"。他经常告诫大臣们，不要误解自己的宽大，"相率而趋于纵弛"，则"有不得不严之势"。

"宽严相济"是乾隆帝总结康熙、雍正朝几十年统治经验而得出的政治理论，从即位伊始，他就反复阐述、运用这一理论，从而形成自己有别于康熙、雍正两朝的统治格局和作风。这一理论为他提供了大幅度的回旋余地，有时候一些事情，可放宽政策，使矛盾缓和，以博得宽厚的好名声；有些事情则严加整顿，雷厉风行，把螺丝拧紧。

乾隆帝一生的政治实践，潇潇洒洒，十全武功，宽豁而峻严，正是体现了他宽严相济、刚柔兼施的妙用。

重农政策

乾隆帝与他的先辈一样，十分重视农业生产。即位不久，便组织人员编纂《授时通考》，并亲自作序，大力提倡精耕细作和提高产量的耕种技术，奖励有技术、勤耕细作的"上农"。在康熙帝、雍正帝招耕、开垦原抛荒土地的基础上，进一步向山区、坡地进军，开垦原始土地。然而，土地的开垦是有限的，人口却在不断增长，到乾隆初人口已超过两亿。土地和人口成为一对尖锐的矛盾，为解决人口的吃饭问题，乾隆帝在全国普遍推广甘薯、玉米等高产作物，对缓和粮食匮乏、改善人民生活、促进经济发展产生了重大影响。

随着农作物产量的提高，乾隆时期，棉花、桑叶、甘蔗、烟草、茶叶、蔬菜、水果等经济作物的种植进一步扩大。

农业经济的发展和农产品商品化的扩大，又促进了商业和手工业的发展，带来江南工商业城镇的繁荣，使整个18世纪的中国社会经济达到了前所未有的高度和繁荣。江南工商业城镇的发展尤为突出。

稳定西藏与"金瓶掣签"制度

乾隆十二年（1747年），西藏珠尔墨特企图实行分裂割据。清政府一面派两位新驻藏大臣傅清和拉布敦入藏，相机行事；一面令四川总督策楞率兵入藏。傅清与拉布敦到拉萨后，情况已很危急，他俩冒险诱杀珠尔墨特，而自己也被珠尔墨特党羽杀害。七世达赖亲率僧俗民众，协同清军平定了这次叛乱。为了削弱藏族贵族的权势，乾隆十六年（1751年）清政府又对西藏的行政体制进行了一次改革：废除郡王的封授，规定西藏地方政府的噶伦人数仍为4名，其中一名应深晓黄教，4人均在噶厦衙门办公，地方大小事务，须4人秉公会商，协同办理；上奏朝廷的重大政务，须"请示达赖喇嘛并驻藏大臣酌定办理"；补放下属第巴头目，须"公同禀报达赖喇嘛并驻藏大臣酌定"，不得私放；各寺院之堪布喇嘛，均由达赖喇嘛酌行选派，噶伦不得专擅。这次改革，虽不够完善，但提高了驻藏大臣的权力，加强了中央政府对西藏的统辖，使西藏局势稳定了近40年。

乾隆五十三年（1788年）和五十六年（1791年），廓尔喀人两次入侵西藏，再次暴露了西藏地方政府的腐朽性和体制的不完善，驱逐廓尔喀人后，清政府决心大力整顿和改革西藏的政治和宗教制度。乾隆五十八年（1793年）正式颁布和执行《钦定西藏章程》。章程共29款，最重要的是提高了驻藏大臣的权力，驻藏大臣督办藏内事务，地位与达赖、班禅平等，自噶伦以下所有西藏政教官员，均为驻藏大臣的属员；达赖、班禅和各地黄教呼图克图的转世，必须在驻藏大臣监视下，采取金瓶抽签来决定，即所谓"金奔巴"制度。另外，在西藏除2000名清军外，又组建3000人的地方部队。这次改革，将西藏地方政府和宗教完全置于驻藏大臣的管理监督之下，从而密切了中原与西藏的关系，大大加强了中央政府对西藏地区的管辖。

平定准噶尔叛乱

居住于伊犁地区的厄鲁特蒙古准噶尔部，在康熙、雍正两朝一再挑起战争，清政府虽多次发兵打败了准噶尔部的军事扩张，却不能消灭其政权。乾隆初政，与准噶尔议和，从西北撤兵，划阿尔泰山作为喀尔喀与准噶尔游牧分界线，赢得暂时和平。

乾隆十年（1745年），准噶尔部噶尔丹策零死去，内部因争汗位而内讧，使得政局动荡不安，社会秩序混乱，许多牧民纷纷逃离准部降清，使乾隆帝最后解决准部出现转机。

乾隆十九年（1854年），辉特部台吉阿睦尔撒纳、和硕特部台吉班珠尔率2万人降清，乾隆帝打破清帝冬天留居北京的惯例，乘马冒严寒赶往避暑山庄，接见阿睦尔撒纳一行，封其为亲王，班珠尔为郡王。

第二年，乾隆帝以班第为定北将军，阿睦尔撒纳为定边副将军；永常为定西将军出兵北、西两路，进兵准噶尔。此时准噶尔达瓦齐尚不知清已分兵两路进击，主要精力仍在征讨哈萨克上面。

五月，西北两路大军会师于距伊犁仅300里的博罗塔拉河，达瓦齐这才知道军情，慌忙率万余人退至伊犁西北格登山，结阵布营，五月十九日，清军兵不血刃地进占伊犁，准部回民牵牛携酒，夹道欢迎。

两路清军从伊犁越推墨尔克里岭直抵格登山，准部兵一哄即散，达瓦齐在只有20余骑清侦察骑兵的冲击下，不知虚实，率2000人逃走，余下7000余人降清。达瓦齐逃到南疆乌什城，其回教首领伯克霍吉斯慑于清朝兵威，设计擒住达瓦齐及其子送给定北将军班第。至此，盘踞伊犁七八十年的准噶尔割据政权被彻底消灭。同时，清军还擒获了雍正初年逃到准部的青海和硕特部头目罗卜藏丹津。

土尔扈特回归祖国

土尔扈特部为漠西厄鲁特蒙古四部之一，游牧于雅尔（今新疆塔城）地区，与沙俄接壤。其第八代首领鄂尔勒克因不甘受准噶尔部欺压，于明末移居额济勒河（即伏尔加河）流域。当时沙俄的势力还没有控制这一地区，土尔扈特仍然保留着蒙古语言与宗教信仰。自顺治十二年（1655年）起，土尔扈特部相继派使者与清朝联系。康熙时，为加强与土尔扈特部联系，派内阁侍读图理琛等代表清政府前往土部看望阿玉奇汗及广大牧民。清政府平定阿睦尔撒纳叛乱后，逃入哈萨克的蒙古牧民随着伊犁形势的变化而返回。此时，沙俄已控制了土尔扈特部，并无休止地征兵同瑞典、土耳其战争。土尔扈特首领渥巴锡从逃到土部的厄鲁特牧民那里得知准噶尔贵族已被清政府消灭，新疆地区恢复了和平安宁，遂萌发了回国的念头。渥巴锡集所属喇嘛、台吉等头目反复商量，决定乘伏尔加河冬季结冰之机，带领土部牧民回归祖国。但因连年冬季温暖，未能成行。

乾隆三十五年（1770年），渥巴锡率土部伏尔加河两岸蒙古牧民近17万人，终于踏上了回归祖国的路程。

为了防止沙俄的阻挠，渥巴锡命土部轻装简从，抛掉所有的生活用具，仅用8天即通过了伏尔加河和乌拉尔草原，迅速进入冰雪覆盖的哈萨克草原。沙俄得知后，立即派大批哥萨克士兵追赶，被渥巴锡率众英勇击退。但行至克齐克玉子地方时被哈萨克台吉额勒里纳拉里北部堵截，被迫走入沙喇伯勒北部戈壁。数千里戈壁，漫漫黄沙，水草皆无，土尔扈特部靠饮牛马血而行，又发生瘟疫，人畜死亡过半。到达伊犁时，仅剩7万余人。

经过8个月的艰苦卓绝的归程，乾隆三十六年（1771年），土尔扈特部来到伊犁。渥巴锡献其祖先所受明永乐八年汉篆敕封玉印及玉器、宣窑瓷器等物，请求入觐。

乾隆帝非常重视土尔扈特部的回归，在乾隆帝的亲自布置下，抽调陕西藩银200万运往甘肃购买物资，并抽调大批仓米、茶叶、布匹、棉花等运往伊犁。

九月，渥巴锡率土部大小头目来到避暑山庄觐见乾隆帝。乾隆帝设宴于万树园，封渥巴锡为旧土尔扈特卓里克图汗，其族子策伯克多尔济为布延图亲王，降人舍楞为新土尔扈特（平定阿睦尔撒纳后先回归的蒙古部落）部毕里克图郡王，其余首领均封贝勒、贝子等。乾隆帝将渥巴锡所部旧土尔扈特分成东西南北四路10旗，放牧地划在天山以南珠勒都斯地区，由伊犁将军管辖。新土尔扈特编为二旗，牧地在科布多，由科布多大臣兼管。土尔扈特部回归对清王朝稳定西北统治，增强凝聚力，具有深远的政治意义。

大小金川战役

乾隆时又有大小金川的战役。大小金川在四川西北部，是藏族定居地区，"万山丛蠢，中绕汹溪"，土产唯有青梨荞麦，俗信喇嘛教，居民皆住石碉中。乾隆十二年（1747年），大金川土司莎罗奔势力强大，起兵攻击邻近各部落，清朝政府派张广泗率兵镇压，"久而无功"，乾隆帝杀张广泗。后又改用岳钟琪，莎罗奔出降，但久而复叛。乾隆三十一年（1766年），清朝政府又派阿尔泰联合九土司攻大金川，大金川反与小金川等部共抗清兵。三十六年（1771年），清兵为大小金川土司所败。乾隆帝杀阿尔泰。清朝集中兵力，前后耗饷达7000万，至四十一年（1776年）才把大小金川压服。清朝于该地设美诺厅（后改懋功县）、阿尔古厅，直接由四川省统辖，四川西北部诸土司也逐渐改土归流。

六巡江南

乾隆帝一生足迹遍及大江南北，长城内外，其中他自称效法其祖康熙帝南巡，在其行踪中也占据很重要的地位。头四次乾隆帝也打着奉太后巡幸的旗号，侍候皇太后南巡。30年以后，皇太后年龄实在太大，经受不住千里辛劳，乾隆帝不得不暂停南巡活动，直到乾隆四十二年（1777年）皇太后病逝后的第三年，才开始实现后两次南巡。

乾隆帝历次南巡，大多在正月十五日前从北京出发，陆路经直隶、山东到江苏清江，渡过黄河，改为水路，乘船沿运河南下，经扬州、镇江、丹阳、常州、苏州进入浙江境内，再由嘉兴、石门抵达杭州。回銮时，绕道南京，祭明太祖（朱元璋）陵，检阅部队，又回运河原路，于四月下旬或五月初返回京师，先于安佑宫行告先帝礼，然后住进圆明园过端午节。

康熙帝南巡的一个主要目的就是治理黄河、运河和淮河，保证漕运畅通无阻和减轻三河交汇一带百姓的水患，每次视察河口，都"亲乘小舟，不避水险，各处周览"。乾隆帝南巡也标榜"南巡之事莫大于河工"，每次南巡都要视察黄河、淮河河工，特别是对杭州海塘的治理，提出以柴塘修筑石塘的正确方案，并大见成效。

他的另一个目的是视察民情，关心民间疾苦，每次南巡都要向百姓显示

"皇恩浩荡"。直隶、山东、江苏、浙江所过州县当年应征额可减免 3/10，受灾歉收地区免 5/10，省会江宁、苏州（当时亦为江苏省会）、杭州及其所在州县免全部地丁银两；奖励各省"老民老妇"；对犯人宽大减刑，增加江苏、安徽、浙江三省科举名额，并在途中联系现实恩科士人，择优录取，授予功名，乾隆帝甚至下令：地方官不要阻拦百姓观瞻"天颜"，以免阻塞百姓"爱君之热情"。但对老百姓拦路叩阍则一律加以重惩，道学思想浓厚的乾隆帝，绝不允许犯上不敬的行为扫他的兴。

乾隆帝毕竟是一位明智而有作为的君主，他在南巡途中并不荒废日常政务。各地的报告、奏章直接送到他沿途驻跸的行宫，照常由他亲自阅读批答。例如，第二次南巡时，正值平准战争，他一边巡幸，一边阅读前方奏报，指示方略，下达命令。乾隆帝在南巡中还特别注意利用召见机会，考察吏治，用朱笔写下召见官员的印象，以作其任用、升迁的参考。除视察河工、海防外，乾隆帝也能注意兼顾普通百姓的利益。凡祭神灵、祀圣贤、尊老重孝、奖拔文人、题诗作画等点缀文治武功盛世的政务活动，乾隆更是不厌其烦。

乾隆帝南巡的队伍相当庞大。除了随行的后妃、皇子外，还带有一整套政务处理班子以及王公、章京、侍卫等，约有 2500 余人。走水路得用千余艘大小船只，形成浩浩荡荡的数里船队。巡幸所经地方，各级官员都要兴师动众，提前修桥铺路，整缮城郭，建造行宫，训练士卒，通缉盗匪，清理刑狱，安抚穷人，筹办珍玩，安排迎銮。仅乾隆帝乘坐的御舟安福舻，就需每班 600 人，共 6 班 3600 人的拉"龙须纤"河兵。南巡途中，乾隆帝的生活条件和设施与宫中没有两样，每日早晚照例鸣鼓奏乐。茶房所用乳牛多至 75 头，膳房所用羊 1000 头、牛 300 头，均提前从北京运到镇江、苏州等地。乾隆帝对饮食极为讲究，每天得从北京或地方专门供应冰块和泉水，在直隶时用玉泉山泉水，在山东用济南珍珠泉水，在江苏用镇江金山泉水，到浙江则用杭州虎跑泉水，每天仅供乾隆帝一人生活所需的就几达千人。乾隆帝六次南巡费靡了大量人力、物力和财产。乾隆帝为了减轻国家和地方的财政负担，鼓励江浙商人（特别是扬州盐商）报效银两，资助他的南巡活动。商人们又为了迎合乾隆帝的享乐，绞尽脑汁，煞费苦心，不惜银两，极尽天工巧夺，去构筑仙境般的虚假荣华。正由于商人的积极参与，使乾隆帝南巡显得格外铺张豪奢；商人们粉饰的虚假繁荣，也使乾隆帝本易被腐化的帝王心理更加腐化，到他后期大肆无节制地挥霍，最终将这种"繁荣"引向了衰落。

大兴土木

乾隆帝性喜游乐田猎，又具有很高的文化素养和艺术鉴赏力，对建筑艺术颇有见地。他希望官帑"俾得流通"，而当时又没有更好的投资去向，那就唯有大兴土木，进行城市、园林建设，这既符合他的性格特征，又可作为他夸耀业绩的物证。

在此思想基础和雄厚财力的前提下，乾隆帝凭着自己的兴致，充分发挥自己的建筑艺术才华，在北京、承德避暑山庄及其周围，大兴土木。

乾隆三年（1738年），乾隆帝服丧期满后，从大内移居圆明园，并经常驻跸于此，开始扩建圆明园，在雍正御园的基础上，向东向北，增建宫殿楼阁，所谓"恢拓营缮，宏规大起"。工程是常建未停。随着乾隆帝南巡的开展，江南的景点和风光也"搬进"了圆明园。到乾隆五十年（1785年）左右，圆明园工程才基本停下来，形成了圆明园上百个景点，并且这时的圆明园已与西洋楼、绮春园和作为乾隆帝归政后颐养天年的长春园联在一起，形成一个整体。后来在嘉庆朝此园又继续增加了一些景点。整个圆明园平地造园，凿池引水，堆山植树，在福海及许多湖泊、河渠、假山旁兴建一批又一批宫殿亭榭、形式多样、风格各异的建筑群，在我国园林艺术史上达到登峰造极的地步，被誉为"万园之园"。

乾隆十年（1745年），开始营建香山静宜园，在其周围设健锐营，修建兵营、民房、庙宇。14年以后，为迎接皇太后60寿诞，新建清漪园（今颐和园），改瓮山为万寿山，瓮山泊为昆明湖，疏浚湖泊，营造殿堂。十八年（1753年），又修成玉泉山静明园和京东盘山的静寄山庄。此外还修缮了许多坛庙。乾隆二十年（1755年）以前是北京西北郊三山五园（畅春园、圆明园、万寿山清漪园、玉泉山静明园、香山静宜园）建筑最繁忙的时期。

乾隆七年（1742年），开始大规模修治北海，工程延续近30年之久，今北海大部分景点就是这时始建或改建、扩建的。

在乾隆前期和中期，整个北京城内外，到处是工地，不时可以看到新的建筑拔地而起，原有的建筑也焕然一新。

康熙时只完成了避暑山庄的宫殿区和一些景点的建设，大规模的扩建工程是乾隆帝来完成的。此外，乾隆帝还在山庄的东北方向，根据蒙藏等少数民族的宗教信仰、民族风格，先后建成了外八庙中的5座，使之与山庄融为一体，更加充分地发挥"抚绥远人"的政治功能。

乾隆帝的大兴土木与南巡一样，是当时的有识大臣和后来的研究者评论的两大败政。都认为他不惜劳民伤财，为供一己之享乐而使海内变穷，变乱由此而起，国势由是而衰。这种评价实在不为过分，乾隆帝也作《知过论》，承认自己一生中的过失是好兴土木，引咎自责。但是，任何历史问题都有它复杂的一面，除劳民伤财一面外，大兴土木也确实起过肃观瞻、抚绥远人（特别是避暑山庄和外八庙）的政治作用。有一点也值得注意，乾隆帝的大兴土木并不是无偿的劳役征调，而是物料给价，雇工给值，所以，乾隆帝辩解地讲：

"力役之征，古所不废，惟本朝则无其事"，兴修工作等事，是"以工代赈，俾小民均资利益"。在资金方面，除动用库银而外，乾隆帝也采取集资的办法。

平定大小金川

大小金川为川西大渡河上游的两个支流，分别源自松潘西北巴细土司和理番县西雪山，在今四川小金县崇化屯汇合，因沿岸富有金矿而得名。该地"万山丛蠹，中绕洵溪"，形势险阻，交通不便。其民多为藏人，世居石堡之中。明代隶杂谷安抚司，与绰斯甲布、革布什扎等 9 土司接壤。顺治七年（1650年），清廷封小金川头人卜尔吉细为土司；康熙五年，又给大金川头人嘉勒塔尔巴"演化禅师"印，使二人分掌大小金川。雍正元年（1723 年），清廷因嘉勒塔尔巴之孙莎罗奔随清军平藏有功，授为安抚司。后莎罗奔势力渐强，谋取小金川等地，以其女阿扣嫁给小金川土司泽旺为妻，泽旺生性懦弱，为其妻所制。乾隆十一年（1746 年），莎罗奔劫持泽旺，夺其印信，经四川总督出面干涉，才放回泽旺。乾隆十二年（1746 年），莎罗奔出兵攻掠革布什扎、明正两土司，四川巡抚纪山派兵前往镇压，反被打败。清廷闻报，调平苗有功的云贵总督张广泗为川陕总督，统兵镇压莎罗奔叛乱。

张广泗调 3 万大军分两路进攻大金川：一路由川西攻河东，一路由川南攻河西。是年六月，张广泗进驻小金川之美诺。莎罗奔恃险抵抗，以石筑垒，号称"战碉"，大小林立，清军受阻，难以前行。乾隆十三年（1748 年）四月，清廷命大学士讷亲为经略前往督师，又起用前大将军岳钟琪为提督、原领侍卫内大臣傅尔丹为内大臣兼统领驰往军前效力。讷亲位高气盛，一至军前，即下令限 3 日攻取噶拉依，并以军法严办谏阻者，于是三军震惧，极力进攻，每得一碉均死伤官军无数，总兵任举、参将贾国良等相继战死，攻战数月，未能前进。讷亲损兵折将，不得不依靠张广泗等，但张广泗轻视讷亲不懂军事，又不服位出己上，故诸事推诿，"阳奉而阴忮之"。张广泗所用向导良尔吉为泽旺之弟，平时与阿扣关系暧昧，为莎罗奔充当耳目，将清军动向随时报与莎罗奔知道，更使清军陷入困境。后岳钟琪奏劾张广泗误用奸细良尔吉，讷亲亦劾其劳师糜饷，清廷遂于是年九月改派大学士傅恒为经略总统金川军务，把张广泗、讷亲革职。十二月杀张广泗、讷亲。

傅恒到军前，杀良尔吉、阿扣等人，切断叛军内应，又增调邻省兵力，尽撤各地守碉、攻碉之兵，与岳钟琪等制定集中兵力，直捣中坚计划。时乾隆帝因金川用兵两年，连诛两大臣，耗饷近千万，用尽全力却未能成功，命傅恒撤兵。傅恒因金川旦夕可破，弃之可惜，仍请进兵。乾隆帝决计罢兵，寄谕千言，命速班师，而傅恒不及奉诏，已与岳钟琪分兵两路，连克碉寨，直扑莎罗奔老巢勒乌围。叛军慑于清军兵威，且粮食将绝，险阻尽失，遂致军心动摇。莎罗奔从前曾随岳钟琪入藏平叛，素服其治军有法，后岳钟琪督川陕时，又奏给莎罗奔印信，至是遂向岳钟琪请降。岳钟琪亲率13骑至叛军营中，示以诚信，莎罗奔等顶经立誓，投降清军。乾隆十四年（1749年）二月初五日，莎罗奔带领喇嘛、头人等焚香跪迎大学士傅恒等。傅恒赦其死罪，命仍为土司。是为第一次平定金川之役。

乾隆中叶，莎罗奔老，其侄郎卡继为大金川土司，不断侵犯邻近土司。乾隆二十三年（1758年），郎卡出兵攻掠小金川及革布什扎土司，四川总督开泰传谕劝阻，郎卡不听，仍侵犯邻境不休。乾隆三十一年（1766年），清廷命四川总督阿尔泰征调大金川周围9土司之兵会剿大金川。时9土司中与大金川土地相邻、兵力相当者，东有小金川，西有绰斯甲布，其余皆弱小。阿尔泰未能利用小金川等制约郎卡，反以苟且息事为本。郎卡遂与绰斯甲布土司联姻，又以其女嫁小金川土司泽旺之子僧格桑为妻，于是三部联合，其余土司难与抗争，只得俯首听命，郎卡死后，其子索诺木继任土司职，于乾隆三十六年（1771年）诱杀革布什扎土司，而与他有"攻守同盟"之约的僧格桑也率小金川之兵攻扰鄂克什、明正两土司，并公然与清军为敌。清廷命阿尔泰率军进剿，阿尔泰按兵打箭炉（今四川康定）半载不前，清廷遂将阿尔泰赐死，命大学士温福赴四川督师，以尚书桂林为四川总督，再次统兵前往镇压。温福由汶川出西路，桂林由打箭炉出南路，夹攻小金川。僧格桑割地求援于大金川，索诺木派兵援助。乾隆三十七年（1772年）春，桂林克复革布什扎，温福进占资里及阿喀，逼近小金川。五月，桂林派部将薛琮统兵3000，带5日粮，欲截小金川后路，不意反被其困于墨垄沟。薛琮派人向桂林请援未果，致使全军覆没。清廷将桂林革职拿问，以阿桂署四川总督，代统其军。十一月，阿桂率部连夺险隘，直捣叛军巢穴。十二月进抵美诺，僧格桑逃往大金川依索诺木。清军乘胜进兵，占领底木达，俘泽旺，传檄索诺木交出僧格桑，索诺木不应。十二月十三日，清廷以温福为定边将军，阿桂、丰伸额为副将军，舒常、海兰察为参赞大臣，率兵进剿。乾隆三十八年（1773年）春，清军6路大军会攻大金川。索诺木增筑碉垒，据险抗守，严密10倍于小金川。温福重蹈张广泗覆辙，采取"以碉攻碉"之策，建碉卡1000余座，所率2万余人大半分散于各碉。是年夏，温福屯兵大金川东都木果木，每日置酒高会，不听诸将之劝，致使军心浮动。索诺木唆使小金川头目煽动降卒复叛，作为内应，又于六月初一日夜袭陷提督董天弼底木达大营。初二日，索诺木派兵占据要隘，切断清军粮道，温福仍骄傲轻敌，不加戒备。初十日，叛军突袭木果木清军大营，攻占碉寨，抢夺炮台，温福仓惶应战，中枪而死，各卡清军相继溃散。海兰察等闻警赴援，收拾残兵万余人。是役，清军被歼

3000余人，提督马会、牛三界，副都统巴朗、阿尔纳素，总兵张大经等皆战死，小金川再度落入叛军之手。

清廷闻知小金川之败，遂命阿桂为定西将军，丰伸额、明亮为副将军，富德为领队大臣，富勒浑为四川总督，再调健锐、火器二营兵2000，索伦兵2000前往助战。阿桂受命后，整饬队伍，激励士气，重新集结两万大军，分兵3路直扑美诺。十月二十九日，清军各路齐进，转战五昼夜，于十一月初四攻克资里，收复鄂克什，进占美诺。收复小金川全境后，阿桂统军乘胜挺进大金川。乾隆三十九年（1774年）正月至七月，清军数路进击，连克要隘，直逼索诺木老巢勒乌围。索诺木见清军大兵压境，只得鸠杀僧格桑，献其尸及妻妾于军前，请求罢兵，阿桂不许，督兵继续进攻。乾隆四十年（1775年）八月十五日，清军直捣勒乌围大寨，四面炮轰，又以地雷炸裂塞墙，次日黎明，清军攻占勒乌围，莎罗奔、索诺木等逃往噶拉依。阿桂等兵分两路：北路自勒乌围夺大金川上游，南下主攻；西路据河西辅攻。十二月，清军逼近噶拉依，明亮等克拢寨，进后独松隘口。二十二日，清军向噶拉依发起进攻。乾隆四十年（1776年），正月，索诺木之母、姑、姐妹等投降清军，而索诺木、莎罗奔等仍在官寨中冒死顽抗。阿桂督清军筑长围、断水道困之，辅以火攻、炮击，历时40余日。二月初四日，寨中水尽粮绝，索诺木、莎罗奔只得率大小头目等2000余人跪捧印信出降。四月，押索诺木等于京师。是为第二次平定金川之役。

两次金川之役前后共5年，费银7000多万两。事后，清廷在噶拉依设总兵，勒乌围设副将，又以大金川为阿尔古厅，小金川为美诺厅，并招募大批内地汉民前往该地屯田，加强了对这一地区的控制。

平定回部

维吾尔人世居天山南路，清代称之为"缠回"。清初，统治天山南路的察合台后王日益衰败，而维吾尔族封建农奴主贵族——和卓的势力强大，众和卓互争雄长。此时正值准噶尔部首领噶尔丹崛起于天山之北，遂乘回部内乱进军南疆，把天山南路的广大地区置于自己的统治之下。回部首领阿布都什特等人被扣留伊犁作为人质。

康熙中叶，噶尔丹对清朝用兵失败，阿部都什特于是来到京师，受到清政府优遇，并派人送其回到叶尔羌（今新疆莎车），掌管回疆事务。阿部都什特死后，其子玛罕木特继为和卓，"总理回地各城"。时准噶尔策策妄阿拉布坦控制回疆，玛罕木特因欲摆脱其统治，被俘至伊犁囚禁，所生二子布拉尼敦、霍集占（即大小和卓）亦遭禁锢。乾隆二十年（1755年）清军战败准噶尔达瓦齐集团，派兵护送布拉尼敦返回叶尔羌"使统回部"，留霍集占于伊犁掌管伊斯兰教事务。后霍集占参与准部阿睦尔撒纳叛乱，失败后逃回叶尔羌，唆使其兄布拉尼敦背叛清廷。乾隆二十二年（1757年）五月，定边将军兆惠派副都统阿敏前往回疆进行招抚，霍集占兄弟杀阿敏，自称"巴图尔汗"，正式据回疆发动叛乱。

乾隆二十三年（1758年）正月，清廷宣示大小和卓罪状，不久即命都统雅尔哈善为靖逆将军、额敏和卓为参赞大臣，率领满汉官兵万余人于该年五月自吐鲁番进攻库车，镇压回部叛乱。库车为回部门户，背靠山冈，城垣坚固，叛军据城固守，清军久攻不下，乃断其水草，四面围困。霍集占闻库车被围，亲率数千叛军来援。六月，清领队大臣爱隆阿率部于半途迎击霍集占，歼其前部，又于鄂根河再创叛军，夺其大纛，断其归路，霍集占负伤，率残兵800余人退入库车城。清军因库车城墙为柳条沙土密筑而成，不怕炮轰，遂命兵丁挖掘地道。挖至离城两丈之地，为守城叛军察觉，以藁草焚烧，地道中清军600余人全部被烧死。七月二十四日夜，霍集占率骑兵400余人偷出西门，由北山口遁去。事先，雅尔哈善拒绝采纳部下分兵据守、防敌逃遁的建议，终日饮酒下棋；及至发觉敌兵夜遁，副都统顺德纳又以夜黑不肯发兵，至天明始遣人追击，叛军早已远去。八月，库车守将阿布都克呼木亦率数十骑逃走，所余3000老弱于八日二十五日出降。清军以万余之众，围城3个月之久，损兵折将，仅得一座空城。乾隆帝大怒，诏杀雅尔哈善、顺德纳等，改命刚刚平定天山北路的兆惠率兵前来。

霍集占自库车逃出，行至阿克苏，伯克霍吉斯闭城不纳；又至乌什，也未能入城，遂退回叶尔羌。布拉尼敦则占据喀什噶尔（今新疆喀什），与霍集占互为犄角。是年九月，兆惠率军自伊犁开往南疆，阿克苏、乌什、和田等城先后归顺清军。兆惠命定边右副将军富德驻兵阿克苏，自率马步兵4000于十月初三日抵达距叶尔羌40里的辉齐阿里克。十月初六，霍集占从城东、西、北三门各出数百精兵袭击清军，皆被兆惠击败。兆惠因叶尔羌城周围10余里，自己兵少不能攻城，遂隔叶尔羌河扎营，号称"黑水营"（叶尔羌河意为"黑水河"），以待援军。兆惠又分兵800，命副都统爱隆阿率领以截断喀什噶尔援路，自率千余骑于十三日自东向南，计划渡河劫取回人牧群以充军食。不料甫渡400，桥梁折断。霍集占闻知，急派骑兵数千出城袭击，又以步兵抄两翼攻其背后。兆惠率部下将士且战且退，被敌兵截为数段，只得人自为战。激战一天，杀敌千余，战马多陷入泥淖，阵亡将士过百，余亦多数受伤。兆惠身先士卒，左冲右突，两易战马，两胫皆伤，终于率众浮水还营。清军因马匹不足，兵力单薄，不能复战，遂掘濠结寨，固守大营。霍集占派万余人渡河，筑长围以困清军，并先后采用炮轰、水淹、偷袭等各种手段袭击黑水道。

清军将士在兆惠的率领下，忍饥受寒，奋勇迎敌，历时 3 个月之久，黑水营岿然不动。乾隆二十四年（1759 年）正月，富德率所部千余人及新到索伦、察哈尔兵 2000 增援黑水营。行至叶尔羌东北呼拉玛地方，与叛敌 5000 余骑遭遇，转战 4 昼夜，初九日渡过叶尔羌河，复为叛军所困，难以前进。时巴里坤大臣阿里衮奉命率兵 600、马驼 3000，合爱隆阿之兵千余骑前来接应。遥见叶尔羌河沿岸 10 余里火光冲天，知为两军相持之地，遂横张两翼，直冲敌阵，解富德军之围，合兵一处，长驱进援黑水营。兆惠听到炮声，知援军已至，士气大振，率部树梯冲出。十四日，两军会合，敌兵溃败，兆惠等还兵阿克苏。

先是大小和卓叛清独立时，回疆人民因长期受准噶尔压迫，不愿再受他族统治，故众心一致，乐为所用。及至黑水营之役，见清军以数千人当数倍之敌，战守数月不屈，不觉气为之夺；加以在大小和卓统治下，赋役繁重，难以承担，稍有迟延，立遭破产之祸；且布拉尼敦等久居伊犁，与曾在当地垦种之人相善，及归长回疆，仍亲信其人，反与旧部疏远，因而众渐离心。兆惠等兵还阿克苏后，便集结援军。是年六月，清军兵分两路：兆惠率15000 人由乌什攻取喀什噶尔；富德率 13000 人由和田攻取叶尔羌。大小和卓闻清军大至，不敢再据守孤城，携其妻孥亲从与辎重越葱岭西逃。清军先锋千余人追至霍斯库岭，斩首 500。七月，兆惠与富德相继占领喀什噶尔与叶尔羌，大小和卓的所谓"巴图尔汗国"垮台。清军乘胜追击，八月，进至伊西洱库河（今阿富汗境内喷赤河）。布拉尼敦遣家眷逃走，霍集占则率万余人据险顽抗。富德、阿里衮等分路阻截，并派兵向叛军发起进攻，又命回部伯克鄂对、霍吉斯等树旗招降回众。降者蜂拥，霍集占虽手刃多人，仍难阻止，只得率亲信数百人窜入巴达克山。十月，巴达克山首领素勒坦沙率兵拒战于阿尔浑楚岭，将布拉尼敦与霍集占等擒杀，献其头于清军，驰送京师。至此，大小和卓发动的回部叛乱最后平定。

清廷在平定回部叛乱后，于天山南北建立军府制。乾隆二十七年（1762 年）十月在惠远城（今新疆霍城南）设伊犁将军，统辖新疆南北两路军政事务；在南疆，于喀什噶尔设参赞大臣，叶尔羌、英吉沙尔（今英吉沙）、和田、乌什、阿克苏、库车等地设办事大臣，领队大臣，加强了中央政府对新疆地区的控制。

征讨缅甸

缅甸与中国的官方往来始见于后汉和帝永元九年（97 年）；元世祖时曾3 次派兵征讨，责其贡赋而还，明初设宣慰司以示羁縻。清乾隆初年，缅甸使臣曾至中国，旋告中断。缅甸与中国云南边疆接壤之地横亘千余里，其间山川交错，道路丛杂，民间贸易十分繁盛，两国商贾时常往来，但也常常引起纠纷。缅王雍藉牙、莽纪觉在位时，时常兴兵扰云南边界，强迫当地土司向其交纳贡赋。乾隆三十年（1765年），莽纪觉死，其弟孟驳继为缅王，势益张，屡次派兵侵扰中国九龙江一带，掳掠人口，抢劫财物。云贵总督刘藻调集各镇清军8000余人分路防战，皆为缅兵所败。清廷革刘藻职（后于乾隆三十一年三月因忧惧而自刭），改派大学士杨应琚为云贵总督，负责征缅事务。

乾隆三十一年（1766年）三月，杨应琚抵达云南。时瘴疠大作，缅兵渐退，清军乘机收复车里、孟艮、整欠等地。但杨应琚急功冒进，听信腾越副将赵宏榜之言，于是年六月命赵宏榜率兵500出铁壁关，乘蛮莫部长赴阿瓦未归之机占据蛮莫所属地方新街，杨应琚也于十月初六进抵永昌（今云南保山），逼蛮莫、木邦归附清朝。缅兵探知木邦等部欲降顺清廷，遂派兵攻陷木邦、景线等地，然后以舟师数千溯伊洛瓦底江进逼新街。清军寡不敌众，为缅兵所败，都司刘天佑战死，赵宏榜烧毁辎重器械，败退铁壁关。清廷又调两广总督杨廷璋赴云南会办军务，以提督李时升率兵进驻铁壁关，分遣清将出边，以图收复木邦、新街等地。缅兵见清军大集，一面派人向清军假意投降，一面分兵绕万仞关，纵掠永昌、腾越等地，于十二月攻入勐卯，并兵犯铜壁关，游击班第阵亡。乾隆三十二年（1767年）三月，清廷以伊犁将军明瑞代杨应琚为云贵总督，诏杨应琚入京，不久赐自尽。

五月，明瑞至永昌，调集京师健锐、火器二营，满洲兵3000，贵州、云南、四川等地汉族士兵及索伦、厄鲁特等兵共3万余人大举征缅。九月，清军分兵3路：明瑞亲率17000大军自宛顶攻木邦，为东路；参赞大臣额尔景额带兵9000出虎踞关攻新街，为西路；领队大臣观音保等居中策应，定期令攻缅甸京师阿瓦。东路军于九月二十四日出发，十月初十进抵木邦，守兵弃城逃奔，清军遂不战而克木邦。明瑞留5000兵镇守，自率12000人架设浮桥渡锡箔江，翻山穿林，破象阵，夺木寨，于十一月二十七日进逼蛮结。缅军2万人在蛮结据险设立营寨16座抗拒清军。十二月初二，明瑞将全军分编为12队，以扎拉丰阿、李全等率左哨，观音保等率右哨，自居中路，乘大雾潜入密林深处，向敌寨发动猛攻。明瑞等身先士卒，率兵弁用刀砍象，象负痛四面冲突，清军乘势攻袭，直闯缅军营寨，短兵相持，连破3寨，其余各寨缅兵相继溃逃，清军遂克蛮结。明瑞军在蛮结休兵数日，继续前进至象孔，距阿瓦仅70里。因粮草不济，又得不到西路军消息，只得回军勐笼就食，然后取道大山向木邦方向撤退。缅军探知清军粮尽，一面随后尾追，一面派兵攻取木邦。镇守木邦的5000清军被击溃，参赞珠鲁讷自杀。缅军乘胜自木邦迎击明瑞军，合随后尾追之兵，不下四五万人。明瑞军腹背受敌，于乾隆三十三年（1768年）二月为缅军所败，观音保等战死，明瑞自尽，所部万余人溃入宛顶。西路军自上年出师以来，至老官屯为缅兵所阻，相持月余，额尔景额病逝，其弟额尔登额代领其众，畏敌不前，株守旱塔。清廷屡促其进兵，仍进展缓慢，以致贻误军机，使东路军孤军深入，终为缅军所败。清廷将西路统帅参赞大臣额尔登额、提督谭五格等处死，命大学士傅恒为经略，阿里衮、阿桂为副将军，舒赫德为参赞大臣，鄂宁为云贵总督，明德为云南巡抚，调兵遣将，再图大举。

四月，缅甸因与暹罗发生争战，不愿再与清朝构衅，遂送还俘虏 8 人，致书清军，请求罢兵。清廷不许，计划与暹罗订约夹攻缅甸，终因海陆交通困难，未能实现。乾隆三十四年（1769 年）四月，傅恒等至云南永昌，调集各地满、汉、蒙古等大军五六万人，分兵 3 路，再次大举征讨缅甸：一路由戛鸠江出河西，经孟拱、孟养两土司地陆行直指阿瓦为正师；一路由东岸经孟密夹江而下为偏师；一路先于蛮莫打造战船，然后由水路顺流南下为策应之师。七月二十日，清军祭纛兴师。傅恒亲率大军渡戛鸠江西进，一路兵不血刃，抚孟拱，克孟养，于十月初一进抵新街。阿桂等亦率东路军出虎踞关，进军蛮夷。这时蛮莫所造战船已成，闽粤水师亦至，遂与傅恒 3 路会合，向伊洛瓦底江进发。缅军探知清军消息，事先以舟师扼据江口，陆师屯兵两岸抗拒。十月二十二日，提督哈国兴与海兰察等率水师乘上风猛攻江中缅军，缅军大乱，战船自相撞击，兵卒数千落水而死，江水为之变赤。与此同时，阿里衮、阿桂等亦率陆师向两岸缅军发起进攻。东岸阿桂令骑兵左右冲突，缅军大溃；西岸阿里衮亦连破敌寨，清军三路大捷，直逼老官屯。缅军以重兵分扼东西两路，坚守老官屯大寨。清军屡次进攻，皆因缅军防守严密而未能奏效。时清军阵亡者日众，且水土不服，副将军阿里衮、水师提督叶相德、总兵吴士胜等相继病故，傅恒也身染重病，攻势渐缓。十二月初七日，缅王孟驳遣使请和，双方订立和约：缅甸对清朝奉表纳贡，遣返俘虏，归还土司侵地；清朝将木邦、蛮莫、孟拱、孟养诸部人口归还缅甸。清军焚舟熔炮班师。是役清军前后共耗费军饷 1300 余万两。

土尔扈特部东归

土尔扈特部是厄鲁特蒙古四部之一，本来游牧于天山以北地区。大约 17 世纪 30 年代，土尔扈特部首领和鄂尔勒克率其所部及和硕特部和杜尔伯特部的一部分向西迁徙到伏尔加河下游地区。在以后的一个多世纪里，土尔扈特部逐步被沙皇俄国控制，被迫向沙皇俄国提供兵力，自身的政治事务也要受到沙俄当局的干涉。

18 世纪 60 年代，俄土战争爆发，沙皇政府强征土尔扈特人参加战争，在战争初期死伤已达七八万人。但无厌的沙俄政府计划再由土尔扈特征兵，甚至要 16 岁以上的男子都开赴俄土战场。这可怕的灭族之灾使得整个土尔扈特部人情汹汹，土尔扈特首领、年轻的渥巴锡汗在这种生死存亡的时刻，终于做出最后决定，率领全族返回祖国。

土尔扈特在伏尔加河流域期间，并没有中断同祖国的联系。他们同我国西北地区的其他厄鲁特各部始终关系相当密切。在崇祯十三年（1640年）土尔扈特首领亲自参加过制定《蒙古厄鲁特法典》的会议。土尔扈特部向厄鲁特各部的婚嫁联姻也是很经常的活动。土尔扈特部与清朝中央政府也有一定的联系，在顺治和康熙朝都曾数次入贡。康熙五十一年（1712年），康熙帝还派遣图理琛率使团穿越俄国，跋涉万里去看望土尔扈特部。由于同祖国有长期不断的联系，土尔扈特部始终保持着对故乡土地的眷恋，在遭到沙俄政府残酷压迫的时候，终于被迫发出了呼吼："让我们到太阳升起的地方去！"决心举族东迁。

乾隆三十五年（1770年）秋，渥巴锡汗从俄土战场回到本部，同他的侄子策伯克多尔济等人秘密部署重返祖国的行动。他们本来议定，待伏尔加河结冰之后，河左右两岸的全体部众一起出发。但这年冬天天气温暖，河水迟迟不冻，而沙俄的阿斯特拉罕省当局和驻土尔扈特的使团又得到了一些土尔扈特部将要东返的消息，正在加紧对其动向的监视。在万分紧急的情况下，渥巴锡决定先率东岸的近17万人出发。

乾隆三十六年（1771年）一月四日，渥巴锡召集全体战士，控诉了沙俄对土尔扈特部的压迫，发出重返祖国的号令。第二天，全部族1万多户陆续出发，踏上征程。殿后的1万多名战士点燃了渥巴锡的木制宫殿和无数的村落，还杀死了住在那里的上千名俄国官员和商人，表示了同沙皇俄国彻底决裂的决心。

沙皇叶卡捷琳娜二世得知土尔扈特部向东迁移的消息后大发雷霆，立即派出大批哥萨克士兵进行拦截追击。土尔扈特部在越过乌拉尔河，进入哈萨克草原后，遭到了哥萨克的一次突然袭击，损失达9000人。此后，渥巴锡率军在奥琴峡谷歼灭了一支拦截的哥萨克部队，才基本上粉碎了哥萨克的追堵。

土尔扈特部的男女老幼们驱赶着畜群，驾着马车和雪橇，带着帐房和用具，在荒凉的草原上长途行进，遇到了无数艰难困苦。在摆脱掉哥萨克之后，哈萨克人和巴什基尔人又不断对土尔扈特的队伍进行袭击，掠夺牲畜、人口和财产。不断的战斗、艰苦的行军和疾病的流行造成土尔扈特部的人口锐减，牲畜也大量死亡。在接近中国边境的时候，土尔扈特的东进队伍只剩下八九万人，而且非常饥饿疲惫，但他们以坚强的意志，继续向东方前进。

经过了半年时间，土尔扈特人终于进入了中国境内。乾隆帝对土尔扈特整部来归非常重视，在最初得到其东迁的消息后就确定了"接济产业，分定游牧"的方针。同年农历六月初，渥巴锡等人率部来到伊犁河畔，清廷特派参赞大臣舒赫德前往伊犁，主持接纳安插事宜。清廷还从各地调集了牲畜、粮食、茶叶、棉布、毡庐等大量物资，优恤历尽辛苦的土尔扈特部民。渥巴锡也在致清方的信中表明了"向居俄罗斯地，久愿为大皇帝（乾隆帝）臣仆"，希望准令入觐，以伸积诚。渥巴锡还进献了其祖先受明永乐八年汉篆封爵玉印一颗，表示归顺清朝的决心。

在归来的土尔扈特部首领中，有一个叫舍棱的，本来依附于准噶尔部，曾经参与过准噶尔部的叛乱，叛乱被平定后才率残部投奔渥巴锡。清廷中一些人对于舍棱随众归来颇存疑虑，恐怕他怀有什么诡计。乾隆帝根据当时的形势做了正确的判断，认为"归顺之事十之九，诡计之伏十之一"，决定对舍棱一体加恩，不究前罪。乾隆帝的这一系列正确措施对安定土尔扈特各首领和部众起了积极作用。

这年九月，渥巴锡、策伯克多尔济、舍棱等13位土尔扈特部首领应召来到热河的木兰围场，觐见了正在这里的乾隆帝。乾隆帝用蒙古语亲自询问了土尔扈特部的历史情况和举族归来的经过，并命渥巴锡等人随围观猎，又对渥巴锡等人多次赐宴，还举行了盛大的灯宴火戏。其时正值喇嘛教庙宇普陀宗乘之庙落成，渥巴锡等人与内蒙古喀尔喀及青海等处的各蒙古部首领一起参加了大法会。乾隆帝乘兴撰写了《土尔扈特全部归顺记》和《优恤土尔扈特部众记》，凿石竖碑，立于普陀宗乘之庙内。

嗣后，清廷封渥巴锡为卓哩克图汗，封策伯克多尔济为布廷图亲王，封舍棱为弼里克图郡王，封巴木巴尔为毕锡呼勒图郡王，其他首领也分别被授以爵位。根据分而治之的原则，清廷又将土尔扈特部众分为旧土尔扈特与新土尔扈特两部分。旧土尔扈特是和鄂尔勒克的后裔，由渥巴锡汗统领，总称乌纳恩素珠克图盟，以下又分为东西南北四路，共10旗，分别在准噶尔盆地南北和西边游牧，统归伊犁将军管辖。新土尔扈特是和鄂尔勒克叔父卫衮察布察齐的后裔，由舍棱统领，为青色特启勒图盟，下分左、右二旗，在科布多游牧，归科布多大臣管辖，定边左副将军节制。随渥巴锡归来的和硕特部恭格一支也受到妥善安置。各部遂安居于其牧地。

击败廓尔喀

尼泊尔自很久以来就与我国西藏地区保持着密切、友好关系。在明末清初，统治加德满都河谷的主要是尼瓦尔族人建立的加德满都、巴特冈、帕坦3个土邦。这3个土邦内讧不已，因此在18世纪中叶为廓尔喀族的首领拉纳阳所灭。廓尔喀王朝积极向外扩张，占领了西藏周边的哲孟雄、宗木、作木郎等藩属地区。此外，廓尔喀王朝沿袭尼瓦尔土邦的旧例，继续与西藏进行银钱交易。廓尔喀向西藏地方政府提出了苛刻的银钱交易条件，使彼此间的商业贸易受到影响、关系愈加趋于恶化。乾隆五十三年（1788年），廓尔喀王朝以西藏地方政府增加税额、在食盐中掺土为借口，占领济咙、聂拉木、宗喀等后藏3个地区，爆发了廓尔喀第一次侵藏战争。

清朝中央政府得知廓尔喀侵藏的消息后，立即派理藩院侍郎巴忠、四川提督成德、成都将军鄂辉等人率领满汉官兵3000人火速入藏御敌，派四川总督李世杰等人负责督催运解粮饷。另一方面，乾隆帝又传旨安抚达赖喇嘛说："对此区区扰边之小乱，达赖喇嘛不必担忧，尽管勒于法事，朕之精兵粮饷将永济不竭"，以稳定西藏局势。清政府最高统治者的意图是，必须用武力使廓尔喀侵略军震伏惕怵，确保边隅静谧。清军入藏后受到全藏的热烈欢迎，达赖喇嘛亲自为赴边作战的清军官兵摩顶祝福，祈祷战争胜利。然而，巴忠以迁就敷衍了事，轻率地答应了廓尔喀请求讲和的条件，派噶伦丹津班珠尔、总兵官穆克登阿前往边界谈判，最后答应赔偿廓尔喀人900个元宝，分3年付清，以换取廓尔喀侵略军撤出西藏。由于西藏距北京遥远，清朝政府最高统治者对西藏局势难以周察，所以当巴忠向乾隆帝谎报"已将聂拉木、宗喀、济咙等地方次第收复"之后，乾隆帝竟然认为巴忠等人为国宣力，劳绩卓著，命令交部议叙。

达赖喇嘛等西藏上层人物对巴忠用银子向廓尔喀贿和的做法极为不满，不肯付给廓尔喀贿币。正在这时，五世班禅之弟沙玛尔巴珠嘉措因与其兄弟仲巴呼图克图在继承班禅遗产问题上发生争执，遂逃往尼泊尔，唆使、带领廓尔喀侵略军进犯西藏。乾隆五十六年（1791年）廓尔喀人以西藏方面不纳贿币为借口发动了第二次侵藏战争，占领聂拉木、济咙，并且兵锋直指日喀则，"突袭扎什伦布寺，以毁损、抢劫、偷拿三种手法，把贵重的东西和佛像、佛经、佛塔洗劫一空，返回原地。"

廓尔喀的侵藏战争严重破坏了清政府西南边陲的安定，迫使清政府不得不严肃地对待这一问题。在当时，清朝统治集团内部一些高级官员对进行这场自卫反击战的必要性缺乏足够的认识，而一部分西藏上层僧俗人物对清军大举入藏驱逐廓尔喀的行动也抱有疑虑。乾隆帝鉴于廓尔喀第一次侵藏战争中巴忠贿和的教训，其反击廓尔喀的决心坚如磐石。他在谕旨中这样指出：清军必须对廓尔喀侵藏势力痛加惩创，示以威力，"即和息一事，亦必须倚仗兵威，使贼震怖，方可永远宁静。如以心存懦怯，辄往议和，转为贼人所轻，安能保其不复滋事。"乾隆帝高瞻远瞩，潜谋独断，为清军取得反击廓尔喀战争的胜利奠定了基础。

乾隆帝对这次反击战极其重视，任命嘉勇公福康安为大将军、超勇公海兰察为参赞大臣，让他们带领从满洲调来的骁勇善战的索伦兵2000人迅速从西宁出口，赶赴西藏前线。此后，清政府又从金川调遣土屯兵5000人，从四川调遣绿营兵3000人，并令署四川总督孙士毅、驻藏大臣和琳等得力大臣负责粮饷的筹划和运输。福康安抵藏后，亲自率领主力部队从日喀则经宗喀、济咙向廓尔喀腹地进攻，派成德带兵一部进攻聂木拉作为配合，命令藏军自帕克里向宗木进攻，以收复被廓尔喀占据的宗木地方。为了牵制廓尔喀的力量，福康安还曾传檄布鲁克巴、哲孟雄、甲噶尔（即印度）之王，号召他们出兵助战。乾隆五十七年（1792 年）五月，福康安率军接连收复擦木、济咙等地，攻至藏廓边境上的热索桥；成德等率领的一路清军也于同时收复聂拉木，攻克木萨桥，并俘获廓尔喀大头目咱玛达阿尔曾萨野。这样，清军将侵入西藏的廓尔喀人全部驱逐出境，并且乘胜前进，攻入廓尔喀境内，重兵迫进廓尔喀首都加德满都。在廓尔喀境内的噶勒拉堆补木，清军与廓尔喀军队展开了空前激烈的战斗。清军付出相当沉重的代价，终于取得胜利。廓尔喀土王屡屡派人前往清军营中乞降，由于当时已届深秋，因此福康安向乾隆帝汇报说："藏地边界雪泽最早，如宗喀通拉山等处，常年八九月间即已大雪封山，今年节气较早，已交秋令十余日，总须赶封山以前藏事撤兵，不能久稽时日。"乾隆帝赞同福康安的意见，乃下令清军班师回国。

清政府对廓尔喀的这场自卫反击战所费甚巨，共由国库支付军费 1052 万两。但这次战争使西藏边境自此之后到鸦片战争之前保持了近半个世纪的和平局面，功不可泯。通过这次反侵略战争，清政府的威信得到大大提高，受到西藏上下层僧俗人民的衷心爱戴，从而为清政府颁行《钦定西藏章程》29条创造了良好的社会环境。

《钦定西藏章程》

清朝在定鼎北京之初，统一全国的大业尚未彻底完成，其对西藏地区的统治也不能不显得鞭长莫及，只有利用已经归顺清朝的和硕特蒙古领袖，当时西藏地方的掌权人顾实汗对西藏实行间接统治。1681—1683 年的拉达克战争之后，黄教集团与和硕特贵族的关系日渐恶化，并最终导致双方的武装冲突。康熙四十四年（1705 年），顾实汗的后裔拉藏汗执杀第巴桑结嘉措，经清政府同意而废黜六世达赖仓央嘉措，另立阿旺伊希嘉措为六世达赖喇嘛，但没有得到西藏黄教上层的认可。康熙四十八年（1709 年），清政府认为西藏事务不便命拉藏汗独理，因此派侍郎赫寿前往西藏协同拉藏汗办理事务。清廷直接派官管理西藏实肇端于此。

在康熙五十九年（1720 年）驱逐准噶尔扰藏势力之后，清政府趁机废除了和硕特部在西藏建立的地方政权，改由清政府直接任命的若干噶伦共同负责西藏地方政务，从而进一步加强了清政府对西藏的施政。当时，清政府任命康济鼐、隆布鼐、阿尔布巴、颇罗鼐、札尔鼐为噶伦，其目的在于使其彼此牵制而任何一人都不能独断专行。然而，在清政府于西藏实行的分权政策维持了数年安定局面之后，西藏地方掌握实权的上层贵族之间的矛盾便日益公开暴露出来。岳钟琪根据到藏访查情形的王刚的汇报向朝廷陈奏说："康济鼐公直不要钱，番民畏服，但恃功自大，是其所短，其阿尔布巴等待人和好，一味取悦同事，然皆性贪要钱，番民多不畏惧，察其情状，阿尔布巴与康济鼐接见之时，虽极谦谨，貌似相和，然未免与隆巴布等人相连作一气，而康济鼐则孑然孤立者也。"雍正帝鉴于西藏地方政府统治集团内部不和的情况，于雍正五年（1727 年）任命内阁学士僧格、副都统马喇为驻藏大臣，前往西藏直接监督西藏地方政府，调解阿尔布巴等人与康济鼐的矛盾，安定西藏政局。清政府派遣驻藏大臣始于此。

乾隆十五年（1750 年）平定珠尔墨特叛乱之后，乾隆帝曾命令四川总督策楞拟定《西藏善后章程》，对西藏行政进行了一次重要改革。这次改革大大加强了清朝中央政府对西藏的管辖，但也有一定缺陷，不够完善。最主要的就是清朝自乾隆十五年改革以来，派去的驻藏大臣品质和能力都很低，他们很少努力去和摄政抗衡。在廓尔喀战争爆发之前，清政府已经收复了台湾，驱逐了沙俄在东北的骚扰势力，绥服了内外蒙古，平定了准噶尔。这样，其注意力必然要集中到西藏地区的长治久安。通过驱逐廓尔喀入侵的战争，清朝政府在西藏的威信更加提高。同时，这次反侵略战争也使清政府在经济上、政治上、军事上付出了高昂的代价。乾隆帝决定对西藏事务进行一次比较彻底的整顿，把清朝中央政府对西藏的管辖以法律形式巩固下来。乾隆帝颁布谕旨说："此系极好机会，皆赖上天所赐，福康安等当趁此将藏中积习涮除，一切事权，俱归驻藏大臣管理，俾经久无弊，永靖边隅，方为妥善。"这样，乾隆帝在廓尔喀战争结束后便立即利用战胜廓尔喀的军威和得到西藏人民感激的有利条件，命令福康安会同八世达赖、七世班禅等共同筹议西藏善后章程。乾隆五十八年（1793 年），清政府在福康安等人所上报的 102 款善后章程的基础上加以归纳、简化，正式颁行了《钦定西藏章程》29 条。《钦定西藏章程》29 条有汉文本、藏文本两种，藏文本比汉文本略微详细，内容大体相同，个别之处稍有出入。从藏文本的语气、语体等方面来看，藏文本是西藏地方政府根据汉文本翻译后向各地人民宣布执行的文件（藏文中称为"雄译"）《钦定西藏章程》29 条的内容主要包括：

一、政治方面。驻藏大臣督办藏内事务，应与达赖喇嘛、班禅额尔德尼平等，共同协商处理政务。所有噶伦以下的官员以及活佛隶属于驻藏大臣，无论官职大小都须服从驻藏大臣的命令。除噶伦、代本必须呈请皇帝任命之外，其他官职遇有缺额时，由驻藏大臣会同达赖喇嘛拣选，颁发满、汉、藏文执照。噶伦、代本以下人员和各个宗本须按规定逐级升迁，不得躐等越进，并且必须呈报驻藏大臣批准方可实施。

二、宗教方面。格鲁派创立初期，为了解决宗教迅速发展所带来的领袖继承问题，正式采用噶玛噶举派在 13 世纪中叶开始实行的活佛转世制度。活佛，藏语称作"朱比古"，蒙语称作"呼毕勒罕"，都是"转世者"或"化身"的意思。活佛即是佛祖在人世间的化身，其使命在于继承、传播和弘扬佛法，消除人间的不平和苦难，帮助众生脱离轮回之苦，从而达到美满幸福的理想境界。因此，每当达赖、班禅和其他活佛圆寂后，藏族人民都认为他们将"不迷木性，俱有呼比勒罕出，以衍其教"。在寻找新的呼比勒罕时，一般都由吹忠做法指定。然而，这种制度行之既久，不免产生一些流弊。一些封建农奴主贵族往往收买、拉拢吹忠，谋求指定其后代子孙为呼比勒罕，以图夺取政教大权，操纵整个政局。这样，活佛转世便几乎变成了一种变相的血缘世袭，加剧了贵族内部的权力斗争。为了消除这一弊端、确保西藏社会的安定，清政府参酌吏、兵二部选官时抽签决定的办法，创立了金奔巴制度，又称金瓶掣签制度（因为"奔巴"一词系藏语瓶子的音译）。规定：凡达赖、班禅以及前后藏、西宁等处大小呼图克图的转世灵童一经呈报出世，就应该将所寻找到的各灵童的姓名、出生年月日，用满、汉、藏 3 种文字写于签牌之上，先选派真正有学问的喇嘛在大昭寺内诵经祈祷 7 日，届期再由驻藏大臣亲自监视掣签以定。即使寻到的灵童仅有一名，亦须将一个没有名字的签牌添放到瓶内共同掣签，假如抽出没有名字的签牌，那么已寻得的灵童便不能被认定，而须另外寻找。

三、边界防御方面。驻防西藏的绿营设有游击、都司、守备、千总、把总、外委等职，兵额共计 646 名，分别驻守定日、江孜等处。驻藏大臣衙门及其他文武官员不得滥用兵丁供自己使用。藏军兵额为 3000 名，其中前后藏各驻藏军 1000 名，江孜、定日各驻藏军 500 名。藏军设代本 6 名，每名代本统领 500 人；代本之下设如本、甲本和定本，分别统领藏军 250 名、125 名、25 名。驻藏大臣每年按期巡视边界，检阅兵丁。

四、对外交涉方面。廓尔喀、布鲁巴克、哲孟雄等邻国写给达赖、班禅的通问布施书信，须报驻藏大臣译出查验，代为决定回书。噶伦以下官员不得对外私自发信。邻国商旅和朝圣者入藏，必须由边界营官查明人数，禀明驻藏大臣验放进口，事毕后查点人数，发给照票，再行遣回。

五、财政方面。西藏章卡（其办事官为"商卓特巴"，在藏文中称"强佐"，负责管理仓库出纳）一切出纳，统归驻藏大臣核查，以防商卓特巴侵渔舞弊。

《钦定西藏章程》29 条用法律形式明文规定了驻藏大臣的职权以及西藏的军事、财政、对外交涉等制度，严密周详，有力地促进了西藏地区的稳定、发展，标志着清朝在西藏的统治达到了最高阶段。在《钦定西藏章程》颁布后，驻藏大臣和琳、松筠等精明强干的官员积极将章程付诸实施，西藏地方上层也恭谨从命。达赖喇嘛就曾表示："嗣后惟有钦遵圣训，指认呼毕勒罕时，虔诚诵经，于大众前秉公拈定，庶使化身真确，宣扬正法，远近信心。"后来，驻藏大臣琦善妄加改动《钦定西藏章程》规定的军事、财政等制度，使驻藏大臣的权力遭到削弱，但是，直到清末，西藏地方许多政务仍然是按照《钦定西藏章程》的规定办事。

《四库全书》

清代统治者自入关后很重视搜集和编纂古代典籍，顺治、康熙、雍正时期编修书籍甚多，其中如大型类书《古今图书集成》，荟萃群书，融贯古今，有一万卷之巨。到乾隆年间，清朝进入鼎盛阶段，国家富足，社会也较为安定，为更大规模的书籍编纂工作提供了条件。

乾隆三十七年（1772年）正月，乾隆帝谕令全国各省官员广泛搜集前代遗书和本朝人的著作。谕令说："今内府藏书，插架不为不富。然古今以来著作之手，无虑数千百家，或逸在名山，未登柱史，正宜及时采集，汇送京师，以彰千古同文之盛。其令直省督抚会同学政等，通饬所属，加意购访。"谕令下达后，安徽学政朱筠于十一月提出了搜访校录书籍的4条建议：一是抓紧搜集罕见的旧刻本和抄本；二是充分利用皇家藏书，公布内廷藏书目录，并组织人员从内廷收藏的残本《永乐大典》中辑录佚书；三是著录与校勘并重；四是对于金石、图谱，也要留心搜集。朱筠的建议引起了乾隆帝的重视，交军机大臣讨论后决定：选派翰林官员开馆编辑自《永乐大典》中辑出的佚书与各省采进的书籍，成书后总名《四库全书》。

《四库全书》在乾隆三十八年（1773年）二月正式开馆，馆址设在北京东安门外的翰林院。四库全书馆设有正、副总裁，总纂官，总阅官，总校官，纂修官，以及提调官、监督官、监造官等。在前后9年的时间里，正式任命的纂修官员先后共计360人，此外还征用了大量的抄写人员和勤杂人员，四库全书馆里聚集了全国最有名望的专家学者，人才济济，极一时之盛。其中最为著名的有纪昀、戴震等人。

纪昀是直隶献县人，才思敏捷，学问渊通，自开馆即充任总纂官，与修书活动相始终，对《四库全书》的编纂工作出力最多。全书的体例、分类和各种类中书籍的排列次序等都是由纪昀一手确定的。他把一生精力备注于《四库提要》及《目录》之中，"凡六经传注之得失，诸史之异同，子集之支分派别，罔不抉奥提纲，溯源彻委"，编成《四库全书总目》200卷，成为目录学史上总结性的著作。由于他在编纂《四库全书》工作中做出的巨大贡献和表现出的卓越才华，纪昀被人称作"一代文宗"。

充任纂修官的戴震是极负盛名的汉学大师，皖派领袖，以举人身份而蒙特召入馆，负责辑校《永乐大典》中的佚书和校勘古籍。他的学问根基深厚，馆中其他人遇有疑难，经常向他求教，他总是竭诚相助。戴震在馆数年，晨夕披检，靡间寒暑，辑出久已亡佚不传的《算经五书》，并且校订整理了《水经注》《仪礼集释》等大量古籍，为《四库全书》的修纂做出了突出的贡献。由于积劳成疾，戴震于乾隆四十二年（1777 年）在馆中逝世。

为了编纂《四库全书》，清廷进行了大规模的征集图书的工作。自乾隆三十七年（1772 年）至四十三年（1778 年），乾隆帝多次下诏访求图书，还特别宣布：凡进献书 500 种以上者，奖给《古今图书集成》一部，100 种以上者，奖给《佩文韵府》一部；还将在被收录的图书的提要里记上藏书者的姓名；进献图书特别名贵的，皇帝将亲自在书上题诗，用后尽快送还。由于朝廷的不断督催和各地官员的努力，自各地征集到的图书总数达 13000 多种，其中有许多是举世罕见的珍本秘籍。这些书籍大部分征自文化特别发达的浙江地区，当地的一些著名藏书家，如扬州马裕、宁波范懋柱等人，进献图书都在 600 种以上。这样一次规模空前的征集图书活动为《四库全书》的纂修提供了丰富的基础材料。

在征集到的大量图书中，包括一部分不利于清朝统治者的文字，特别是明清之际的一些野史稗乘，颇多"违碍悖逆"之词。乾隆帝征集图书、修纂《四库全书》，目的在于巩固其统治，对这些不利于其统治的书籍当然不会等闲视之，因而在乾隆三十九年（1774 年）八月，就谕令四库馆和各省官员，一定要趁此征书之机，大力查禁一切违碍图书，尽数销毁。其时文字狱正盛，各处官员对禁书之令不敢怠慢，于是在征书的同时，又大肆收缴禁书，经过十几年的时间，查缴禁书竟达 3000 多种，15 万多部，而且查禁的范围不但包括明末清初的稗官野史，还包括许多学士文人的文集、笔记、奏疏以及剧作曲本，甚至一些宋、元时代有关抗击辽、金、元兵的作品也遭到毁禁。在编纂《四库全书》的过程中，还根据乾隆帝的指示，对许多古籍中一些"违碍"的章节、段落和字句进行了削删窜改，使得一些珍贵典籍面目全非。

经过近 10 年的努力，第一份《四库全书》于乾隆四十六年（1781 年）十二月正式修成。这部巨大的丛书集古今图书 3500 多种，共计 79000 余卷，内容包罗万象。全书分经、史、子、集四部，部下分类，共 44 类，其中 15 类下又分为 65 属。其基本分类为经部，易类、书类、诗类、礼类、春秋类、孝经类、五经总义类、四书类、乐类、小学类，共 10 类；史部，正史类、编年类、纪事本末类、别史类、杂史类、诏令奏议类、传记类、史钞类、载记类、时令类、地理类、职官类、政书类、目录类、史评类，共 15 类；子部，儒家类、兵家类、法家类、农家类、医家类、天文算法类、术数类、艺术类、谱录类、杂家类、类书类、小说家类、释家类、道家类，共 14 类；集部，楚辞类、别集类、总集类、诗文评类、词曲类、共 5 类。所收书籍不但包括一般著述，还包括一部分丛书以及如《册府元龟》和《佩文韵府》这类的巨型类书和工具书。《四库全书》"以万千之遗书而汇为一团，以多数之简册而勒成一部，不惟齐整，易于保存，且完备，易于寻觅。吾国先人之宝籍得赖以不坠者，亦斯役之力也。"

在编纂过程中，《四库全书》的编者为收入全书和未收而存目的书籍共10200 余种撰写了提要。每篇提要都开列书名、卷数、采进来历，考证作者名号经历，介绍书籍的性质与内容大要，评论其得失利弊，说明其流播与影响。这些提要由纪昀编排统稿，按《四库全书》的部类次序编辑成书，即所谓《四库全书总目》。由于各书提要均出自渊深学者之手，概括明晰又常有独到见解，再配合以《四库全书》严密精致的分类框架，所收书目又数量宏大，这部《四库全书总目》因而成为我国目录学中的最高成就之作，对后世的学术影响巨大。《四库全书总目》200 卷，最初于乾隆六十年（1795 年）由内廷刊刻，后来民间依殿本翻刻，得在全国广泛流传。

《四库全书》卷帙浩繁，没有刊印本，编成后仅抄写了 7 份，各装订成36000 多册，分别贮于北京大内文渊阁，圆明园文源阁、承德避暑山庄文津阁、沈阳故宫文溯阁和扬州文汇阁、镇江文宗阁、杭州文澜阁。抄成后又多次重校、补校。后来由于战乱，文源阁本、文汇阁本和文宗阁本都荡然无存；文澜阁本毁损过半后补抄完整，与文渊阁本、文津阁本、文溯阁本现在分别珍藏在杭州、台北、北京和甘肃兰州。

清代文字狱

封建社会中，因文字著述被罗织罪名、酿成冤案的，称为文字狱。从明代开始，封建中央集权得到加强，文字狱的发生，也走向高潮。清朝取代明朝后，由于满洲贵族以少数民族统治中国，社会矛盾十分尖锐，为了镇压下层人民和知识分子的反抗，清政府制造的文字狱也达到了顶点。粗略计算，从清顺治二年（1645 年）僧人函可作私史被流放案到清乾隆五十三年（1788 年）生员贺世盛上"笃国策"案，共发生有案可查的大小文字狱 110 余次，因之被杀、被流放者达 200 余人。这些文字狱，按其性质，大致可分为 3 个阶段。

从顺治初年到康熙末年，为第一阶段。这个时期的文字狱，主要表现在部分明朝遗民、下层士人对清满洲贵族"以夷凌华"不满，从而在撰述中仍用明朝纪年，甚至诋毁清政权，遭到镇压的几件大案。顺治二年，僧人函可在自撰诗文野史中流露出留恋明朝、攻击清朝的思绪，被人举报，清政权将函可流放东北，禁止刊行其诗作。顺治五年（1648年），安徽人黄毓祺因写反清诗被杀，江南士人钱谦益等也受株连。同年文人毛重倬刊刻《制艺序》不写顺治年号，只用干支纪年，毛等4人被杀。顺治八年（1651年）大学士刚林、祁充格因任实录总裁，撰写清太祖实录，被指控为替已死的摄政王多尔衮隐匿罪行，由此两人俱被斩。顺治十八年（1661年），浙江发生了清初最大的文字狱案——庆廷钺《明史》案。浙江富户庄廷钺购到明末文士朱国桢所撰《明史》稿本，窃为己作，并补写了崇祯朝和南明史事。其中奉南明弘光、隆武、永历政权为正朝，又有指斥清朝词句。被人告发，酿成大狱。已死的庄廷钺被剖棺戮尸，其弟庄廷钺等72人被杀，株连下狱的族人邻里达上千人。被害人中还包括江南名士查继佐、潘柽章、陆圻等多人。此案至康熙二年（1663年）才结案。康熙四年（1665年）江南人邹流骑因刊刻其师吴伟业著《鹿樵纪闻》被下狱，焚书。同年山东即墨文士黄培诗集中有怀恋旧明、攻击清朝的诗句，黄被处死，200余人下狱，江南名士顾炎武也被株连。康熙六年（1667年）江南民人沈天甫作诗，伪托名士黄尊素等170人名，被指控谋逆处死。康熙二十一年（1682年）湖广术士朱方旦刊刻《中质秘书》，被指控"背叛孔孟"，朱及弟子3人被处斩，与其来往密切的清宗室将军、湖广巡抚革职囚禁。康熙五十年（1711年）的戴名世《南山集》案，是当时另一桩大狱。翰林院编修戴名世在明史馆修明史时，把明朝遗老记述收入己作《南山集》，根据安徽桐城文士方孝标《滇黔纪闻》议论南明史事，认为顺治朝不属正统。被御史赵申乔告发，戴名世处斩，江南名士方苞、王源等大族300余人或下狱，或流放东北为奴。

雍正朝为文字狱的第二阶段。这一时期，由于康熙帝多位皇子之间发生夺位之事，雍正帝继位后便以文字狱形式剪除敌对势力，许多文字狱表现了统治阶级内部矛盾。雍正三年（1725年）权重一时的大将军年羹尧引起雍正帝猜忌，抓住他奏折中"夕惕朝乾"4字写错，定下数十条大罪将其处死抄家。年氏朋党官员50余人受株连革职。其中年羹尧门下幕僚汪景祺在所作《西征随笔》中为功臣受贬鸣不平，并有影射攻击雍正帝、诽谤满族的词句。汪景祺被处斩，亲族流放东北为奴。次年，年羹尧的另一幕僚钱名世因曾写诗吹捧年氏，雍正帝将其圈禁，特制"名教罪人"匾额加以羞辱。同年，内阁学士查嗣庭在任江西主考官时，雍正帝以其出试题荒谬，有"百室盈止，妇子宁止"，是把雍正"正"字拆成"一止"；又有依附权臣隆科多，对康熙时《南山集》文字狱不满等罪状，将查氏处死，家人流放。雍正五年（1727年）太常寺卿邹汝鲁进献《河清颂》被指控有"悖逆""讥讪"之语，遭革职发配。雍正六年（1728年）发生了雍正朝最大的文字狱曾静、张熙投书案。湖南文人曾静令其弟子张熙投书川陕总督岳钟琪，称他是岳飞后人，劝其起兵反清，并列举雍正帝有弑父篡位、杀兄屠弟的罪行。岳立即向朝廷举报，将曾、张拘捕。在审理中，查出曾静的思想是读了清初学者吕留良著作后产生的，宫中记述来自被镇压的雍正帝诸弟允禩、允禟手下太监。于是雍正帝把吕留良的子孙及允禩、允禟余党尽行下狱。并发布多次谕旨，批驳对他的攻击，汇成《大义觉迷录》一书，广为刊刻发布。已死的吕留良及其子吕葆中开棺戮尸，其余儿子、弟子多人处死，族人大批流放为奴。曾静、张熙作为自新之人释放，但乾隆时又被处死。雍正七年（1629年），生员陆生楠作《通鉴论》，被指责"妄言议政"，不久被处死。同年御史谢济世因注《大学》，定为"毁谤程朱圣人"，革职充当苦差。

清代文字狱的高潮是在第三阶段，即乾隆朝。这一时期清统治进入相对稳定阶段，民族矛盾、内部矛盾相对缓和，而阶级矛盾、社会矛盾日益尖锐。清朝廷一方面实行文化专制的高压手段，另一方面利用修书来羁縻上层知识分子。文字狱表现的特点是案例繁多，大案却少；无辜受害者多，有意攻击者少。乾隆十六年（1751年）的一件震动全国的文字狱——伪孙嘉淦奏稿案可算作一个例子。乾隆四年（1739年），京师曾有传闻，指斥朝中权要张廷玉、鄂尔泰等。至乾隆十六年云南忽然发现一份流传于商人中的工部尚书孙嘉淦奏折底稿，稿中指责乾隆帝犯有"五不解、十大过"，如征金川恣意用兵，南巡费用无度等。乾隆帝下令在全国追查，发现传抄者极广，遍及十几个省内，上至提督，下至贩夫走卒，近至京师官学，远至土司边寨。追查中被株连下狱者达数千人，仍不知首作者下落。两年多以后，只得指控江西千总卢鲁生、刘时达父子为罪魁，处死结案。其后，在乾隆十七年（1752年）盛京礼部侍郎世臣"诗稿怨望"案；乾隆十八年（1753年）刘震宇"治平新策案"，丁文彬"逆词"案，王尽性刊刻歌词案；乾隆十九年（1754年）福建生员李冠春献策案；乾隆二十年（1755年）扬淮震投献霹雳神策案。乾隆二十年胡中藻《坚磨生诗钞》案是一件影响较大的案件。乾隆前期，雍正帝老臣鄂尔泰、张廷玉两人势力极大，党附颇多，互相攻击排挤，乾隆帝抓住鄂门下弟子胡中藻诗中一些字句捕风捉影，对两派都进行了打击。同年，还有程鉴《秋水诗抄》案，刘裕后《大江谤书》案。乾隆二十年至四十年（1755—1775年），发案极多，先后有：朱思藻吊时案，段昌绪藏吴三桂檄文案，王自成、张世禄"古圣遗书"案，彭家屏藏明末野史案，陈安光著书案，章知邺献诗册案，刘德照选逆词案，朱尚柄藏逆书案，沈大章刊悖逆书案，张照《白云亭诗卷》案，林志功捏造诸葛碑文案，阎大镛《俣俣集》案，余腾蛟诗词讥讪案，李雍和潜递呈词案，王寂元投词案，蔡显《闲鱼闲闲录》案，齐召南《天台山游记》案，王道定《汗漫游草》案，徐鼎试卷案，李绂诗文案，李浩《孔明碑记图》案，李超海《武生立品集》案，安能敬试卷诗案，钱谦益《初学集》案，陶汝鼎违悖诗集案，冯王孙《五经简咏》案等。乾隆四十年以后，随着《四库全书》的修撰，全国掀起了一场查抄禁书浪潮，发生的文字狱多与此有关。先后有：秦功德刊刻劝化台案，陆显仁《格物广义》案，沈德潜选辑《国朝诗别裁集》案，王锡候删改《康熙字典》案，沈大绶《硕果录》《介寿辞》案，黄廷桂刻奏疏案，智天豹编造本朝万年书案，石卓槐《芥圃诗抄》案，祝廷铮《续三字经》案，李磷《虬峰集》案，王仲儒《西斋集》版本案，艾家鉴试卷条陈案，刘遴宗谱案，魏塾妄批《徒戎论》案，戴移孝《碧落后人诗集》案，梁三川《奇冤录》案，叶廷推《海澄县志》案，游僧昙亮经卷案，吴碧峰《孝经对问》案，高治清《沧浪乡志》案，屈大均诗文案，卓长龄《忆鸣诗集》案，回民海富润回字经案，吴文世《云世草》案，戴如煌《秋鹤近草》案，冯起炎注《易》、《诗》案，韦玉振刊刻行述案，黎大本《孝资集》案，陶煊《国朝诗的》案，段宝山《刍荛之献》案，徐述夔《一柱楼诗稿》案，王尔扬墓志案，袁继咸《六柳堂集》，龙凤祥《麝香山印存》案等。乾隆朝最后一案是乾隆五十三年（1788年）生员贺国盛上《笃国策》案。这类案例是前朝较少的。一些下层知识分子或是出于恃才自傲，或是出于谄媚当朝，或是迂腐透顶，往往要上书荐言，犯了干政的大禁。如乾隆四十四年（1779年），民人智天豹向巡幸中的乾隆帝进献本朝万年书，本想博取欢心，谁知他为乾隆朝预定的年数比康熙朝少，引起乾隆帝的不快，引来杀身之祸。在著书立说中，除徐述夔《一柱楼诗稿》有较明显的反清意向外，其余多是牵强附会、捕风捉影的冤案。

乾隆朝以后，由于川陕5省白莲教大起义给统治者以沉重打击，使其无暇顾及文化方面的控制，文字狱急剧减少，惩治也渐渐宽松。如嘉庆四年（1799年）江苏监生周砏上条陈指责朝政，达几十款之多，嘉庆帝并未如乾隆朝例予以严惩，仅令送回原籍管束了事。

清朝文字狱是封建社会的必然产物，对中国文化思想的发展产生了巨大的阻碍作用。

屈大均诗文案

屈大均，字翁山，广东番禺人。屈是岭南名士，诗、文俱超绝一时，著有《广东新语》《翁山易外》《有明四朝成仁录》《翁山文外》《翁山诗外》等。清兵南下广州时，屈大均遁迹为僧，名其所为"死庵"，后奔走大江南北，结交志士，留意山川险阻，企图恢复，康熙三十五年逝世。

屈大均为富有民族气节的志士，所作诗文当然有不少"不平之气"。但屈大均生前，并未因文字而坐罪，屈氏的文字之罪，却由他的子孙后代来承担，由此可见，清朝文网在雍正、乾隆时期的大发展。

雍正中期，曾静、吕留良案发，文字狱进入了新的阶段，文网日密，雍正帝编纂了《大义觉迷录》，加强对人民思想的钳制，尤其是着重打击反清的思想。

《大义觉迷录》层层下发，引起了新的文字狱。此时，屈大均的儿子屈明洪正任惠来县学教谕，奉到颁赐的《大义觉迷录》，宣读的时候，读到张熙供认屈温山集议论与逆书相合，屈温山不就是父亲屈翁山吗？与吕留良的逆书相合，这还得了！屈明洪深知其中利害，不寒而栗，赶紧到广东省布政司缴印，又到广州府投监，说是："屈翁山向犯滔天大罪，著作悖逆文词，只因父死时年幼无知，存留诗文及刊版在家，未曾察阅。"读了《大义觉迷录》，回去检查父亲诗文，果然"乱纪悖常"，因此亲自呈首投监，请正典刑。

署广东巡抚傅泰，赶紧向雍正帝报告，说是在书坊购得屈大均《翁山文外》《翁山诗外》等，查屈大均书文中"多悖逆之词，隐藏抑郁不平之气，又将前朝称呼之处，俱空抬一字，以示臣民之礼"。屈大均等是："狗彘居心""秉彝尽丧""既不知天高地厚之深恩，妄逞狼嗥犬吠之狂词，诋毁圣朝，盗窃微名，此实复载所不容者。"傅泰说他正与布政使王士陵商量拘审屈大均之子屈明洪，屈却来自首了。遂令布政司、按察使严加究审。

不久傅泰审结上报，刑部议请照大逆律将屈大均戮尸枭示，亲属照例缘坐。雍正帝对傅泰的所为和刑部的议决却大不以为然，降旨说律有自首减等之条，屈明洪自行举首，可减等论处。刑部得此旨意，将屈大均免其锉尸枭示，子孙亲属流放福建，诗文毁禁。

又过了44年，到了乾隆三十九年（1774年），在严查违碍书籍中，广东南海、番禺两县又查出屈氏后人屈稔浈、屈昭泗收藏其族祖屈大均诗文。两广总督李侍尧，广东巡抚德保阅罢屈著，觉得事情非同小可，"屈大均之肆其狂吠，罪恶昭彰，稍有人心，皆知切齿，非寻常字句违碍可比"，应比照大逆子孙及同居之人皆斩律，将屈大均的子孙及收藏逆书的屈稔浈、屈昭泗等斩立决。

屈大均虽然罪恶昭彰，但已死多年，收藏其书的屈稔浈、屈昭泗或粗识几字，或大字不识，不过祖上留下，亦不知什么玩意，见官差到来，查出犯禁的东西，早已魂飞魄散。乾隆帝动了恻隐之心，止烧毁屈大均诗文，屈稔浈、屈昭泗俱不必治罪。屈氏族人这才出尽冷汗，谢恩而去。

一日，乾隆帝翻阅屈大均诗文，见文中有"雨花台葬衣冠"之句，不觉大怒，"此等悖逆遗秽，可任其留存？"立即传谕两江总督高晋，确访其处，速为销毁，毋使逆迹久留。

高晋奉旨，即派江宁藩司闵鹗元密加访问，未得确处，接着又亲赴雨花台，也没有查到，大骂屈大均生前忽而为儒忽而为道忽而还俗，行踪诡秘，居心叵测，死后辄虚营狡窟，冀附游魂，实属天理难容，神人共愤。乾隆帝见此也只好降旨："既无其事，可以已耳。"

积极的还有广东巡抚德保，他查到屈大均坟在番禺县属之思贤村地方，雍正时原应锉尸枭示，但雍正帝开恩免了，他主张"仍锉其尸，以快人心，以申国法。"

乾隆帝此时，已经无兴趣，他懒洋洋地批道：

"亦不必矣。"

"清风"和"明月"

"清风虽细难吹我，明月何尝不照人"，这是吕留良写的诗句。"清风"指的是清朝，"明月"指的是明朝，从这里可以看出作者抵制清朝、眷恋故国的心情。由于汉字的特殊结构，使它具有丰富多彩、精炼巧妙的特点，文人士子往往利用这些特点，借喻讥讽，抒发感情，表现出许多聪明机智。在文字狱案中，有不少是因为借喻影射而惹祸的，其中有的确是含有反满抗清的思想，有的则未必。

《一柱楼诗》的作者徐述夔是一个举人，因为在文章中写了讽刺朝廷的诗句，被取消了会试的资格，这对于追求功名的人，是一个沉重的打击。从此以后，他牢骚满腹，平时吟诗总是流露出怨恨的情绪。他就老鼠咬坏衣服的事，写了这样的诗句："毁我衣冠真恨事，捣除巢穴在明朝"。实际上这里写的是他自己的心情：不让他参加会试，断送了功名和前程，这当然是"恨事"；至于说要在"明朝""捣除"清朝的"巢穴"，那不过是自我安慰而已，他既没有这样的力量，也没有这样的胆量。他还写了几首诗，其中"大明天子重相见，且把壶儿搁半边""明朝期振翮，一举去清都"一类的句子，都包含着反清复明的思想——"大明""明朝"显然是指明王朝，"壶儿"（胡儿）、"清都"暗指着清朝。因而被视为作者在文字上花费心思，讽刺清廷。这些诗写后好几年，都没有发生问题。可是到了乾隆四十三年（1778年），因为田产纠纷，这些诗却被人当做打官司的本钱，从而造成了大狱。

徐家曾经向蔡某买过几顷土地，后来蔡家要想以较低的价钱赎回。那时徐述夔已经死了，他的孙子不让蔡家占便宜，双方打起官司来了，蔡某企图把徐家置于死地，向地方官员告发说，徐家所刻的《一柱楼诗》，有许多毁谤清朝的诗句。江宁（今南京）布政使陶易叫他的幕客陆琰处理这个案件。陆琰看出蔡某是挟嫌诬控，给他批了"与尔何干"4个字。这一下事情可就闹大了。清朝当局以为地方官员有意包庇大逆不道的罪犯，下令严加查究。徐述夔和他的儿子徐怀祖都被剖棺剉尸。他的两个孙子、两个校对诗集的人、办案的陶易和陆琰，算是"从宽"发落，判以"斩监候，秋后处决"，也就是判处斩刑，先加监禁缓期执行。

为徐述夔写传的是前礼部尚书沈德潜，他是一个著名的诗人，死的时候，乾隆皇帝还"御赐"了祭葬碑文。《一柱楼诗》案发以后，沈德潜受到株连，皇帝下令毁去御赐碑文，革去官爵，将他的木主撤出贤良祠。

其实，类似这样的案件，究竟是有意影射，还是出于无心，那是不容易辨别的。正因为这样，清朝统治者以及一些文痞恶棍，往往牵强附会，捕风捉影，多方推求诗文以外的含意，陷人于文网之中。于是，那时凡是甚至可能令人猜疑的词汇，也要极力回避，以免被人当做有意讥讽而遭到灾祸。

例如，雍正时，原庶吉士徐骏由于写过"明月有情远顾我，清风无意不留人"的诗句，被怨家告发。在刑部审讯时，有的官员认为他是"实出无心"，可是结果还是以"于诗文稿内造为讥讽悖乱之言"的罪名，依照所谓"大不敬律"而被杀了。乾隆时，有一个生员写了一首诗，其中有一句是"桥畔月来清见底"，又在一篇文章中写了"玉盏常明"等字句。有人进行挑剔，说这"清"字"明"字是有所指的，并且寓有褒贬。当地知府派人前去逮捕、抄家，差一点被判了死罪。此外，有人写了"风雨从所好，南北杳难分"，也被认为是以"南北"影射"明清"；有人写道"乱世有身随俗隐，问谁壮志足澄清"，则被看作是蓄谋反清。类似这样吹毛求疵，深文周纳，而造成的冤狱，为数是不少的。这种情况引起人们极大的不安。乾隆年间，有个当过协办大学士的大官僚，名叫梁诗正，胡中藻案件发生时，他在浙江原籍。他当时谈到自己的"经验"，说：笔墨容易惹祸，人心是难测的，所以他在当官的时候，从来不以文字同别人交往，凡是没有用的底稿，都要烧掉，以免后患。有些人是因为已故的祖父、父亲等人写的书上有一些"违碍字句"，他们听说朝廷要查禁书籍，就惊恐地将书籍、板片呈送给官府，进行自首。从这些事例，不难看出封建官僚和文人士子的恐惧心理，这正是文字狱所造成的一种影响。

王肇基献书案

乾隆十六年（1751年）九月初三日，山西巡抚阿思哈亲临法场监刑，蓬头垢面的逆犯王肇基被当众杖毙。这是乾隆皇帝即位以后下令处死的第一个以文字触法的精神病人。

王肇基原籍直隶平乡县，后移居山西介休县。家有老母妻子。幼年时也曾经读过诗书，但后来由于患上了轻微的精神病，也就无法再继续用功，以图科考入仕了。对于一个精神病患者，家里自然不能指望他来糊口度日，没有办法，只好任其四处游荡。

然而大脑机能不甚健全的王肇基却偏偏在昏昏蒙蒙中产生了升官发财的非分之想。当官的前呼后拥，荣华富贵，是何等的威风！何等的惬意！谁能肯定我王肇基就没有这种福气呢？我的墨水可不能白喝，既然无法通过科考飞黄腾达，借献书言事求进用总可以试一试吧。主意下定，王肇基便马上展纸磨墨，挥笔著书。先议论一番国家大政，再指斥一通文武大臣之不能为国为民尽心出力，最后评价一下儒学大圣孔孟程朱。大作完成后，王肇基为了让皇上看着高兴又写一幅恭祝皇太后万寿的对联，附在书前。

事不宜迟，王肇基带着自己的得意之作匆匆赶往汾州府同知图桑阿处呈献，希望能通过他转递皇上御览。图桑阿阅后觉得书中语句"错杂无伦"，且有毁谤圣贤之处，再看献书人神情恍惚，"类似疯癫"，于是赶紧与知府商议如何处理此事。最后，两人决定一面将王押发介休县看管，一面禀明巡抚大人。

巡抚阿思哈接到禀报后，认为此案乃属借名献颂，妄肆狂言，大干法纪，他怕汾州知府等人因案犯有疯癫之状而从轻办理，所以马上派人将王肇基解赴省城审问。

王肇基被押到太原后，阿思哈亲自主持会审。且看下面的审讯记录：

问：案犯王肇基，你出于何意敢献诗联？

供：我献诗恭祝皇太后万寿，不过尽我小民之心，欲讨皇上喜欢的意思，并无别意。

问：你所写书内妄议国家事务，意含讥讪，究竟是何居心？从实招来！

供：如今是尧舜之世，我何敢有一字讪谤，实系我一腔忠心，要求皇上用我，故此将心里想着的事写成一篇来呈献。

问：你书中所论朝廷内外满汉文武大臣各事，从何处得来？

供：我是从京报上看来的，也有说闲话听来的。只求大人代我进了此书，我就有官做了。

问：孔孟乃大圣，你为何要妄加毁谤？

供：论那孔孟程朱的话不过是要显我才学的意思，并非有心毁谤。

问：你作此书可有人指使？有人商议？有人看过？还不从实招来！

供：这个本子做完写完，即行呈献，并未与人看过，也无人指使。

审来审去，阿思哈等人最后终于确信王肇基是个精神不健全者。

审讯结束后，阿思哈立即具折将案情和审问经过详细禀明乾隆帝。乾隆帝接到奏折和公堂记录后，也认为王肇基"竟是疯人而已"，但是"此等匪徒，无知妄作，毁谤圣贤，捏编时事，病发之时尚复如此行为，其平昔之不安本分，作奸犯科，已可概知，岂可复容于光天化日之下。着传谕该抚阿思哈将该犯立毙杖下，俾愚众知所炯戒。"

阿思哈于九月初二日接到上谕，九月初三日即将王肇基从大狱中提出，押往刑场。在如潮的围观者面前，王被打得血肉模糊，哭天嚎地，不久便死在棍棒之下。

一度以宽仁著称的乾隆皇帝就这样如此荒唐而残酷地虐杀了一位精神病人。

丁文彬"书词狂悖"案

有些神经病者被抓进监牢，成了文字狱的牺牲品。这是怪事，但却并不罕见。在乾隆年间，这类案件就发生了十几起。

浙江省上虞县平民丁文彬，他的祖上是普通农民，他本人从小失去父亲，跟着母亲当杂工。后来，他哥哥卖烧饼为生，他便住在哥哥家里，靠自学读了一些书，居然成为一个私塾先生。可是，这个家伙神经不正常，弄得连顿饱饭都吃不上。有时摆摊测字，有时给人写对联，或是在茶馆里帮工拉风箱，混得一口饭吃。乾隆十三（1748年）至十五年间，丁文彬异想天开，竟然写了所谓《文武记》一书，经过修订，改名《洪范春秋》，又题《大夏大明新书》。他说，他小时曾到山东曲阜，面见孔子的后代——衍圣公，衍圣公向他讲了尧舜之道，并答应把两个女儿嫁给他。又说他自己有帝王的福分，上帝要他当皇帝。所以他把自己说的话，加上"天子曰"、"王帝曰"的字眼，并且自称为王，国号"大夏"，又封王封后，俨然以皇帝自居。乾隆十六年五月间，一天，在曲阜衍圣公孔府门前，有个衣衫褴褛、自称是孔家亲戚的人投书求见。孔府立即通知县官逮捕了他。于是，清代又多了一桩名为"丁文彬逆词案"的文字狱。

清政府唯恐这是有组织的谋反行动，把丁文彬严加审问，要他招出同党。丁文彬坚持说，他的所作所为，都是受"上帝之命"；"上帝"经常在他身旁说话，别人却听不见。显然，这是犯了神经病。可是，这个可怜的疯子终于被凌迟处死了。

另一个疯子冯起炎案，被鲁迅称为"最有趣的""风雅"案件。冯起炎是山西省临汾县的秀才，他听说乾隆皇帝要去拜谒雍正帝的陵墓——泰陵，就带上自己写的呈词，在长辛店一带徘徊逗留，打算当皇帝经过时，在道旁跪呈。有关官员发现他形迹可疑，便把他抓起来了。

冯起炎所写的是从《易经》《诗经》上东抄西摘下来的，并且乱作注解，不值一看。可是，在呈词的最后一段，却写出他对皇帝的请求，令人看了啼笑皆非。冯起炎当时年已30，但还没有娶妻。他写道：他有一件事要向陛下诉说。那就是他的张三姨母家也有一个女儿，今年17岁，他想娶她；他的杜五姨母家也有一个女儿，才13岁，他也想娶她。可惜自己力量不足，办不成这件好事。他请求皇帝帮他的忙，派一个能干的官员，选一匹快马，立刻赶到临汾县，问一问本县的地方官，有没有张某、杜某二人。这样，事情就可以办妥了，他的心愿也就达到了。

这个秀才既想让皇帝赏识他的"著作"，一举成名，又想依杖皇帝的权力讨到老婆。这是才子佳人的美妙幻想，显然他对皇帝是没有任何恶意的。可是这个疯子却被加上"狂妄"之罪，发往黑龙江为奴。

类似这样莫名其妙的冤狱，为数不少。这里再举个例子：江苏山阳县（今淮安县）有个船工柴世进，因儿子落水淹死，过分伤心，致成疯病。乾隆三十三年（1768 年）年初，他手持一份纸帖进入官府，当即被捕。乾隆帝鉴于此人是思子成疯，帖词又都是从旧小说抄来的一些荒诞不经的话，还不算大逆不道，所以认为此案不值得送京师复审。但他又认为这样的疯子还会起蛊惑人心的作用，竟下令将柴世进"即行杖毙，以示惩儆"。

连精神病患者也成了镇压迫害的对象，文字狱的残酷程度于此可见一斑。乾隆统治时期，文字狱达到了高潮，特别是乾隆三十九年至四十八年的 10 年间，文字狱一年也没有间断过。乾隆帝一再表白，"朕从不以语言文字罪人"，这只能是欲盖弥彰而已。

最高统治者厉行高压政策，各级官员也就上行下效。不少官员唯恐办案不力，被加上"不知大义""姑息轻纵"等罪名而受到惩处。他们为了保住自己的乌纱帽或借以邀功，往往不问明案情，只要涉及"悖逆"之迹，便一概从严处治，或者随意附会，把一般性的问题也说成是"悖逆"。这种情形在乾隆朝屡见不鲜，有时甚至连乾隆帝也感到太过分了。例如：

江苏赣榆县有个地主家生员韦玉振，在文章中颂扬他父亲在生前曾对贫苦的佃户"赦不加息"。地方官认为只有帝王对臣民才能说"赦"，而韦玉振竟敢妄用此字，应当处以重刑。乾隆帝指责说：擅用赦字固然不对，但"并无悖逆之迹，岂可因一赦字遂坐以大逆重罪乎？"这是乾隆四十三年(1768 年)的事。

浙江义乌县一个乡绅楼德运，在家里的匾额上用了"协坤承乾""龙蟠虎踞"的字样，并且自号"河山主人"。此人死后，乾隆四十八年（1783 年），其子监生楼绳向官府自首。在官老爷看来，乾坤指天地，承天协地，口气好大！"龙蟠虎踞"这个成语，则原是形容帝王之居的。河山主人，如大而言之，可以理解为全国的主宰者。地方官一看这些文字，认为是"不法已极"，就作为重罪来办。最后，乾隆帝下旨说：楼德运是有罪的，但其子畏法自首，不应治罪，地方官将他革去监生的衣顶，查封家产，监禁严究，"未免过当"。

乾隆四十七年(1782 年)，代理湖南巡抚李世杰奏报一案：龙阳县(今汉寿县)监生高治清刊印的《沧浪乡志》中，有许多"狂悖"字句，已加以逮捕严究。乾隆帝的谕旨指出：此等书籍"不过无识乡愚杂凑成编，并非有心违悖者可比"；例如乡志中摘出的"幕天席地"是晋人刘伶《酒德颂》中的话，"玉盏长明"系指佛灯而言，何得目为悖妄？乾隆帝认为这案是由于李世杰"文理不通"，以致办理失当，因此下令将案内被捕者一律无罪释放。并且斥责道："各省查办禁书若俱如此吹毛求疵，谬加指摘，将使人何所措手足耶？"

其实，最惯于吹毛求疵，指摘附会，把文字狱当作强化专制统治的法宝的，正是乾隆帝本人。不过，话得说回来，在文字狱高潮的最后几年，情况的确有了变化。当一些地方官还在神经紧张地从字里行间搜索叛逆的罪证时，他们的主子却不仅在口头上，而且在实际上已开始部分地放宽了对这类案件的处理，这从上引几案就可以看得出来。这表明，乾隆帝已在打算把文字狱这件法宝收起来了。乾隆四十八年之后，只在乾隆五十三年（1788年）发生过前已述及的《笃国策》案，这个案件就成了乾隆朝文字狱的尾声。

胡中藻之狱

大体说来，文字狱是以文字的缘故而得罪。而观清朝文字各狱，情形又多有不同。胡中藻之狱的形式是以文罹祸，实际上则是因"朋党"而得罪，文字不过是口实而已。欲加之罪，何患无辞？

1. 皇帝剪除朋党的牺牲品

胡中藻，号坚磨生，江西新建人，乾隆元年进士，官内阁学士，兼侍郎衔。胡中藻平日以韩愈自负，自视甚高，又好攀附权贵，自诩为鄂尔泰第一弟子。

鄂尔泰何许人也？鄂尔泰为满洲镶蓝旗人，姓西林觉罗氏，康熙三十八年中举。但在中年以前，鄂尔泰官运未通，不过充任宫廷侍卫、内务府员外郎之类的小官。雍正帝登极后，对鄂尔泰十分欣赏。从此鄂尔泰平步青云，历任封疆大吏，雍正十年又由云贵总督任上内召拜相，并盖过已居内阁首辅的军机大臣张廷玉，一时显赫尊崇已极，无以复加。

其时在朝廷中，地位能与鄂尔泰相抗的，为张廷玉。张氏出身安徽桐城名门望族，早年中进士，点翰林，康熙五十五年官拜礼部侍郎，雍正帝即位后，张廷玉同样受到殊遇隆恩，只不过身为汉人，在满族贵族统治者的尊满抑汉的政策下，较之满人的鄂尔泰不得不稍逊一筹罢了。

雍正帝死后留下遗诏，准鄂尔泰、张廷玉身后配享太庙，这是做臣子的最高荣誉了，乾隆帝即位，鄂、张都被任命为辅政大臣。但是，鄂、张两个却互争高下，互相争斗。两位重臣对立，下属官员也纷纷各投鄂、张门下，形成两大派系。历来皇权的重大威胁是臣工结为朋党，对此乾隆采取了严厉的措施。首先揪出鄂尔泰的门生、御史仲永檀，打击鄂系势力，接着又抓住张廷玉言行小过，将张廷玉削去伯爵。

乾隆十四年（1749年）鄂尔泰病故，十五年，张廷玉也灰溜溜地回到桐城老家。但乾隆帝并未就此罢手，他认为鄂、张两派朋党势力尚存，需要采取进一步的措施，将其彻底剪除，胡中藻诗案正是乾隆帝打击朋党的借口而已。

胡中藻是鄂尔泰的高足，鄂派官僚中的一位重要人物，同时，胡中藻又与鄂尔泰侄子、甘肃巡抚鄂昌相友善，打击胡中藻，很容易就此将鄂派党人一网打尽，同时给张派党人以极大的震慑。

既为文人，便好舞文弄墨，卖弄风雅。胡中藻诗文更是好用怪僻之语，自炫新奇，他还将诗作结为《坚磨生诗钞》一集印行。胡中藻万没想到自己好攀援、爱标榜和喜卖弄引来了杀身之祸，成为乾隆帝剪除朋党的第一个牺牲品。

2. 欲加之罪，何患无辞

为罗织胡中藻的罪名，乾隆帝首先让曾任军机处行走的蒋溥从胡中藻的《坚磨生诗钞》中寻找"罪证"。到乾隆20年，乾隆帝便下手拿胡中藻开刀了。

乾隆二十年二月二十六日，乾清宫侍卫哈清阿和理藩院侍郎富森在江西新建将胡中藻拿获，随即解往京师。

在拿获胡中藻的同时，广西巡抚卫哲治奉谕将胡中藻任广西学政时所出试题及与人唱和诗36首上呈圣鉴；陕甘总督刘统勋奉旨查抄甘肃巡抚鄂昌抚署，搜查鄂昌与胡中藻往来应酬诗文、书信及其他文字；另外，将为胡中藻《坚磨生诗钞》作序和刊刻传播的侍郎张泰开严加讯究。

三月十三日，乾隆帝从泰陵返京途中驻跸的韩村行宫，召集大学士、九卿、翰林、詹事和科道等，谕示将张泰开革职交刑部，胡中藻、鄂昌候拿解来京后交大学士、九卿、翰林、詹事、科道公同逐节严审。乾隆帝在其谕示中，给胡中藻《坚磨生诗钞》罗列了一串吓人的罪名，他指斥胡中藻："出身科目，名列清华，而鬼蜮为心，于语言吟咏之间，肆其悖逆和诋讪怨望。"

胡中藻是怎样于语言吟咏之间，肆其悖逆和诋讪怨望的呢？首先，胡中藻以"坚磨生"为号，"是诚何心"？胡中藻诗文，在乾隆帝看来，无一不是鸱张狺吠，恶意攻击：

"一世无日月""又降一世夏秋冬"，是攻击"本朝"享国。

"一把心肠论浊清"，胡中藻竟然把"浊"字加在国号"清"字上面，"是何肺腑"？

"斯文欲被蛮满洲"，显系诬蔑满人。

"老佛如今无病病，朝门闻说不开开"，这是攻击乾隆帝不临朝，乾隆帝说："朕每每听政，召见臣工，何乃有朝门不开之语？

《进呈南巡诗》本是歌功颂德之作，但问题更大，"三才生后生"，三才为天地人，生为三才之后，不是骂为禽兽？真是狗胆包天，罪不胜诛！

"孝贤皇后之丧"一诗内，有"并花已觉单无蒂"，本是赞颂帝后恩爱，乾隆帝反咬说胡中藻是暗指孝贤皇后干政，"朕亦何尝令其干预朝政，骄纵外家之事？"

拍马屁也拍出大祸。

"记出西林第一门"，西林者，西林觉罗，鄂尔泰姓也。乾隆帝骂道："攀援门户，恬不知耻。"骂的是胡中藻，指的则是鄂尔泰及其一党。

乾隆帝也是好卖弄之人。他说当初初见胡中藻进呈的诗文，语多险僻，就知他"心术不正"，因此在其出任学政时，训示他论文取士，宜崇平正。而胡中藻诗中，竟有"下眼训平夷"之句，乾隆帝说"下眼"，既为垂照之义，又可为识力卑下之意，因此胡中藻是借双关来骂他。

胡中藻曾出试题：《孝经》又有乾三爻不像龙说。乾隆帝这说，龙与隆同音，胡中藻是借试题诋毁乾隆帝。

如此罗织，哪一条不成罪名，哪一条罪名不是十恶不赦？

乾隆皇帝绝不是精神过敏，而是用心极深。他的面谕最后说，他见胡中藻诗已著数年，相信必有明大义的人来参奏，但是在廷诸臣及言官中，并无一人参奏，"足见相习成风，牢不可破"，因而不得不由他自己来"申我国法，正尔嚣风"。与胡中藻相关的臣工们，尤其是鄂尔泰一班人马，哪个不悚然而惧？

胡中藻既违天叛道，覆载不容，犯的是大逆之罪，按律应当凌迟处死。但乾隆帝"宽厚"为怀，免胡中藻凌迟，即行处斩。乾隆二十年四月十一日，胡中藻被斩首示众。

3. 广事株连

乾隆帝杀胡中藻，并不是目的，他要以胡中藻案为突破口，狠狠打击鄂尔泰一派官僚。为此，乾隆帝借胡中藻诗案大肆株连。

鄂昌为鄂尔泰之侄，他身为满族，却仰慕中原文化，受汉文化影响较深。鄂昌在任广西巡抚时，胡中藻正为广西学政，两人互相赠诗唱和，这些诗文便成了鄂昌的罪证。鄂昌被革去巡抚职，锁解到北京。

鄂昌与胡中藻唱和往来，论门谊，叙杯酒，此即成大罪。乾隆帝认为，他们托名读书，无知妄诈，侈口吟咏，剽窃浮华，卖弄文字。在鄂昌诗中，称蒙古为"胡儿"，而蒙古早已在先世倾正归附，与满洲一体，称之为"胡儿"，却是诋毁满洲！鄂昌也落入文字狱中了。

五月十七日，乾隆帝宣谕，鄂昌为满洲败类，只是未如大肆讪谤的胡中藻，因此从宽处理，赐令自尽。

鄂尔泰死后，鄂派首要人物为大学士史贻直，乾隆帝以史贻直托鄂昌为其子史奕昂谋官，勒令回籍，闭门家居。

鄂尔泰本人虽已死亡，但生前对胡中藻独加赞赏，不仅如此，鄂派官僚，结为朋党，门户之见，牢不可破。乾隆帝在谕旨里说：如果鄂尔泰尚在，"必将伊革职，重治其罪"。今已身故，只将其撤出贤良祠，不准入祀。

被胡中藻诗案株连的还有为其刊刻诗稿的张泰开，"纵容"胡中藻的江西按察使范廷楷，胡中藻门生江西石城县令李蕴芳，署永宁县试用知县申发祥等，胡中藻弟弟胡中藩、族侄胡论觉、亲戚张绍衡，等等。

不仅如此，胡中藻案还株连整个江西省的士子，大学士九卿等以江西风俗嚚凌，荒诞好事，连年发生所谓"悖逆之案"，主张停止江西会、乡试，并以查嗣庭案为前例，加以惩戒。乾隆帝皇恩浩荡，未加批准，但警告今后若再有此等之事，不仅停试数科，而且还要"大示义正，以挽颓风"。

如此恩威并重，士人和官僚如何不知忌惮？

经过胡中藻诗案，乾隆帝有效地剪除了朋党势力，牢牢控制了大权，大小臣工以此为戒再也不敢呼朋引类，互为党援了。乾隆帝的专制统治，正是由胡中藻等人的血来奠了基。

李雍和之狱

1. 告苦乞怜

江西省吉安府泰和县有位读书人，为了申诉自己数年来的困苦与委屈，乞求官府帮助，于乾隆二十六年（1761 年）六月间，趁学政按临吉安府主持科举考试之机，将三纸呈词悄悄放入学政行李内，由此引发了又一起家破人亡的文字狱。

这位儒生名叫李雍和，原名李必亨。读书几十载，连个秀才都没有考中。然而，这位老先生倒也想得开，不但不因此感到难堪，反而在穷极无聊之际常常以读书人自居，口出狂言，毫不在乎亲戚、邻居的白眼。乾隆十七年，李必亨抛妻舍子，出外谋生，辗转于四川各州县算命度日。由于单身往来，又无行李，所以常常受到地方官吏的盘问稽查，他只有一次又一次地忍气吞声、不厌其烦地为自己剖白。

测字算命，终究难于糊口，困苦潦倒之中李必亨想出了一个赚钱的高招：每到一地就访问地方富绅姓名，官府所在，然后撰写呈词，渲染自身的穷困与可怜，请求对方资助他旅费以便回籍。呈词或者递入官府，或者送入士绅家，或者粘贴于街市。就这样，边算命边告苦乞怜，历时一年多，也没有感动一位绅士或者官府。乾隆十九年，李必亨游荡到简州龙泉驿，被当地巡检拿住盘问并解送州府。知州先检查了他携带的字纸，发现均是测字算命的东西或告苦乞怜的呈词，审问后又觉得其言语像个疯子，于是留下他所带的字纸，给了些盘费，将他递解回籍。

回到家乡后，李必亨依然想靠告苦乞怜得些钱财度日，所以又跑到吉安府知府王铭宗处求助，王没有接受他的呈词，李便贴之于知府衙门前。数月之后，李仍旧难于安分，再次跑到代理知府庐陵县知县周作哲处叫苦，周把他当成了疯子，在留下其呈词备案后，即命人将他解回泰和县原籍管束。

屡屡告苦求助，却屡屡受到冷遇，甚至被当成疯子，失望与怨恨之余，李必亨不再往官府跑了，而是重操测字算命的旧业，后来又靠在本村祠堂教孩子们认字维持生计。然而，告苦乞怜未得帮助的往事却始终让他耿耿于怀，全没了科考上的大度。乾隆二十五年七月的一天，李必亨不知因为什么事触动了哪根神经，又想起了辛酸的旧事，羞辱与愤怒交织在胸中，他再也按捺不住自己的情绪，挥笔写就一纸冤单，历述自身的困顿与冤屈，发泄久积心头的牢骚和愤慨，行文中有怨天、怨孔子，指责乘舆的话，谈及君父直称"尔""汝"，这在当时简直是大逆不道。冤单写好后，李必亨无意投递官府，便将之暂时收存起来。

乾隆二十六年六月，吉安府的科考之期来临了，李必亨很清楚自己在官绅心目中形象，为了避免被排除在科场之外，他改名李雍和前去应考。临行前，他又一次萌发了顺便告苦求助的念头，也许学政大人能够可怜他治下的学子。于是，他又写了两纸状词连同去年七月份写的那份冤单一起带往吉安。在应考的几天内，李寻机将呈词偷偷地放入学政的行李内。

2. 立功心切的学政

学政谢溶生回到省城后，发现行李内放着三纸呈词，一纸是冤单，两纸是状词。阅罢内容，一则以惊，一则以喜。惊的是竟有人如此大胆，造作逆词，潜投学政；喜的是，这一下可有了向皇上报功请赏的机会。

按照清朝官制，学政发现逆词要案，可以直接拟折上奏，同时也要知会地方督抚合力查办。谢溶生好不容易碰上一件逆词案，生怕被别人抢了功，所以采取了两项措施：一是暂不通知巡抚，直接饬令吉安知府火速搜查李家，捉拿李雍和；二是，在说明李雍和潜递呈词、情词悖谬的同时，将有悖逆文字的冤单牢牢抓在手上，只将告苦乞怜的两纸状词发送吉安知府。

吉安知府王铭宗接到学政的饬令后，立即带人前往李家将李雍和锁拿并起获呈词四纸。接着，王一面及时向学政报告情况，一面又将案情禀明巡抚衙门，并附上抄录的呈词数纸。护理江西巡抚汤聘与同僚反复研阅李的呈状，发现均为告苦乞怜之语，并无悖逆之处。求教学政的结果，得知李还有冤单一纸，内有怨天、怨孔子、指斥乘舆等文字。汤聘要取阅逆词，谢溶生则以此事正在拟折上奏，冤单亦须进呈御览，不便给看为由拒绝拿出。

汤聘心里很清楚，学政是怕别人抢功，他又不好发作，所以便飞饬吉安知府将案犯迅速押至巡抚衙门审问。

大堂之上，李雍和供称，在学政行李内共潜置三纸呈词，其中呈状二纸，冤单一纸。汤聘等随即命其据实默写冤单，结果并无悖逆之语。

第二天，学政谢溶生传令吉安、南昌两知府前往学署会审李雍和，并将李的逆词拿给两知府阅看。两知府发现这份冤单与李昨日默写者迥不相符。学政逐条讯问，李供认不讳。审完后，两知府赶紧前往巡抚衙门禀报。汤聘闻知，随即复审李雍和。这次，李再也蒙混不下去了，只好老实招认，学政所持的冤单系其一时糊涂乱写而成。

至此，李雍和之罪已经昭然，汤聘立刻拟折奏报皇上。学政谢溶生岂能落在汤聘之后，他早已用500里紧急驰奏的方式递折到京了。

乾隆帝看到谢溶生的奏折后，连降两道圣谕，对江西、四川等省的地方官吏大加申斥，在他看来，像李雍和这样一个造作逆词的重犯曾在许多州、县屡递呈词，地方官或视之为疯癫，或含混了事，致使其逍遥法外至今，倘若没有谢溶生禀报，李还不知要猖狂到几何。

另一方面，聪明的乾隆也意识到，谢溶生遇逆词重案未与抚臣合折上奏，而是打破常规自行奏闻且动用限行500里紧急驰奏递折进京，意在抢功，"汲汲据为己有"。如此居心行事，地方官员怎能和衷共济，于是，乾隆帝又传旨申饬谢溶生。

等乾隆帝接到汤聘的奏折后，获悉谢溶生为邀功不仅自行拟折上奏，而且在办案过程中竟存掣肘之心，不与抚臣合作，这实在有碍官场风气，因而立刻降旨，说谢溶生"居心行事，任私戾谬"，着交部议处。同时命汤聘严审李雍和，定拟其罪，并令查明当年受理过李呈词的地方官为何姑息养奸，不绳之以法。

最后，李雍和被凌迟处死并枭首示众，其弟李大有无辜受累，被判斩监候，秋后处决。李雍和之妻胡氏及其幼子、幼侄给付功臣之家为奴，家产没官。

因此案受到牵连的江西、四川两省的地方官多数免议，因为李雍和当年在各地投递的呈词并无悖逆语言，只是告苦求助而已，唯有泰和县知县和吉安府知府因为对李这种被递解回籍、交保管束的人，不加留心，任其改换姓名参加科考，乃属失职，着交部议处。

李雍和潜递呈词案至此方告了结。

王寂元案

1. 夜掷学政书

乾隆二十六年（1761年）十月初七日，陕西学政钟兰枝在甘肃阶州考试完毕启程返回省城。初九日掌灯时分，一行人行至成县小川子地方，准备到驿馆暂住一夜。当学政的轿舆快到驿馆大门时，忽听"拍"的一声，轿外掷进一物，吓得学政大人慌忙匍匐轿内，大叫"有刺客"。

轿舆被飞快地抬进驿馆，卫兵急忙掀开轿帘，把面无人色、战战兢兢的学政搀扶下轿。又点灯察看，发现掷进轿内的竟是一束书帖。

学政钟兰枝擦了擦额头上的冷汗，定了定神，然后取过书帖审阅，见帖内署名王寂元，且"悖逆之词不可枚举"。他"大为骇异"，当即命令成县知县木金泰迅速捉拿掷书之人。到三更时分，木金泰回禀"尚无踪迹"。

抓不到掷书之人，钟兰枝岂肯善罢甘休。第二天，他继续饬令木金泰严密侦缉，务必拿获。同时，一面具折奏闻，并将"逆词"恭呈御览；一面行文陕甘总督和甘肃巡抚，敦请"严拿深究"。

2. 原是病疯者

甘肃巡抚明德接到学政咨文后，迅速饬委臬司文绶带同河州知州韩极赶赴成县访拿缉查，陕甘总督杨应琚也派员前往协助办理。文绶等人到达成县后，"悬立重赏，多差员役，分路密访踩缉"，终于在成县柴家坝地方抓到一名叫王献璧的和尚，从他身上搜获戒单一张和字帖8张，内中有："王献璧法名王寂元"字样。经讯问，此人对投掷书帖事直认不讳。

巡抚明德将王献璧提解到省，随即会同总督杨应琚、布政使吴绍诗、按察使文绶严加刑讯。据王献璧供称，他是成县人，因读书未成，便自学医术，与人治病。乾隆十九年染患疯病，久医无效，遂请应付僧赵廷佐念经3日，不想病情竟有好转。王献璧认为这是念经的效果，便拜赵廷佐为师，自愿吃斋念佛，取法名王寂元。后因家境贫穷，就随同僧人念经化缘，得钱糊口。乾隆二十一年，王寂元疯病复发，虽经医治稍愈，但由于时常行事颠倒，再无人请其念经治病了。穷急之下，他便捏造仙佛下界等词，欲图诓骗银钱，但无人相信。乾隆二十六年九月，王寂元听说学政钟兰枝在阶州考试，便带上自己的戒单、字帖赶到阶州，当时因人多拥挤，投递未成而归。十月初九日傍晚，学政一行来到成县小川子地方，王寂元终于如愿以偿，把书帖扔进了学政的轿内。

弄清王寂元投书的缘由经过之后，官府又追问"有无同恶党羽，曾否招集何人？"王寂元供称："小的书写逆词投递，彼时实系病发糊涂，不由自主，至今回想，小的不能自解。若是明白，岂肯将自己法名写入帖内？总由小的丧心病狂，造作逆词，天理不容，神差鬼使，自取败露，罪该万死。此系小的自己编造，并不同恶党羽，亦无招集之人。"鞫问再三，而且动了刑具，王寂元仍然矢口不移。其地保邻舍也称王寂元并"无交结匪徒，谋为不法情事"。督、抚等人这才放下心来。

3. "速正典刑"

清政府的封疆大吏们对于不幸触上文网的文人士子的处罚从来都是心狠手辣的，即使是那些思想、行为均不能自持的精神病患者也一样。陕甘总督杨应琚在山东巡抚任内就曾处理过一件病疯者的文字狱，乾隆十八年六月，他以"大逆"罪将疯子丁文彬凌迟处死。这一次王寂元又撞到了杨应琚的刀口下，自然不会有什么好的结果。

杨应琚和明德认为："王寂元胆敢丧心编造逆词，肆行煽惑，且敢将逆书向学政投掷，狂悖已极。""似此大逆之犯，神人共愤，难容刻缓其死，应即速正典刑……凌迟处死。"并枭首示众，"俾顽愚共知警戒"。乾隆帝降旨："速将该犯正法。"就这样，王寂元因为一时犯病成为文字狱下的又一条冤魂。

不仅如此，此案连坐的严重程度在病疯者一类文字狱中也是极其罕见的。王寂元的长子王勤，次子王寿保，侄王卿、王魁因"不行首告"判处斩立决；未成年的四子王四保、五子王五保，妻王氏、长媳王氏、次媳胡氏、次女以及孙子、孙女皆解部给功臣之家为奴；应付僧赵廷佐被杖责80，"带枷号两个月示众，勒令还俗"。

柴世进投送逆帖案

关于清代的文字狱，有人曾将康、雍、乾三朝进行过比较研究，得出结论说：乾隆朝没有大规模文字狱，镇压、屠杀也没有康、雍两朝那样严酷，数量多但分量轻。这话有道理，但不全面。像庄氏明史案、《南山集》案和吕留良案那样的大狱乾隆朝确实没有。乾隆帝在政治上讲究"宽严相济"反映在处理文字狱案时，总是把"不为己甚"挂在嘴边，似乎不想把事情搞过了头。但是透过乾隆朝有记载的130多起文字狱来分析，就会发现一个明显不过的事实：清代的文字狱是雍正甚于康熙，乾隆又甚于雍正，到乾隆朝达到了登峰造极之地步。乾隆朝有个怪现象，精神病患者偶因文字不慎构成罪案的特别多，据不完全统计至少在20起以上。这些疯子与戴名世、吕留良不同，根本谈不到什么政治见解，病发时终日神游于梦幻之中，随后乱画几个不知所云的文字，结果照大逆律发罪，本人凌迟处死不算，亲属还跟着连坐，或监候待决，或给功臣为奴。从轻处理的也多是斩立决或市曹杖毙。康、雍两朝，尽管文网渐密，却还不曾荒唐到罗织疯汉怪诞不经的文字，而乾隆帝的残忍则到了疯狂的程度。这里介绍的柴世进投送逆帖案就是一则典型的例证。

1.　"闯堂"投呈"逆词"

乾隆三十三年（1768年）正月初三，两淮盐运使赵之璧正在大堂上征收盐税，突然有一个手拿红封的中年人大喊大叫地闯进来，要求投递词帖，面见朝官。赵之璧打开交上来的红封，见里面有3个红帖，每个红帖里又有写着字的白纸3张，共9张。每张上都写有一首词，皆为批评朝廷时政的语句。赵之璧当即命人拿下闯堂者，并开庭审讯。经审讯，闯堂者供称自己是山阳县人，名叫柴世进，又名姜魁，无家无业，浪迹漂游。赵之璧问他曾到过哪里，柴世进说他曾到过扬州康玉家及他弟弟柴世禄的船上。于是赵之璧即通令扬州府率同江都、甘泉二县令到康玉家将康玉拿获，又到扬州抓到了柴世进之弟柴世禄。在康玉家搜出柴世进存放于其处的拜匣一个，里面装有9张纸。

又于柴世禄家搜出柴世进寄存的字纸两张。这些纸上都写有辱没朝廷的"逆词"。赵之璧知事非同小可，随即将柴世进等一干犯人押送江苏巡抚明德处，并奏报上闻。

2. "大逆"之举起由疯癫

经过赵之璧、明德等对柴世进一干人犯的反复审讯，所查真相却令人大失所望。

柴世进系江苏山阳县人，时年47岁。其父柴朝只生有二子，柴世禄为其胞弟。父亲死后，柴世进、柴世禄随母亲改嫁姜姓，兄弟分别改名为姜魁、姜起龙。柴世进向以驾船为生，娶妻丁氏，并生有一子。但不久丁氏病故，其子亦于乾隆二十五年落河淹死。祸不单行，柴世进想妻念子，遂成疯病，时而清醒，时而糊涂。二十六年病发，曾到扬州府投过禀词，经扬州府知府孔传烆审查，其禀词捏造钱财细事，显系疯癫所为，无悖逆事故，故以交保看管发与江都县结案。此后，柴世进的疯病时发时止。情况略好之时，就短雇于过往船上拉纤摇桨，维持生计。乾隆三十三年疯病复发之时，其家人并未察觉，故对其反常举动没加劝阻，遂至案发。

对此，赵之璧、明德并不十分放心。他们怀疑柴世进假装疯癫，或者还有同谋和知情之人。于是又将柴世进严刑夹讯，结果柴世进仍然是语词颠倒，"忽而明白，忽而糊涂"，只是呼痛求饶。显然，再审也不会有什么新内容了，只能以疯病失行定案。

3. 杖毙"以示惩儆"

根据审查案由，明德上奏：柴世进投递逆词，虽系疯癫所为，但其"生逢盛世，乃敢造作逆词，实属罪大恶极，神人共忿，自应承重典，以彰国宪"。依照清代典章条律，柴世进应按大逆罪凌迟处死。其弟柴世禄虽不知柴世进作逆词之情，但按律亦应缘坐拟斩立决。世禄之子志汉，年未及岁，应照律付给功臣之家为奴。康玉受寄拜匣，属不知情，应免置议。乾隆帝初闻此案，认为：事属悖逆，朱批三法司"核拟速奏"。及详阅江苏巡抚所呈各帖原词，看法有所改变：柴世进"系疯狂丧心，多抄引小说家谬诞不根之语"，不值得像重案一样交法司审理治罪。但又谕批："此等怙病妄行，实足诬民惑世，其人究不可留"，因此下旨将柴世进"即行杖毙，以示惩儆"。对于其他"所有援引律内应行缘坐各条，概予宽免。"这样，除柴世进杖毙外，到底算是皇上开恩，没有牵连其他人。这便是由一个精神病患者引出的一起文字狱案，以荒谬起，以荒谬结。

徐鼎考场自勒未死案

乾隆三十三年（1778年）八月九日，浙江省城杭州正在进行3年一度的乡试，应试学子按号坐定，考官开始分发试题。突然，有位应考者拿出一根细绳迅速在自己的脖子上绕了两圈，接着用力自勒，倒在地上。差役见状赶忙跑过来解救，坐镇监督考试的浙江巡抚觉罗永德也闻讯赶往现场，一番忙乱后，自勒者渐渐苏醒过来。经查验，此人名叫徐鼎，系临安县秀才，今年50岁，从他的怀里发现一张卷子，上书《平缅表》一道，内容是颂扬朝廷荡平缅甸叛匪功绩的。为了搞清事情的来龙去脉，觉罗永德随即命人将徐鼎带往公堂讯问。

据徐鼎供称，考前夜里，他朦胧睡下，忽听得有人说："不许你在考场作文字"。接着看到一个胡子挑起门帘，一闪便不见了。他吃此一惊，心里就恍惚起来，便想寻死，但一转念，如此死去，没有名目，何不留点东西在人间，于是记起今年三月间曾作过《平缅表》一道，表词熟记在心，如今何不将这表文写上，死后也得些名声。一念及此，他便笔走龙蛇写下表文，然后揣入怀中，带进考场，自勒未死。

巡抚等人听罢供词，又就其表文内"黑雾漫空，化作祥云瑞霭；妖云满野，变为赤日行空"二句，诘其何意。

徐供曰："黑雾漫空""妖云满野"系指缅甸匪酋，"祥云瑞霭""赤日行空"说的是圣朝破除了缅匪。

觉罗永德督率同僚再三研阅表文，实在找不出不法之处，看徐鼎面貌辞色，则确像有痰迷之状。但出于谨慎，觉罗永德还不敢就此罢手。在他看来，徐鼎既然私自撰写表文，便难免存留不法文字，所以急忙派人前往徐鼎寓寄的客店和原籍家中搜查，结果，除儒家经典、字帖等外，并未发现不法文字，也没有找到《平缅表》底稿。

据徐鼎的儿子徐阿大供称，其父曾在同县人汪文川家教读，有些文章书籍至今还存于汪家。于是，官兵随即又前往汪家书馆搜寻。但同样没有查出不法文字和《平缅表》原稿。汪文川向官差们谈到，徐鼎在他家教书时，语言偶有些恍惚，像是有痰气（即精神不正常之症）。至于《平缅表》，他一无所知。

与徐鼎有交往的秀才汪文斗讲，六月间，徐鼎曾在书房内抄出《平缅表》一文给汪看。他告诉徐，如今科考不用表了，作它何用，然后就放在徐的书桌上了。

《平缅表》原文找不到，只好再讯徐鼎，徐供道：赴省乡试前，收拾书箱，想起汪文斗讲过，如今科考不用表了，遂将表稿烧毁。这稿是自己作的，又为时不久，所以还能熟记在心，默写入卷。

觉罗永德当场令其背诵，发现果然无异，这才放下心来。

虽然，造作逆词之罪是不存在的，但要想一点不受惩处地一走了事却是不可能的。觉罗永德援引"纵横之徒，借以上书，巧言令色，希求进用者，杖一百"的律例，将徐鼎杖责100，革除生员头衔。胆小怕事，有些痴迷的徐鼎只能默默地忍受着因歌颂圣朝功绩而带来的皮肉之苦。在涉及文字的案件中，比起发配、坐牢甚至杀头来，这点惩罚实在算不上什么。

并非文人士子的文字狱

1. 穷轿夫卖图为生计

乾隆三十三年（1768年）八月初四日，浙江温州府瑞安县百总尤光荣率兵丁协同县役缉拿"剪辫匪犯"时，抓到了一个敲锣卖图之人，从此人身上搜到"卢茂等结盟图"数张，"惩治安良图"一束，"孔明碑记"一束，随即带至县衙审问。

经审讯，此人供称名叫李浩，系福建闽县人，以抬轿为业。本年六月抬轿到泉州，见一不识姓名之人出售"卢茂等结盟图""安良图"图版，就以160文钱买下带回闽县印刷卖钱。七月，又在闽县遇见一位叫王三哥的人，听他说广东高州府石城县东山寺内二月二十八日狂风暴雨之后出现一块石碑，上有红字，下写"孔明碑记"，说时还拿出抄单来看。于是向他要了一张，携至桐山地方，雇了一位姓傅的刻书匠，以80文钱将"孔明碑记"刻了一块版，并添画碑式人像，印刷发卖。不想八月三日刚到瑞安，四日即被抓获。

瑞安知县成兆豫将审讯结果迅速禀报浙江巡抚觉罗永德。觉罗永德审查所缴各图后，得出结论："结盟图内载有晓谕守法文檄，安良图亦系劝人不可胡行妄作，尚系惩劝语句。其孔明碑记图开载石城东山寺山为之崩，现出石碑等语，已属荒诞不经。"而碑文"五句皆系隐语妖言，多不可解，甚属不法。……必须严加究拟，以重治罪，以惩妖妄。"于是，他决定迅速提解李浩到省亲审，并致函闽浙总督，请即捉拿王三哥及刻字匠傅姓到案，同时具折上报朝廷。

事有凑巧，就在八月初四这一天，闽浙总督崔应阶也接到了一个关于"孔明碑记"的案子。汀漳龙道孙孝愉禀报，诏安县知县孔继炘抓获云霄人刘灶，搜出抄写广东石城县碑记一纸。据刘灶供称，他是在云霄柳鹤家闲坐时，听柳崔说起广东石城县二月内塌了山，现出一块石碑，上有孔明诗句，于是便记在纸上，带在身边当新闻。提审柳崔的结果，得知：有一个潮州人李固，四月份来柳鹤家，说广东石城县有个天竹山，二月内塌了，有个石碑高2丈4尺、宽6尺，上刻孔明诗句。

八月十九日，崔应阶接到温州镇总兵宫永昌禀报，说其下属于本月初四日捉到一位敲锣卖"安良图""结盟图"及"孔明碑记"的闽县人李浩。同一天，又得悉福鼎县查获刻字匠傅阿有曾代人刊刻"孔明碑记"及"安良图"，并在傅家搜出草纸抄写的"孔明碑记"一份。旬日之内，连续接到几次关于"孔明碑记"的报告，且"碑诗怪诞不经"，所以，崔应阶断定，此"系无知棍徒捏造惑人，不可不严加根究重惩。"

穷轿夫李浩刻图发卖，原本是为了赚几个钱养家糊口，既非有意宣传"异端邪说"，亦不是蓄谋煽动造反。但是，在统治者看来，私自刻卖图画，本身就是不安分的表现，何况又有"荒诞不经"的内容。于是乾隆皇帝在接到地方的奏报后，于九月初二日下诏，令闽浙总督迅速缉拿一干涉嫌人犯，"彻底跟究，以杜妄言"。

2. "孔明碑记"的由来

李浩、刘灶等人的供词，都称广东高州府石城县天竹山东山寺二月二十八日发生山崩，出现一块石碑，上面记有"两两相争不见天"等语，是为"孔明碑记"。此说甚为荒诞，因此，乾隆帝饬令两广总督李侍尧迅速查明此事，据实禀报。

两广总督接旨后，立即令高州府知府率同石城县令，前往城乡各处调查。经查，石城县境内并无天竹山、东山寺地名，只是城东有一东圣山，山上建有东圣禅林，供奉北帝神像，寺内有5块石碑，均系修建寺宇碑记。又讯问寺僧及附近乡民，皆称本年二月间并无现出石碑之事。勘查周围地形，亦无石裂痕迹。李侍尧得报后仍不放心，又亲自查阅了石城县志及该县所报晴雨清折，证实石城县没有天竹山、东山寺，且二月二十八日天气晴朗无雨，不可能发生山崩。

显然，"山崩石裂，现出石碑"之说纯属无稽之谈。但是，社会上又确实流传着关于"孔明碑记"的传说，而且越传越远，从广东传到了福建，又从福建传到了浙江。这不能不引起乾隆皇帝的忧虑和不安。因此，他决心抓住李浩一案，顺藤摸瓜，穷追深究，找出背后"造作谣言"的首犯。

3. 扑朔迷离的供词

浙江巡抚觉罗永德，提拿李浩到省亲自审问。刚一开堂，李浩便推翻在瑞安县初审时的供词。他先是供称"安良图"得自族人李清，"孔明碑记"是在闽县南街听一广东人传说，回家后请胞兄李朝彬代写下来的。继又供称："安良图"系挑夫培二自漳泉带来，与李清之子李义合伙刊卖。他得知后便向李清索取一张，另请关七刻板，自行刷卖。后来在连江地方出售"安良图"时，遇见一个卖"结盟图"的人，遂以"安良图"与之易换一张。后又到福鼎县桐山附近一小镇饭铺住宿。店主得知他卖的是"安良图"后便拿出一张"孔明碑记"给他看。于是请店主别抄了一张，随身带着。到桐山后，请一姓傅的刻字匠将"结盟图""孔明碑记"各刻板一块，印刷卖钱。

李浩几次翻供，弄得案情扑朔迷离。不久，在闽抓获的王三哥、培二、李清、李义、李朝彬、关七、傅阿有等一干人犯均押抵浙江。接着，浙江巡抚会同由福建赶来的闽浙总督再度开堂审问。

培二、李清、李义、关七等人对卖给李浩"安良图"及帮同刻板一事供认不讳。但这些人辗转传卖刊刻的只是"安良图"，与"孔明碑记"没有什么关系。

李浩最早供出的王三哥则极口称冤。李浩到堂对质，亦称与此人并不认识，以前在温州府所供，纯系畏刑乱供，实不知有王三哥其人。

李浩胞兄李朝彬在福建时曾供认其弟除"安良图"外还有"孔明碑记"，到浙江后亦翻供否认，说前次供认是因县差对他说漳州也有售卖之人，即使招供了也不碍事，故而屈供。

显然，李浩的所卖"孔明碑记"非得自王三哥、李朝彬。要查清"孔明碑记"的来历，唯有桐山饭铺这一条线索了。

正在这时，福鼎县抓获互相传抄"孔明碑记"的长乐县民陈茂崇、林圣可、张顺应、陈行海等人，使案情有了新的进展。陈茂崇供称，本年七月，在长乐县遇见族兄陈茂相，说起曾在省城抄有"孔明碑记"，因不识字，遂托陈茂相照写一张。七月初十日以后，到福鼎县十五都地方雇请帮工，遇见熟人林圣可，说起这件新闻，林圣可又托人抄写了一张，转给酒店帮工张顺应。后张顺应遇见卖"安良图"的李浩，就请陈行海抄了一张与李浩的"安良图"兑换。

至此，李浩的"孔明碑记"到底得自何人之手有了答案。案情并不复杂，但由于李浩"畏刑混供"，使此案平添了许多曲折，牵连了若干无辜。而官府借此大兴文字之狱，无非是为了惩罚所谓"造言生事之奸徒"，告诫老百姓，只许安分老实，不许乱说乱动。

4. 乾隆帝还要深究

李浩一案，经浙江巡抚、闽浙总督多次会审，终于有了一个初步的结果。但乾隆皇帝对此并不满意。因为尽管已查出李浩的"孔明碑记"得自张顺应，张顺应得自林圣可，林圣可得自陈茂崇，陈茂崇得自陈茂相。但是，陈茂相又得自何人？杜撰"碑记"的目的又是什么？到底还有多少人抄有"碑记"？这些问题皆不得而知。如果不彻底查清此案，找出造作"孔明碑记"的首犯，乾隆皇帝是不会心安的。因此，他于十二月初五日发出上谕，令崔应阶"将此案详悉追究，务令水落石出"。因此案"起自福建，其纵线仍当于福建追寻"，又令觉罗永德将在浙人犯"选派妥员，小心管押，解往福建，交崔应阶就近查办。"

对皇帝的上谕，地方督抚当然不敢稍有懈怠。觉罗永德于十二月十三日即遵旨将李浩等人押往福建，还特意饬令沿途文武官员"选拔兵役，加谨护送"。然而，闽浙总督崔应阶继续追究此案有没有找出首犯，现在已无材料可考；李浩等一干人犯是如何处置的，亦不得而知。

此案首犯李浩不是文人士子，涉嫌此案的人也都是些斗大的字识不了几个的山野村夫。这些人居然也因文字而获罪，实在是天大的笑话，而这确确实实又是乾隆朝众多文字狱中荒唐的一幕。它从一个侧面反映了清政府将文字狱之网构织得何等的严密。

王道定之案

1. 姓名之谜

乾隆三十三年（1768年）八月二十四日，浙江省富阳县典史邹宗洪来到县城的一家饭店，盘查有无形迹可疑者，一位姓于名魏号景阳的投宿客人引起了他的注意。这位客人有柄扇子，上书："仆有无价之珍，非有大福量大因缘者不能承受"等语。在他房间里发现船票一张，上写"孙客"。典史疑心顿起：此人口称姓于，船票上为何写姓孙，这里必有文章。接着，邹又查出客人随身携带的书籍一包，其中一部诗稿内有"断缰脱锁入行舟，客路也知成罪放"等语，像是犯罪脱逃者的抒怀之句。问其何处人氏，答曰湖北荆门州人。邹宗洪闻言猛然想起，不久前湖北出过一起叛逆案，为首者名为孙大有，案中的几个要犯如今依然在逃，面前这位可能姓孙的湖北人，说不定就是此案的逃犯。假如我真的抓获了朝廷钦犯，那可就立了大功，奖赏是少不了的，保不准还能升官晋级。想到这里，典史不由分说将投宿客人带往官府问话。

来到官府后，邹宗洪一口咬定，于魏必是孙大有案内的逃犯。这下于魏可傻了眼，因为他知道孙大有叛逆案非同一般，牵入此案非得落个家破人亡的结局不可，于是赶忙辩白，他既不姓于，也不姓孙，实际上姓王，学名王道定，是位秀才，与孙大有等毫无瓜葛。典史不但不信，反而更胸有成竹地断定面前这位花言巧语的湖北人定是逃犯无疑。所以，他一方面声色俱厉地逼其自写供词，另一方面又诱骗说，只要我处问供有案，他处即可免掉讯诘。在典史的一再威逼和诱使下，于魏只好写下一份供词，说他本人因为附近地方发生孙大有叛逆案，怕有牵连，故而脱逃，但坚不承认自己就是朝廷通缉的案犯。邹宗洪虽然没有完全达到目的，但手握这份供词，便可以报县审理了。严刑之下不怕你不招。

富阳知县听罢邹的汇报，看罢于魏的供词，也认为此人十有八九就是孙大有案内逃犯。开始，于魏还想为自己辩解，后来，知县说要动刑，于心中害怕，只好供认自己本姓孙，孙大有是其族侄。今年孙大有谋为不轨，将他的姓名登记入册。后来官兵追剿，自度簿内有名，不敢回家，乃改名于魏，漂游浙江。

然而，知县阅罢卷宗后，发现楚省通缉的孙大有案内逃犯并无于姓、孙姓或王姓之人；年龄分别为 16 岁和 30 余岁，而于魏已年近 60；逃犯相貌亦与于魏迥不相符。这到底是怎么回事？知县与典史如坠云雾之中。最后，他们只好将于魏解往省城，听候上司处理。

2. 原是算命炼丹人

浙江巡抚觉罗永德接案后，先查阅了于魏随身携带的书籍，发现其中有黄帝的《阴符经》、老子的《道德经》、魏伯阳的《参同契》、张伯端的《悟真篇》、集古的《诸真录》等道家著作，均言阴阳五行、刚柔克协、去邪存诚、修炼还源等道家理论，另外还有些讲究黄道吉日的杂书，都算不上悖逆文字，唯有一本题为《汗漫游草》的诗稿，字义隐跃，不知所指。扇面上所书的"无价之珍"等语也甚为荒诞。

觉罗永德随即率领同僚会审案犯，一番严鞫，方得悉内中隐情。

原来，案犯真名王道定，系湖北省安陆府荆门州人。雍正十六年（1732 年）考中秀才。如今已 59 岁，家中有一妻三子六孙。王平素擅长勘察地理、风水，行医筮卜，并喜欢练习道家的修炼之法。近来因家道贫困，欲出外觅食。原想去河南访友谋生，行至樊城适值河道干涸，遂掉头南向，搭便船到了汉口，随后又前往安庆、江宁、苏州、杭州等地，最后行抵富阳。

由于穷途潦倒，靠卖卜为生，怕人耻笑，因而隐匿真名实姓，或捏名于赤川，或捏名于景阳，或捏名于魏。及到雇船起票时又捏称姓孙。旅途无聊之中自作诗稿一本，题曰《汗漫游草》，出于贫苦流落的窘境，字句之间多感慨、牢骚。又由于平时爱读道家著作，喜讲修炼之法，便想凭此骗些银钱度日，所以在扇面上写了"仆有无价之珍"等语，渴望有人请他去讲长生不老之学。

没料到在富阳被典史邹宗洪疑为逃犯，逼写供词，到知县衙门后，又因畏刑屈认为孙大有案内逃犯。实际上他与孙大有毫无关涉。

最后，王道定还为自己辩解说：假如生员是孙大有一族人，船上就不写姓孙了。另外，如果生员与孙大有逆案有牵连，纵使本人逃出家中，妻室子孙 20 余口，岂能漏网。

听完王道定的供词后，觉罗永德等人又就其诗稿种种隐跃诧异之句逐条讯问，如《赠翁秋群诗》内有"奇干偏争制胜兵"一语，是何立意？翁秋群又系何人？王答曰，翁乃是曾经同船而行的一位客人，他很有才学，却不去做官，只愿当个小小的书办，所以借用"制胜奇兵"来赞他。又问《酒肆诗》内"乾坤半输纵横计"系何立意，王供称自己少年读书，费尽苦工，未能出人头地，如今物换星移，日月消磨，年已过半百，故有此慨叹。

王道定对自己所作之诗一一剖辩清楚后，觉罗永德等人又问他，既习炼丹之法，能否试验。这一下可撞到了王道定的话匣子上，不知是为了讨好公堂上的大人们还是为了显示自己的真才实学，他竟忘乎所以，滔滔不绝地讲起道来：修炼之法存在于男女阴阳交合事中，取女子天癸之气，运入丹田……等等。搞得觉罗永德等人哭笑不得，只好喝令其闭嘴。

公堂讯问结束后，觉罗永德马上咨文湖北查询孙大有案内逃犯有无王道定。得到否定的回答后，王的逆案逃犯嫌疑终于被去除了。

3. 造妖言惑不及众

王道定虽然不是逆案逃犯，但却不能白白地开释了事，既然进了衙门，就得剥你一层皮。在如何给王道定定罪的问题上，地方大员们着实费了一番脑筋。王所带的道家著作不是悖逆文字，其所作之诗因引喻错谬而显得荒诞、隐跃，虽其中透着牢骚之情，但终究不能算作阴谋不轨。唯一可以做文章的是他假借炼丹修养之术，扇中妄书狂言，远赴外省，图利惑人。然而大清律例内没有惩治此等情事的量刑标准。怎么办呢？想来想去，最后决定"比照造妖言惑不及众"律，将王杖责100，流放3000里。王道定这位素心筮卜的算命先生，却算不出自己作为大清臣民的命运，只好自认学业不精了。

希图以文侥幸的武生之狱

1. 武生的科举梦

乾隆三十四年（1769年）春，安徽学政德风按临宁国府主持当地的科举考试。四月初一日，文场考试正进行中，德风接到一纸呈词，进呈者乃宣城县武生李超海，内容是请求学政考试武生时，将他由武秀才拔取为武举人，并声称他著有《武生立品集》6册，业经缮写清楚，请学政品评。

德风阅过呈词，油然生出警觉之心：李超海如此荒唐，其所著书内会不会有不法文字？于是，命令属下将《武生立品集》取来查阅。

《武生立品集》共有36篇，德风认为其中32篇均属"窗下鄙俚荒词"，"其字句尚无悖逆处"，唯《策论铭》中《文武全材》《文武并重》《储材防海》《酒友铭》4篇内，有"天下武生可用与不获见用者，莫此时为甚""重为君重轻为君轻，若何？文重武轻一言而失天下干诚之心"等语句，皆属悖谬不经。

德风随即命人将李超海提来讯问有无指使之人。正满怀希望静候佳音的李超海感到事情有些不妙，急忙回答：书乃自己所作，无人指使。德风接着就《策论铭》中的所谓悖谬之语诘讯李超海是何居心？李这时如梦方醒，断定大祸即将临头，因而支支吾吾，言不成句，口中不断念叨"草野无知，希图侥幸"等语。

德风正言厉色，痛斥李身为武生，理应安分，今竟敢妄为著述，肆发谬论，实属不法。随即喝令将其拿下，移解巡抚衙门审问定罪。同时，德风又委员飞赴李超海寓所和家中搜查，并起获《武生立品集》文稿一束。

安徽巡抚富尼汉接手案件后，为确保无不法文字漏网，再次派人搜查了李家，结果一无所获，无奈，只好等着李超海解抵省城后进行审讯了。

2.著者与誊抄者的结局

李超海案发后，学政德风和巡抚富尼汉分别拟折上奏。四月二十四日，乾隆帝降旨：李超海以微末武生"竟敢妄为著作，逞其诞词""不可不严加治罪，以惩恶劣"，"毋得稍存姑息"。

富尼汉等人接旨后即会审李超海。大堂之上，李供称他本人乃宁国府武生，粗知文义，自负有才，由于历次考试，屡受挫折，家资耗费几尽，故抑郁无聊之中混写成《武生立品集》。书成后，曾捡出《文武全材》一策进呈前任安徽学政双庆，结果如泥牛入海。今年二月间，听闻学政德风将按临宁国府主持科考，更想进呈所著，以求取科举。为此，他请了胞侄李上青，女婿冯桂馨代誊部分稿子，堂侄李华萼代抄目录。四月一日，他带着誊好的书稿前往学政处投递，结果被锁拿下狱。

李超海一再表白，《武生立品集》是他自己所著，无人指使，亦无人参议。书中悖谬语句，实因愚昧，不知忌讳所致，绝非心怀怨望，讪谤时政。

富尼汉等再三逼鞫，李矢口不移。被牵连入案的誊抄者均称，不晓文义，误为抄录。

最后，富尼汉等人断定：李超海所为与"妄布邪言"无异，应依律斩立决。李上青、冯桂馨听从尊长指使，冒昧代抄，依律杖责80，枷锁一个月。李华萼仅誊写目录，而目录非诞词，故免置议。前任学政双庆接到李超海的策书并不奏明，宜交部议处。李超海所在府、县学官，平时毫无觉察，殊属溺职，咨请斥革。

乾隆帝接到富尼汉拟就的判决意见后，朱批刑部核拟速奏。刑部自然不会给李超海等人减刑，因为皇上早有圣旨要"严加治罪""毋得姑息"。李超海只有静待引颈受戮，其他被牵连者也只能哀叹自身运命的困蹇了。

安能敬试卷诗文案

乾隆三十四年（1769年）五月，直隶学政倪承宽按临冀州考试当地的文武生员和童生。在阅看试卷的过程中，倪发现州学生员（即秀才）安能敬的答卷存有问题。安的应试题目是《赋得人文化成天下》。在此题目下，安做了一首诗，诗云："浑庞俗渐远，焕采在此期。满怀皆节义，人世大文垂。恩荣已千日，驱驰只一时。知主多宿忧，能排难者谁。在上昭大观，化神俗自移。万民共瞻日，含哺鼓腹嬉。"倪承宽吟诵再三，断定诗句意含讥谤，尤其是"知主多宿忧，能排难者谁"一句。于是，倪承宽马上饬令冀州知州单功擢密拿安能敬到案，严讯其诗立意，同时搜查安能敬家中存书及安平日所做诗文，调查安从前有无滋事之举。

单功擢遵命亲赴安能敬家中搜查，结果并未发现违禁文字。单又就安能敬平素品行诘问其亲友邻居，被问之人皆称，安平时尚知安分自守，未曾滋事。末了，单只好押着安能敬回衙门审讯。

公堂之上，安能敬再三供称，他平日作诗原本就没有讲究。试卷内的诗本意是想极力称颂，但苦于胸无点墨，故随意填写，以致字句多不妥切，实在没有他意。

最后，单功擢将其调查和审讯的结果，详细呈报倪承宽，倪放心不下，又亲提安能敬鞫问，且看下面的公堂记录：

问：安能敬你住在何处？多大年纪？何年入学？你是生员，入场作诗，应该依题抒写，为何妄肆讥议。况且，这题目怎能说得到这些话上。你把作诗之意一一供来！

供：草生系南宫县青杨寨人。今年38岁。24岁考入州学为秀才。入学时尚未作过诗。近来因为家道贫寒，荒废久了，入场应考，原要竭力称颂，无奈说不上来。比如"恩荣已千日"一句，是想说圣世恩泽遍及臣子已非一日。"驰驱只一时"意谓如今缅甸匪民不思安分，正是朝廷臣工报效圣恩之际。"知主多宿忧"一句是指皇上因缅匪之事，费了许多心思筹策，难道那些镇守边疆的官员不知道吗？"能排难者谁"是想说朝廷正在用兵之时能尽心出力者是谁。由于我文义不通，忙乱之中，随后写了"排难"两个字，并无别意。

问：你既然说到缺少出力之人，你心里自然有出力的意思，可一一供来！

供：草生不过是信口乱说，凑来便是一句诗，并无别的主见。

问：你是生员，岂不知法度，朝廷之事岂是你讥诮的？

供：这便是草生该死之处。

问：你还有什么别的心事，更有何主见，平日同何人在哪里议论过这些话，今日亲自审你，可从实说来，不然便要动刑了！

供：草生实在没有别的心肠，也实在没有同别人议论过，不过一时想到信手写上，这便是实情，别的话都没有了。

学政大人费了半天工夫，也没有问出个所以然。但他不想就此罢休，在他眼里，安能敬居住乡野，不思安分读书，动辄敢于试卷内肆行讥议，非重治其罪，不足以警戒愚顽，端正士风。于是，他一面命将安能敬移送总督衙门治罪，一面拟折上奏皇帝并附上安能敬的试卷、供单。

乾隆帝接到奏折和案情材料后，并没有对倪承宽治理属下文人的"一丝不苟"精神表示赞赏，这位苛求文字之责的皇帝也感到倪承宽所办实在有些过分吹毛求疵，因而朱笔批道：阅看安能敬之诗，只是不通，尚无别故，不必究问，亦不必革去其生员资格。

安能敬虚惊一场，总算躲过了一场灾难。倪学政则白费了一番心机，实在遗憾得很。好在讨好皇上的机会多的是，他只要耐心等待就行了。

严谱案

1. 大学士家的不速之客

乾隆四十一年（1776年）七月十七日，大学士舒赫德自内阁办完公事回家后，刚刚坐定，家人就进来报告说，门口来了个人，说是吏部送公文的。舒赫德当即吩咐将公文递进来。不一会儿，家人拿进一个白纸包封，封面上写着"送舒大人宅"字样。拆开来检查，见有给皇帝的奏折一件，"严烦代奏"禀启一纸。舒赫德立刻明白了，这哪里是什么公文，分明是有人在侥幸求取功名，于是命将"送公文"者唤进讯问。来人自称姓严名谱，山东高平县人，从前曾在都察院当书吏，是个从九品的小官（清朝官吏分为9个品级，每一品级分正、从两等，从九品为第十八级），乾隆二十五年役满回家，现在崇文门外万春杂货号内代人写账谋生。舒赫德随即派人到严谱寓所搜查，又搜出已经誊清的奏折一本，呈四阿哥（乾隆帝的第四子）禀启一个，及自著《瓦石集》一本。舒赫德见事涉四阿哥，奏折、禀启又"狂诞不法，殊堪骇异"，所以丝毫不敢懈怠，一面将严谱密为看守，一面将事情经过写成奏折，连同严谱投递的奏折、禀启等一起恭呈乾隆皇帝御览。

此时，乾隆帝正在热河承德行宫避暑。他看到严谱的奏折里竟敢议论皇上与已故的那拉氏皇后之间的私事，说什么"那皇后贤美书烈，多蒙宠爱，见皇上年过五旬，国事纷繁，若仍如前宠幸，恐非善养圣体，是以故加挺触轻生"，不禁勃然大怒。小小庶民竟敢污蔑皇上，真是吃了豹子胆。等冷静下来一想，"严谱乃微贱莠民，何由知宫闱之事，且何由知有那拉氏之姓？其中必有向其传说之人，不可不彻底严究"。另外，递四阿哥启帖一纸，尤为可疑。四阿哥在诸皇子中虽属居长，但若以办事而论，六阿哥所管事务较多，"何以向四阿哥投启，殊不可解"。于是，乾隆帝命令将此案交大学士舒赫德、协办大学士阿桂、刑部尚书英廉在京秘密审讯。

2. 私议那皇后的由来

严谱在奏折里讲到的那拉氏皇后之事，据史书记载是这样的：

乾隆三十年（1765年），皇上第四次南巡。正月从北京出发，闰二月到达杭州。一天深夜乾隆帝换上便服到外面游玩，随同南巡的皇后乌喇那拉氏极力谏劝，直至泣下，甚至还剪掉了头发。乾隆帝十分生气，说皇后疯了，命她先回京师。四月，乾隆帝回到北京，便想以疯病为由将那拉氏皇后废黜。刑部侍郎觉罗阿永阿想进谏劝阻，但又考虑到老母在堂，如有不测，无人奉养。正踌躇间，他母亲知道了，说："尽忠不能尽孝，忠孝不能两全。"阿永阿于是洒泪拜别母亲，上疏进谏。乾隆帝见疏后大怒，召九卿给阿永阿定罪。大臣们都不敢言语，只有刑部尚书钱汝诚替阿永阿说了几句好话。结果，阿永阿被遣戍黑龙江，钱汝诚被削职。但因为有了这一谏，那拉皇后才没有被废掉。到了乾隆三十一年，那拉氏皇后去世，乾隆帝命令："所有丧仪，不得循皇后大事办理，只可照妃例行。"当时有个御史叫李玉明，上疏请行3年丧，结果被遣戍伊犁。

但是，上述这些事属于宫闱秘事，身为役满书吏的严譄是怎么知道的呢？他私拟奏疏、议论正宫的动机又是什么呢？为了审出让皇上满意的口供，京师的问官们动用了各种酷刑，如拧耳朵、长跪、打板子、拶指等等，被折磨得哭爹叫娘、死去活来的严譄，怎么也供不出问官们想要的口供，翻来覆去总是下面这些话：

乾隆三十年皇上南巡，在江南路上先送皇后回京，我那时在山西本籍即闻得有此事，人们都说皇上在江南要立一个妃子，那皇后不依，因此挺触，将头发剪去。这么说的人很多，如今事隔十来年，我哪还记得是谁说的呢？乾隆三十三年我进京，又知道有御史因皇后身故不曾颁诏将礼部参奏，结果被发遣。乾隆三十六年间，我妻子儿女都死了，由此想到人孰无死，若不做些好事，留下名声，就是枉为人了。三十七年进京后，心里妄想若能将皇后的事呈个折子准行颁诏，就可以留名不朽。又想从前御史做的折子一定说得不好，所以得罪。于是我丝毫不提立妃、剪发的传闻，专说皇后贤美节烈，希冀动听颁诏。那年我在进京路上还做过两副对子：一副是"忠孝节义果能行，虽然贫贱，理宜起敬，奸淫邪盗若有犯，即使富贵，法难宽容"；一副是"臣道维艰，利禄条条，焉能事事行公正；乾纲不易，将相济济，那能个个别贤愚"。总是我糊涂好名的想头。至于所说"贤美"二字，就是美而有德之意；"宠幸"二字，就作和好讲；"轻生"二字即是身故，"挺触轻生"就是说皇后节烈之处，并没有别的意思。

问官们无奈，只好将审讯情况如实奏报皇上，乾隆帝随即降旨：为避免"外间无识之徒""妄生猜疑议论""不必过用重刑以致刑毙"。七月二十五日又降一旨：不必对严譄所供之人穷追不舍，以免"拖累无辜"；严譄"罪大恶极，自作之孽，与其亲属无涉"。乾隆帝大概已经很清楚了：严譄所为不过是一个爱虚名的小人物的荒唐举动，没有什么政治背景。

最后，九卿、三法司请旨将严譄照大逆律凌迟处死，乾隆帝谕"从宽改为斩决"。就这样，可怜的严譄虽然掉了脑袋，"芳名"却没有挣得。

王锡侯《字贯》案

1. 王锡侯与《字贯》

王锡侯，江西新昌县人，原名王侯，因为怕犯忌讳，遂改名为锡侯。他是封建时代的一位典型的靠著书谋生的知识分子。38 岁的时候，王锡侯中了举人，以后曾经 9 次进京参加会试，结果都落了榜。在碌碌风尘、仕途无望的现实面前，他百感交集。但他并没有因此消沉下去，而是振作精神，发奋著书，以图留名于后世，稍慰不能跻身官场，光宗耀祖的遗憾。他先后写过《王氏源流》（考证出周朝列王以至黄帝均是他的远祖）、《经史镜》（讲"庆殃报复""酒色财气四戒"一类的内容）等著作 10 余部，而且全部付梓刊行了。这对王锡侯来讲，是名利双收的事情。因为他儿孙满堂，却没有一垅田地，全靠著书、卖书维持生计。乾隆四十年，日子实在过不下去了，无奈只好将一处旧房典给别人，得了 135 两银子。这一年王已经 63 了，还亲自跑到吉安，督催其新著《字贯》的刻印工作。

《字贯》是一部按天、地、人、物四大类统字的简明字典，从开始编写到付梓印刷共花费 17 年的时间。王锡侯对这部部头可观、体例新颖的字典寄予了莫大的希望，因为它不但能够提高王的声誉，而且刊行以后足能换些银子度过"床头金尽，瓶中粟罄"的窘境。然而，命运却偏偏和王锡侯过不去。《字贯》并没有换来他梦寐以求的名誉和金钱，却招来了杀身破家的惨祸。

2. 挟仇控告

乾隆四十二年（1777 年）王锡侯的同族人王泷南来到新昌知县衙门，控告王锡侯编纂的《字贯》"狂妄悖逆"。王泷南是个爱惹是生非的光棍，从前曾因唆讼而问徒发配，后来他偷偷从配所逃回原籍。当时王锡侯血气方刚，好打抱不平，就告到官府，把王泷南拿获再次发配了。事隔多年，王泷南遇赦还乡，旧恨难释，寻机报复。乾隆三十九年，皇帝降旨查办禁书，王泷南感到机会来了。要把王锡侯整个死，最好的办法莫过于检举他撰写、刊行的书中有悖逆之语，而在王锡侯所著各书中，《字贯》的辫子最好抓。《字贯》书前有王锡侯的自序，序文在谈到编撰该字典的意图时，先颂扬了一番《康熙字典》如何如何好，接下来笔锋一转说道："然而穿贯之难也！今《康熙字典》所收四万六千字有奇，学者查此遗彼，举一漏十，每每苦于终篇掩卷而仍茫然。"这是对《康熙字典》不加掩饰的批评，而这部字典乃是康熙皇帝御制之书，王锡侯如此评论就可以引申为有意贬损康熙皇帝。王泷南就咬住了"穿贯之难"等语，告王锡侯"狂妄悖逆"。

新昌知县见有人告发逆书，不敢懈怠，赶紧禀报上峰江西巡抚海成。海成调取《字贯》原书，先命巡抚衙门的幕友们检阅。检查到该书序言时，发现确实存在问题。但幕友们向海成解释，王锡侯的论断乃属"狂妄不法"，不能算作"悖逆"。海成据此命人拟具奏折，向乾隆皇帝禀明案情，并建议将王锡侯举人头衔革去，以便审拟定罪，同时又将《字贯》一部 40 处黏签，恭呈御览。

3. 乾隆动怒

乾隆皇帝收到海成封送的奏折和《字贯》以后，一番"御览"，勃然作色。当他阅看到《字贯》第十页时，见"凡例"内直书康熙、雍正和他本人的名字，于是断定此乃从来未有的大逆不法之事，"罪不容诛，应照大逆律问拟"。乾隆皇帝的怒气，主要是对海成而发的。《字贯》的"悖逆"开卷即见，如此明显，海成竟说它"无悖逆之词"。十月二十一日，乾隆帝命军机大臣传谕海成，骂他"双眼无珠""天良尽昧"，又命他将逆犯王锡侯迅速锁押进京，交刑部严审治罪。就这样，王锡侯《字贯》案由妄行著书的一般案件一下子升级为钦办的特大逆案。

问题是王锡侯一介书生果真值得乾隆帝大动干戈吗？这就需要费一番笔墨来分析了。

大清臣民不能直书本朝诸位皇帝的名字，这个"避讳"是存在的。康、雍、乾三帝的名字分别是玄烨、胤禛和弘历。如果行文中遇到这几个字都不准直书，而要"避讳"，如胤禛写成同音"允正""弘历"则缺笔，写成"弘暦"。假若必写皇帝的名字，可以采取变通的方法。如"胤禛"可作如下处理，"讳上一字从暦从肙，下一字从示从真"。麻烦固然有一些，但臣民必须遵守，否则便犯了"讳"。王锡侯并非不懂临文避讳，他是好心，怕年轻的儒生不懂，所以在《字贯》的凡例内将康、雍、乾三帝的名字原字写出，提醒人们不要犯忌讳。这且不论，就是真的不留心没有避讳，也不见得非要治罪，更谈不到什么大逆不法。乾隆帝即位后曾一再降旨声明："避名之说，乃文字末节，朕向来不以为然。"《字贯》这部书刷印后在各省售卖两年之久，从未有人指出它在"避讳"上的"大逆不法"；王泷南欲置仇人于死地，却没有去作王锡侯犯讳的文章；海成让"开卷即见"的"悖逆"文字漏掉并非漫不经心，"双眼无珠"的结果。这一切都表明，一个卑微的读书人出于好心而将先皇和乾隆帝的名字悉行直书本来不是什么大不了的事，犯不上乾隆皇帝大动肝火。但是，乾隆帝一定要借避讳这个小问题把《字贯》案打成"从来未有"的特大逆案，其中的奥妙需要到当时查办禁书的政治背景中去找寻。

乾隆皇帝特别害怕于清朝统治不利的各种书籍，尤其是明末清初的野史、清初具有民族气节的明朝遗民的诗文集。他总觉得这些书籍会影响臣民的思想，导致产生新的敌视清朝的分子。为此，他曾经着力抓过几起收藏明末野史或逆书案子，也曾下令查禁、销毁过某些人的著述。但这样零敲碎打，毕竟不是个彻底的解决办法，为了大清江山的长治久安，乾隆帝一直在苦心筹策一条一劳永逸之计。

乾隆三十七年他终于想出了征集图书的高明办法，诏谕全国"搜辑古今群书"，表面上说是为了"嘉惠士林"，实际上是要借重视学术文化的幌子，将一切有碍清朝统治的禁书摸清，然后诏令劈板销毁。两年多过去了，书籍确实征集了不少，但乾隆帝内心想"征集"的却寥若晨星。看来草野愚民精得很，他们似乎窥破了皇上的诡计，一齐来捉迷藏。如意算盘不如意，乾隆帝干脆撕下伪装，于乾隆三十九年八月降旨，查办一切有碍朝廷统治的禁书，尤其是明末野史。

然而，查办禁书效果亦不见佳。乾隆帝逐渐意识到这是各省督抚漫不经心，不肯用力所致。进入乾隆四十二年后，皇帝便伺机制造一起大案，借以在封疆大吏们背上猛击一掌，促使他们惊醒起来。江西巡抚海成没有看出王锡侯文字犯讳之处，把一部"大逆不法"的书籍从眼皮底下漏掉，正好拿来当坏典型。至于说王锡侯的犯讳能否算得上"悖逆"，这是次要问题。

4. 查办禁书的牺牲品

乾隆皇帝要借《字贯》案严惩海成，警戒各省督抚，推进禁书的查办，那么王锡侯的命运就可想而知了。乾隆四十二年十一月，王被押解到京，投入刑部大牢。案情很简单，况且皇上已经有了问罪的圣谕，所以没有什么好审理的。没有几天大学士、九卿会同刑部便把这件特大案办完了。他们依照皇上早已定下的调子，请旨照大逆律将王锡侯凌迟处死，他的子孙、弟侄及妻媳21人照律缘坐，家产没收入官，王锡侯所著一切书籍通令各省查缴销毁。乾隆帝命将王锡侯从宽改为斩立决，其子孙王霖等7人从宽改为斩监候，秋后处决，妻媳及年未及岁之子给功臣之家为奴。王锡侯的全部家产，把锅碗瓢盆、小猪母鸡统通计算在内，不过价值60多两银子。一个无辜的、清寒的知识分子就这样家败人亡了。

既然王锡侯的《字贯》是"从来未有"的"大逆不法"，那么未能发现其悖逆的巡抚海成也就难逃重惩了。如果说王锡侯冤枉，那么海成的冤枉也不在其下。

海成是个旗人，胸无点墨，但对查办禁书向来非常热心。到乾隆四十一年底，江西省已查缴禁书8000余部，列全国榜首。海成的高招很绝，为使查办禁书的诏令家喻户晓，他命令各州县把地保召集起来，训练一番后，再让他们挨家逐户地去宣讲，无论是全书还是残卷，统通呈缴，官府则付给缴书者一倍的书价。乾隆帝对海成的创造颇为欣赏，曾经通谕各省仿效。但是如今，为了查办禁书的全局，乾隆皇帝不得不将自己刚刚树起的典型打翻。十月二十三日的上谕里指责海成没将《字贯》早日查出，可见其"从前查办应毁书籍原不过空言塞责，并未切实检查"。这无异于告诫各省督抚，像海成这样的查办禁书"模范"尚且"空言塞责"，你们又会怎么样呢？为了让各省督抚吸取教训并因而猛醒，乾隆帝对海成的处理越来越严厉。在短短两个月内，先是"传旨严行申饬"，随即"交部严加议处"，继而"革职交刑部治罪"，直至刑部拟斩立决，乾隆皇帝才觉得火力差不多了，于是下令从宽改为斩监候，秋后处决。

海成是查办禁书运动以来第一个被判处死刑的封疆大吏，乾隆帝并不讳言拿他开刀的意图在于"使封疆大臣丧良负恩者戒"！封疆大臣中，首当其冲的是两江总督高晋。因为两江下辖江苏、江西、安徽三省，作为海成的上司，高晋自然难辞失察之咎，况且总督所在地江宁地近江西，所以高晋也遭到乾隆帝的申饬，最后受到降一级留任的处分。深谙为官之道的督抚大员当然要从《字贯》案的处理中吸取教训，他们谁也不愿意成为海成第二。

纵观整个《字贯》案的全过程，不难看出它并非一起孤立的文字狱，而是服务于查办禁书这个政治目的的。王锡侯和海成不过是查办禁书这场浩劫的牺牲品。

86 岁老翁刘翱之狱

乾隆四十三年（1779 年）五月初四日，一耄耋老者来到湖南巡抚衙门投书自呈。巡抚颜希深检视其书，见其中字句"多有悖逆之处"，遂命将此人押下，随即会同在省司、道官员进行审讯。

老者名叫刘翱，湖南省安化县人，家境穷苦，幼时曾读过几年书，粗知文理，后因家贫而辍学，农耕度日。

雍正年间，皇上曾经降旨令大小臣工"条陈利弊"。刘翱得知后，便想将自己平日对时政的看法写下来，呈请地方官员转奏，冀得寸进。于是，他于雍正八九年间，"来本省现办事件，谬参己见，妄议更张"，编成一书，取名《供状》。雍正十三年（1735 年），刘翱来到省城长沙，意欲将书呈给学政，因学政不在，心愿未遂。乾隆四年，他将书呈给安化县知县力暄春，禀请转呈，被知县批饬发还。乾隆十年，他又把书呈给当时的巡抚蒋溥，结果被巡抚"逐条指驳示谕"。屡次呈书皆被驳回，刘翱心灰意冷，此后多年没有再呈。

乾隆四十一年（1777 年），皇帝下诏令各省查缴违碍之书。刘翱呈书之念又起。此时的刘翱已不再有邀恩录用的念头，只是觉得自己为编这本书花费了数年心血，书中记载的虽是些陈年旧事，但其中或有可采之处亦未可知，不甘心被埋没。刘翱还认为，皇帝下诏查缴违碍藏书，必是怀疑士民妄生议论，但"我朝圣圣相承，恩深百姓，纵有昧心狂笔，何忍存留？"实无查缴的必要。因此，他天真地决定把自己的书献出来，"少释圣疑，冀免查缴"。为表示自己甘冒重罪、犯颜直谏的决心，他在书前加上前任巡抚蒋溥的驳语，书后添入"自古国运接续之际，妄生议论者何代无之""是非之心人皆有之，不得已之鸣，不揣狂妄，愿发部律拟，重罪甘心"等语，然后请侄子刘维经将全书重新誊抄了一遍。乾隆四十三年，刘翱以赴益阳就医治病为名，辞别家人，前往长沙呈书。

这一年，刘翱已 86 岁，"衰惫龙钟，两耳重听"。但他不顾年老体弱，长途跋涉前去省城献书，足见他对朝廷的一片忠心。然而这一次呈书，等待着他的又会是什么样的结局呢？乾隆帝不高兴。

湖南巡抚颜希深的警惕性比前任巡抚蒋溥和安化知县力喧春都要高得多，他不但一眼就看出刘翱"形踪诡异"，而且立即从他的书中找出了若干罪证：

查刘翱以一介小民辄敢妄谈国政，已属狂诞，且捏造圣祖仁皇帝（康熙皇帝）谕陈鹏年之谕旨，并妄论世宗宪皇帝（雍正皇帝）由藩夷承继大统之语，毫无忌惮；其指斥吕留良、曾静之处又系从何考据？书尾所称"接续之际妄生议论，何代无之"，又云"是非之心人皆有之"，其居心更不可问。

有了这些罪证，颜希深便决定要重治刘翱"其罪"了。他一面将刘翱收监，严加看管；一面委派长沙府蒋曾炘率同试用知县汪朝銮迅速赶赴安化县归化乡刘翱家中，"逐细搜查，提同犯属、地保一并拿解来省，逐一严审。"

然而，乾隆皇帝对颜希深的处理并不满意。他于五月二十四日和五月二十七日连续两次发出谕旨，批评颜希深"办事不精细"。谕旨指出了颜希深的两点错误：其一，委员未妥。乾隆帝指出，长沙知府蒋曾炘系苏州吴县人，与前任巡抚蒋溥同府同姓。蒋溥在刘翱呈书时，"不即究治，转为逐条批驳，本属错误。"现在派蒋曾炘去安化县查办，"安知其不为回护，亦岂可不避嫌疑"？应选派别籍不同姓官员前往查办。其二，处置不当。乾隆帝认为，似刘翱此等狂诞之徒，竟敢妄谈朝政，即使书中没有不法字迹，也应立即流放外地，而不应继续留在内地滋事。因此，必须将刘翱发遣乌鲁木齐等处，不得因其年已8旬而稍为姑息。

面对皇帝的严厉批评，颜希深唯有表示"悚惶无地""如梦方觉"，好在此时他已改任兵部侍郎，刘翱一案转由继任巡抚李湖办理了。

乾隆四十三年六月初二日，新任巡抚李湖到任。上任之初，李湖即认为湖南"民俗刁悍""士习浇漓……动辄掉弄笔墨，冒上无等，锢习相沿，恬不为怪"。为了"明刑弼教""除莠安良"，李湖决定抓住刘翱一案，重治其罪，"示以创惩"。他一面率同两司提出刘翱，"亲加查验""悉心细讯"；一面遵旨另派衡永郴桂道汪新星夜赶赴刘翱家中详细搜查，并"就近讯究有无同著伙党、代为隐匿情弊"。

六月初九日，汪新到达安化，第二天即与县令詹斌前往离县城70里地的刘翱家中彻底搜查，但没有查出"悖逆不法字迹"。传讯其族亲邻人，皆说"刘翱平日性情暴戾，行事乖张，为乡党所共恶，不与往来，并无同编伙党，亦无代隐不法字迹。"

本来，乾隆皇帝并不想要刘翱的老命，而是指示将其流放乌鲁木齐。当然，86岁高龄的刘翱是经受不起旅途折磨的，即算不死在途中，亦必很快埋骨新疆，对刘翱来说，流放与死刑无异。但是，李湖认为："该犯以一介小民，不知安分守己。从前私编《供状》，妄干朝政，已属狂诞，今又以查缴禁书，妄揣圣意，甘冒重罪，陈词冀免查缴，更属不法。虽查其家别无悖逆书籍，亦无同编之人，似此狂诞不法之徒，若不明正典刑，不足以儆嚣论而惩锢习。"因此，李湖请旨照"妄布邪言为首斩决"例判决刘翱死刑，"即行正法"，并将其犯事经过缘由遍谕通省士民，"以昭炯戒"。至于刘翱的亲属，因"均属乡农，不知文义，审无知情同谋"，概予省释。

曹雪芹和《红楼梦》

曹雪芹名霑，字梦阮，汉军旗人，其祖先为朝廷官员，少年时代，过着贵族的豪华生活，晚年贫困潦倒，写成《红楼梦》。

《红楼梦》是一部伟大的现实主义巨著。全书共120回，前80回由曹雪芹写成，原名《石头记》。《红楼梦》内容极其丰富，它通过贾宝玉和林黛玉的爱情悲剧，形象地反映了18世纪中叶中国封建社会的社会矛盾和危机。《红楼梦》通过对贾、史、王、薛四大家族衰亡史的描写，揭露了封建社会晚期各种不可调和的社会矛盾，暴露了地主阶级的罪恶，揭示了封建制度濒于崩溃和必然灭亡的历史趋势。《红楼梦》深刻地揭露了封建统治阶级贪污纳贿，仗势欺人，官官相护，草菅人命，收租放债，残酷的压迫与剥削劳动人民的罪行。"贾不假，白玉为堂金作马；阿房宫，三百里，住不下金陵一个史；东海缺少白玉床，龙王来请金陵王；丰年好大'雪'，珍珠如土金如铁"就是四大家族财势逼人的形象概括。贾府修造的省亲别墅——大观园，则是统治阶级骄奢淫逸腐朽生活的艺术写照。《红楼梦》作者以极大的同情，热情歌颂了被奴役、被蹂躏的奴婢向封建势力、封建制度挑战的反抗精神，特别是塑造了贾宝玉、林黛玉两个封建贵族叛逆者的形象。他们要求婚姻自由、个性解放，并对封建礼教和整个封建制度进行了猛烈抨击和尖锐的讽刺。《红楼梦》的艺术成就是卓越的，是中国古典小说的高峰。它情节复杂，事件纷繁，人物众多，但是结构紧严，脉络分明，语言洗练，形象动人。由于阶级和历史的局限，《红楼梦》还存在一些伤感、厌世的消极情绪、虚无主义和宿命论思想。但是《红楼梦》不愧为中国古典小说中思想性最强，艺术性最高的一部伟大作品。

相传，《红楼梦》的前80回为曹雪芹所著，而后40回则由高鹗和程伟元所著。

乾隆五十六年（1791年）经高鹗续补后40回的《红楼梦》120回本出版。

高鹗（1738年—1815年），字兰墅，清代文学家，因酷爱《红楼梦》，别号"红楼外史"。祖籍铁岭（今属辽宁），汉军镶黄旗内务府人，寓居北京。

高鹗熟谙经史，热衷仕进，但屡试不第。乾隆六十年中了进士，任过内阁侍读、刑科给事中等官职。他通晓诗词、小说、戏曲、绘画及金石之学，著作如林，但唯有续补《红楼梦》得以传世。也有一说是高鹗与程伟元共同续成《红楼梦》后 40 回。程伟元（？—约 1818 年），字小泉，苏州人氏，科场失意未能入仕，流寓京师时结识高鹗。乾隆五十六年（1791 年），高、程 2 人首次以活字排印出版了 120 回本《红楼梦》。自此《红楼梦》的版本系统大致有二：一为带脂砚斋批语的 80 回抄本系统，题名《石头记》，有甲戌本，乙卯本、庚辰本、戚序本等；一为 120 回印本系统，程、高首次活字排印本称程甲本，次年修订再印的称程乙本。现在通行的是以程乙本为根据的一百十回印本。

高鹗能根据原书线索，悉心揣摩曹氏的创作意图，在全书的总体构思上一脉相承，把结局处理成悲剧，使《红楼梦》成为一部情节首尾齐全、结构完整的文学巨著。如贾府危机四伏、大祸迭起终至家败人散；黛死钗嫁宝玉出家，爱情婚姻的主线以悲剧告终等等，这些重要情节的发展都能与前 80 回相呼应，具有一定的艺术感染力。续作中不乏精彩生动的章节，如黛玉焚稿，袭人改嫁等。而最大的败笔则在于写宝玉中举、贾府复兴、"兰桂齐芳"等等，这显然有违原著精神。

《红楼梦》后 40 回虽然在思想意义、艺术价值和审美情趣等方面都与曹雪芹所作的前 80 回有着相当的差距，但由于续作能遵循曹氏原著中的隐喻暗示，大体实现了曹氏的悲剧构思，故得以随曹著前 80 回广泛流传。高鹗的贡献在于使《红楼梦》成为完璧，促进了这部有巨大社会意义的经典之作的传播。

吴敬梓与《儒林外史》

吴敬梓（1701 年—1754 年）字敏轩，安徽全椒人。他写的《儒林外史》是一部优秀的古典讽刺小说。

全书共计 55 回，笔锋所指遍及封建社会各个角落，集中揭露了封建科举制度的腐败，讽刺了利欲熏心的封建文人，从一个侧面深刻地反映了封建制度必然灭亡的历史趋势。首先，作品对封建的八股科举制度做了深刻的揭露。作品从一开始就借书中人物之口，反对明太祖制定的八股考试制度，指出这是一代文人的厄难。接着他通过塑造的两个封建文人周进和范进的典型形象，揭露了一心往上爬的封建文人，一旦出仕即为贪官污吏的丑恶，无情抨击了科举制度的虚伪及其所造成的社会罪恶。其次，作品有力地痛击了封建官府和官僚政治的腐败。他形象地描绘了封建官吏的昏聩无能和爱钱如命，他们念念不忘"三年清知府，十万雪花银"。他们满口仁义道德，实际却是男盗女娼。作品在讽刺、揭露儒林群丑的同时，还塑造和歌颂了一批寄托作者理想的正面人物。书中的杜少卿是一个反对科举制度，鄙视功名利禄，蔑视八股文和封建礼教的叛逆者。沈琼枝则是一个敢于向封建势力挑战，自食其力，要求妇女独立，追求个性解放的新型女性。但是《儒林外史》也有其时代的和阶级的局限，在他描写的正面人物身上，仍然不乏孔孟之道的色彩，缺乏进取和朝气。

禁烟运动

鸦片战争前的中国和世界

17世纪40年代，在东方，是清顺治元年（1644年）清军入关，定都北京，建立了中国封建社会最后的一个王朝——清朝；在西方，是明崇祯十三年（1640年）英国国王与国会斗争加剧，不久爆发内战，从而开辟了资产阶级世界革命的新时代。

清朝开国之初，在康熙、雍正、乾隆三朝，曾经有过一番兴旺的气象。康熙皇帝（1662—1722年在位）励精图治，对内重视安定统一，发展社会经济，对外维护国家主权，抵抗侵略，有效地遏制了来自海上和沙皇俄国的殖民扩张。到乾隆皇帝（1736—1795年在位）初期和中期，国势达于鼎盛。这100多年，史称"康乾盛世"。到18世纪末，西方资本主义国家的武装入侵和外交讹诈，并没有能打开中国市场的大门；沙俄侵占中国领土的野心，也未能得逞。

19世纪之后，封建主义的中国和欧美资本主义各国的差距越来越大了。随着生产力发展的一快一慢，国力对比的一升一降，中外关系的格局，产生了巨大而急遽的变化。

乾隆末年，清王朝已明显地由盛转衰。自嘉庆朝（1796—1820年）至鸦片战争前夜，整个封建制度已危机四伏。

以小农业和家庭手工业相结合为基本特征的自给自足的自然经济，一直是中国封建时代的社会经济基础。从明朝中叶开始，中国封建社会母体内商品经济的发展，已经孕育着资本主义的萌芽。到鸦片战争前夜，在丝织、棉纺织、陶瓷、煮盐、采铜冶铜、采铁冶铁、制茶、制糖、造纸、木材加工等行业中，更出现了具有资本主义性质的手工工场。但是，清政府一直推行"重农抑商"政策，把先进的工业技艺视为"奇技淫巧"。根深蒂固的封建势力，阻碍了资本主义因素的发展。

中国封建社会的主要特点之一，是地主阶级、贵族和皇帝拥有最大部分的土地，而农民则很少或者完全没有土地。这种时张时弛的土地兼并、集中现象，到了 19 世纪初更是惊人。据清嘉庆十七年（1812 年）统计：直接间接掌握在皇帝手中的土地，竟达 83 万顷（每顷 100 亩）。其他大地主大官僚也占有大量土地，北方的官僚豪富，有的拥地数百万亩，或"膏腴万顷"；江南一带，豪强兼并，土地集中在百分之一二十的人口手里，以致"田主不知耕，耕者多无田"。

保护封建剥削制度的清王朝，是一个君主专制政权，鸦片战争前即已腐朽不堪。外迫强敌，祸在眉睫，清王朝依然昏昏沉沉。道光皇帝（1782—1850 年）虚骄自大，封疆大吏闭塞无知，吏治黑暗，贿赂公行，朝廷充斥"除富贵而外不知国计民生为何事，除私党而外不知人材为何物"的老朽官僚；地方官吏，"为大府者，见黄金则喜，为县令者，严刑非法以搜括邑之钱米"。

国家政权的主要成分军队，也逐渐瘫痪。以刀、矛、弓箭、短剑、藤牌、甲胄和少量火绳枪、滑膛炮等老式兵器装备起来的八旗兵、绿营兵，鸦片战争前夕约有 90 万（内八旗兵为 22 万）。不仅兵器落后，而且营务废弛，百弊丛生。当时任鸿胪寺卿的黄爵滋奏称："今日之兵，或册多虚具"，或"粮多冒领"，或"老弱滥充"，或"训练不勤"，或"约束不严"，"凡此诸弊，翻为兵蠹，稍有缓急，其何可恃？"驻防京城的八旗兵，竟三五成群，手提鸟笼雀架，终日闲游，甚而相聚赌博。有些海防要塞，使用的还是 300 年前的旧炮。至于沿海水师所用战船，大多是以"薄板旧钉"制成，"遇击即破"。

为了维护封建专制统治，镇压和消弭汉族知识分子及其他反抗势力的"排满"思想，清朝统治者从入关之初，就采取怀柔与高压相结合的手段，实行严厉的文化专制政策。封建士大夫被迫面向故纸，背对现实；或沉湎于科举考试，猎取功名利禄；或从事烦琐考据，不敢触及政事。他们闭目塞聪，孤陋寡闻，甚而"不读秦汉以后之书，更不考地球各国之事"。

随着封建王朝统治危机的加深，人民再也无法照旧生活下去了。从嘉庆朝开始，到鸦片战争爆发前，广大农民在北方以白莲教为主，在南方以天地会为主，不断揭竿起义，反抗地主阶级残酷的经济剥削和政治压迫。

正当清朝国势江河日下之时，英、法、美等国的资本主义却在迅猛发展。

英国资产阶级掌握政权后，为了争夺海上霸权，扩张和掠夺殖民地，从 17 世纪 50 年代至 18 世纪 60 年代，先后打败葡萄牙、西班牙、荷兰以及法国，成为显赫一时的"海上霸王"。英国从 18 世纪 60 年代起开始工业革命，用机器工业逐渐代替工场手工业。到 19 世纪三四十年代，这个过程大体完成。据统计：1835 年，英国已拥有蒸汽机 1953 台，纱锭 900 万枚，年产生铁 102 万吨，煤 3000 万吨。这时，英国已成为世界上最强大、最先进的资本主义国家，它的炮舰走遍全球，它的工业占世界总产量的一半，它的贸易额在各国对华商务中居压倒优势。适应炮舰政策和经济掠夺的需要，英国的军事工业也在急速发展。当时，它已经拥有主要靠帆力航行，但也装备了蒸汽机的海军舰船，这种两层或三层的木质装甲舰船，每艘配备几十门精良大炮，陆战部队则使用新式的来复枪和各式大炮。

法国经过1789年资产阶级革命，为资本主义的发展扫清了道路。到19世纪20年代起，工业革命在国内大规模地进行。到1830年，法国拥有蒸汽机625台，1837年生铁产量达59万吨；从1815—1840年，棉织品的产量也增加了3倍。鸦片战争前夕，法国的工业产量在世界上已居第二位，但对东方的商品贸易额仍很小。

美国资产阶级是在1776年独立战争后取得政权的。鸦片战争前，它的对华贸易额仅次于英国而占第二位。美国运来中国的货物，主要是北美的人参、毛皮、棉花，南洋的檀香，从土耳其转卖的鸦片，以及从英国贩运的工业制造品；带回去的则是中国的茶叶、生丝和"南京布"（即土布）等。优厚的利润和美国政府的保护与帮助，使美国资产阶级"把中国看成是一个不可限量的销货市场"。

清政府在很长一段时间里，对外实行闭关政策。

1757年，乾隆皇帝下令封闭江、浙、闽三关，只留粤海关广州一口对外通商。1759年，两广总督李侍尧上奏乾隆皇帝，在广东颁布了《防范外夷规条》。其后，清政府又陆续颁发《民夷交易章程》（1809年）、《防范夷人章程》（1831年）等，对外国人的商务活动、居留期限、居住场所、行动范围、华夷交往等，作了苛细而繁杂的规定。构成闭关政策的另一项措施，是1760年在广州恢复的公行制度。公行，是经清政府登记认可，由专营对外贸易的行商（亦称洋行、洋商、洋货行）组成的垄断性组织。它具有亦官亦商的职能：清政府给参加公行的行商以包办一切进出口贸易的独占权，公行商人则对清政府承担一定的义务，如担保外商缴纳税饷、规礼，负责约束外人在广州的起居行动，充当清政府与外商间一切交涉的中间人等。

当时中国社会中，小农业和家庭手工业密切结合着的自然经济，有力地抵抗了西方工业品的侵入。清朝限制对外通商的政策，即所谓闭关政策，也起着保护封建经济的作用。英国急于输出的棉、毛纺织品，在中国都缺乏销路。毛织品的滞销是由于不合内地穿着习惯。外来棉布价格既高又不耐久，不能和土布竞争。印花布虽然在19世纪20年代初叶被认为"愈洗愈鲜"，胜于"一洗即模糊"的内地印花布，但实际销路更有限。棉纱输入值也远不及印度进口的棉花（鸦片战争前夕，印棉进口年约25万包，值100多万英镑）。30年代初叶，英国人已经了解：中国自己植棉很广，但消费棉花数量甚大，在中国市场上容易推销的是棉花而不是纱、布等制成品。从20年代末叶到鸦片战争前夕，英国输华棉布虽然增加了一倍多，棉纱增加了5倍多，但每年总值不及70万英镑，加上其他制造品也不过100万英镑左右。而中国销英茶叶每年约值1000万银圆，丝和丝织品约有二三百万银圆，合计在 600 万英镑以上。正当的贸易平衡有利于中国，这是英国资产阶级认为不利的情况，还要提到的是，在 19 世纪 20 年代，中国每年经英、美商人输出土布多至 300 多万匹，远销美国、南美洲。在 30 年代输出量减少，但经英商输出的每年也还有几十万匹。

鸦片贸易

1757 年，也就是清政府下令闭关的同一年，英国东印度公司占领了鸦片产地孟加拉。工业革命以后，英国对华贸易急剧增长。为了追逐利润，扭转贸易逆差，英国开始公开对华进行鸦片贸易。

鸦片，俗称大烟，是用罂粟汁液熬制而成的麻醉毒品，原产于南欧、小亚细亚，后传于阿拉伯、印度和东南亚等地。因为它有催眠、镇静、止痛等作用，自明代以来一直作为药材征税进口。17 世纪，吸食鸦片烟的恶习，从南洋传入中国。

输入中国的鸦片，主要有产于印度的孟加拉鸦片、麻洼鸦片，以及土耳其和波斯鸦片。西方殖民者侵入印度后，葡萄牙人首先从果阿、达曼向中国澳门贩运鸦片，但数量不大，1729 年清政府下令禁烟前，每年不超过 200 箱。1757 年英国占领孟加拉后，迅即夺去其他各国商人和印度商人在孟加拉收购鸦片的权利，于 1773 年从加尔各答向中国试销鸦片成功。从此，英国成为最大的鸦片贩子。

1773 年是英国对华鸦片贸易史上极为重要的一年。这一年，华伦·哈斯丁（W.Hastings，1774 年第一任印度总督）制定了英属印度政府的鸦片政策，帮助英国东印度公司取得鸦片专卖权。以垄断方式来增加生产，鼓励出口，毒害和掠夺中国人民。哈斯丁在印度总督任内一再强调，"不要干涉鸦片收入"。1797 年，东印度公司又取得了制造鸦片的垄断权。

清政府是三令五申禁止贩运和吸食鸦片的。雍正七年（1729 年）颁发第一道禁烟诏令，对兴贩鸦片、私开烟馆者治刑，但对吸食者尚未论罪。自乾隆四十五年（1780 年）至道光十九年（1839 年）的 60 年间，清政府上自朝廷，下迄督抚衙门，先后发过 45 道严禁贩运和吸食鸦片的谕旨、文告。但是，由于外国鸦片贩子走私与行贿并用，清朝整个官僚体制腐败，明发禁令，暗受贿赂，因此不管是道光以前采取的"塞源"（禁止鸦片输入）、"遏流"（查禁内地私销），还是道光时期加上的"正本"（禁止官民吸食），都没有能收到禁烟的预期效果。

烟毒在中国的泛滥

从 19 世纪起，鸦片开始大量流入中国。据不完全统计，19 世纪最初的

20年中,英国自印度输入中国的鸦片每年平均约为4000余箱(每箱约120斤)。30年代以后,鸦片输入量迅速增加,1838—1839年已达到了35500箱。英国资产阶级利用肮脏的鸦片贸易开辟了中国市场,同时也发展了印度市场。英国在印度大量销售棉纺织品及其他工业品以购买鸦片,然后再用这些鸦片运到中国换取它所需要的丝、茶等物。在英——印——中即纺织品——鸦片——丝、茶这个三角贸易关系中,英国资产阶级获取了双重的利益。

由于鸦片输入额的激增,中国失去了对外贸易中的长期优势,由原来的出超变为入超,贸易逆差的差额越来越大。从19世纪30年代起,英国输入中国货物的总值中,鸦片已占到了50%以上。英国通过鸦片每年从中国掠走的银圆达数百万之多。

同时参与向中国贩卖鸦片的,还有美国和俄国。美国主要是从土耳其贩运鸦片到中国来。为了抗拒中国水师的缉私,美国的鸦片贩子专门制造了一种配有武器装备的"飞剪船"。鸦片战争前,美国输入中国的鸦片总额仅次于英国。从19世纪30年代起,沙皇俄国也从中亚向中国偷运鸦片。

鸦片的大量输入给中国社会带来了无穷祸患。鸦片摧残人的身体健康,损伤人的智力,麻痹人的意志。在道光时期,鸦片的销售已遍于全国。据估计,中国受鸦片毒害的人数约有200万之众。

非法的鸦片走私,使中国蒙受到严重的危害。

首先,鸦片输入的增加,造成中国的白银大量外流,致使清朝的财源日益枯竭。根据不完全统计,1830年由英商运出的就有670余万元。鸦片战争结束前,一年流出1000多万元。10余年中,流出银子总数达一亿数千万元。

其次,大量的白银外流导致了银贵钱贱的后果。18世纪末,一两白银折换铜钱1000文左右。到鸦片战争前的1838年,则增加到一千六七百文。农民完粮纳税是以白银计算,过去卖一石谷可纳税银一两,而今差不多要用两石谷。农民的负担因此而加重,生活日益贫困。

第三,鸦片走私的结果,使清朝的政治更加腐败。鸦片贩子贿买清朝官吏,共享其非法收入。清政府虽多次颁布谕令、文告禁烟,然而鸦片走私却日益猖獗,这与吏治的腐败紧密相关。

第四,清军官兵中吸食鸦片者广泛存在,这使清朝的军队更加丧失战斗力。银荒又引起商业的停滞和物价的上涨。烟毒泛滥的影响波及全国各阶层人民。

虎门销烟

1836—1838年的几年中,鸦片问题引起清政府的讨论。统治集团出现了主张严禁和主张弛禁两派的争执。1836年,太常寺卿许乃济奏请承认鸦片为合法贸易品,理由是政府可借此增加大笔税收,弥补财政困难。弛禁派这种妥协主张，是当时官僚政治苟且因循病入膏肓的表现，也是统治集团中若干大小官僚不肯放弃从鸦片贸易营私肥己的反映。这种势力以当权派首席军机大臣穆彰阿和大学士直隶总督琦善等为代表。

穆彰阿历任各部尚书、大学士，值军机10余年。琦善任直隶总督也有10年。他们反对一切改革，揽权营私，深得道光帝的信任。其他军机大臣如潘世恩是穆彰阿的阿附者。另一军机大臣王鼎不与穆彰阿等苟合，但也不敢公开支持反对派。弛禁主张已由广东官吏奏准，以内阁学士礼部侍郎朱嶟反对，因而搁置。

1838年6月，鸿胪寺卿黄爵滋上奏，痛陈鸦片祸害，揭发官吏包庇，主张严惩吸烟者以遏制鸦片的输入。严禁派的主张得到舆论的广泛拥护，取得了胜利。道光帝命令负有清望而且办理禁烟有成效的湖广总督林则徐进京讨论查禁事宜。两广总督邓廷桢从依违犹豫转而认真禁烟，12月12日，广州爆发了一万多人的群众示威，反对英、美等国暴徒干涉广东当局在商馆前处绞烟贩。到了年底，道光帝决定派林则徐为钦差大臣前赴广州查禁鸦片，并命令由他节制广东水师。

1839年3月，林则徐到达广州。他出告示晓谕军民绅商，凡吸食鸦片者要立即呈缴烟土烟具，限期戒除，同时还指名捉拿贩烟要犯。林则徐的禁烟行动得到了广州人民的大力支持，城乡各地纷纷呈缴烟膏烟具，揭发检举鸦片贩子。虎门附近的群众自动组织起来，一发现走私鸦片的商船，立即遍吹螺号，集合渔船，前后纵火，将其烧毁。在人民群众的支持与推动下，查禁鸦片的工作进行得极为顺利。这使林则徐禁烟的决心大为增强，向外国烟贩庄严宣告："若鸦片一日未绝，本大臣一日不回，誓与此事相始终。断无中止之理。"在林则徐的领导下，禁烟运动迅速趋于高涨。

英国资产阶级阴谋破坏这场禁烟运动。英国驻华商务监督义律指使大鸦片贩子颠地潜逃，并阻英商缴烟。林则徐接到当地群众的禀报后，派人监视洋馆，同时下令停止了中英贸易。义律看到阻挠缴烟的计划无法实现，转而要求英商接受缴烟的命令，同时劝美国商人也一起缴烟，声称烟价统由英国政府付给。义律这样做的目的，是把中国处分鸦片贩子的问题，扩大为中英两国政府之间的争端，为英国发动战争制造借口。

在中国人民禁烟斗争的压力下，英美鸦片贩子被迫缴出鸦片2万多箱，约有230多万斤。1839年6月3日至25日，林则徐率领地方官吏，在虎门"就海滩高处，周围树栅，开池漫卤，投以石灰，顷刻汤沸，不爨自燃，夕启涵洞，随潮出海"，将缴获的全部烟土当众销毁。虎门销烟这一伟大行动打击了外国侵略者的气焰，向全世界表明了中国人民反抗外来侵略的坚强决心。

林则徐领导的这场禁烟运动的历史意义，远远超过查禁鸦片的本身。虎门销烟是中国人民反帝斗争的伟大起点。

鸦片战争前清朝的自然经济状况

以小农业和家庭手工业相结合为基本特征的自给自足的自然经济，一直是中国封建时代的社会经济基础。从明朝中叶开始，中国封建社会母体内商品经济的发展，已经孕育着资本主义的萌芽。到鸦片战争前夜，在丝织、棉纺织、陶瓷、煮盐、采铜冶铜、采铁冶铁、制茶、制糖、造纸、木材加工等行业中，更出现了具有资本主义性质的手工工场。但是，清政府一直推行"重农抑商"政策，把先进的工业技艺视为"奇技淫巧"。根深蒂固的封建势力，阻碍了资本主义因素的发展。因此，在鸦片战争前，中国仍是以自然经济为主导。

小农业和家庭手工业密切结合的自然经济，对西方工业品的侵入起到了有力的抵抗。清朝限制对外通商的政策，即所谓闭关政策，也起着保护封建经济的作用，英国急于输出的棉、毛纺织品，在中国都缺乏销路。毛织品的滞销是由于不合内地穿着习惯。外来棉布价格既高又不耐久，不能和土布竞争。印花布虽然在 19 世纪 20 年代初叶被认为"愈洗愈鲜"，胜于"一洗即模糊"的内地印花布，但实际销路更有限。棉纱输入值也远不及印度进口的棉花（鸦片战争前夕，印棉进口年约 25 万包，值 100 多万英镑）。30 年代初叶，英国人已经了解：中国自己植棉很广，但消费棉花数量甚大，在中国市场上容易推销的是棉花而不是纱、布等制成品。从 20 年代末叶到鸦片战争前夕，英国输华棉布虽然增加了一倍多，棉纱增加了 5 倍多，但每年总值不及 70 万英镑，加上其他制造品也不过 100 万英镑左右。而中国销英茶叶每年约值 1000 万银圆，丝和丝织品约有二三百万银圆，合计在 600 万英镑以上。正当的贸易平衡有利于中国，这是英国资产阶级认为不利的情况，还要提到的是，在 19 世纪 20 年代，中国每年经英、美商人输出土布多至 300 多万匹，远销美国、南美洲。在 30 年代输出量减少，但经英商输出的每年也还有几十万匹。

虎门销烟

广州城外珠江边上，有几座高大的楼房叫"洋馆"。里面住着贩卖鸦片的"洋人"，他们饱吸了中国人民的鲜血，纵欲寻欢。人们走过洋馆一带，无不唾骂：这是吸人血的魔窟，是人间最肮脏最腥臭的地方！

1838 年 12 月 12 日，广州的群众相互传告着一个不寻常的消息：清政府官员要在洋馆前的广场上处决一个中国烟贩。坚决要求禁烟的人们怀着兴奋的心情不断涌向广场。中午时分，将开始行刑了。但就在这时刻，发生了一件意外的事情。洋人对处决烟贩竟然横加阻挠，提出"抗议"，胡说什么这块地方是他们的"娱乐场所"，不允许中国人破坏他们的"规程"。他们不容分说，居然动手捣乱刑场。他们把绞架抢过，砸成碎片，把官吏休息用的帐幕拉倒，把桌子椅子连茶壶茶碗一齐推翻。这些侵略者还洋洋自得地叫喊："我们从没有玩过今天这样的游戏呵！"

好一个"游戏"！

在中国的领土上处决鸦片罪犯，这是天经地义的事情。坚决维护自己祖国的主权，强烈要求禁烟的中国人民，决不能容忍英、美侵略者肆意破坏中国主权的罪恶行径。侵略者捣乱刑场的消息一传开，更多的群众纷纷奔向广场，顷刻间，就聚拢了上万人，他们怒不可遏，立即发动了猛烈的反击。广场沸腾起来了！"不许逞凶！""揍呀，把番鬼揍下海洋！"愤怒的呼号声在广场上空激荡回响，驱散了妖烟毒雾。人们怒目圆睁，用木棍劈向豺狼的面孔，用石块投向獐鼠般的眼睛。粗壮的手、有力的脚一齐使上了，朝着这批侵略者。被揍得鼻青脸肿、晕头转向的侵略者，终于统统龟缩进洋馆。群众没有就此罢休，他们把洋馆围得水泄不通，大量的砖瓦石块泻进了窗户，平日趾高气扬的英、美侵略者吓得在洋馆里抱头乱窜，丑态百出。斗争进行了一整个下午，使这批横行霸道的侵略者得到了应有的惩罚。

广州是当时中国唯一对外开放的贸易港口，是外国侵略者进行贩卖鸦片活动的中心。中国人民早就发出了反对吸食鸦片和贩卖鸦片的强烈呼声。随着鸦片的不断大量输入，广大人民的怒火越烧越旺，纷纷行动起来，坚决要求严禁鸦片。在广大人民的强大压力下，广州的清政府官员采取了一些措施来禁止鸦片。就这样爆发了洋馆前的这场禁烟斗争。这场势如暴风骤雨，给外国侵略者带来了极大震恐的斗争，是中国人民对英国鸦片贸易政策最早的群众性抗议，显示了中国人民一贯坚持反侵略、反毒害的光荣传统。这场斗争推动着禁烟运动走向高潮。

对待外国的鸦片侵略和人民群众的禁烟正义要求，清朝统治阶级内部从19世纪30年代初起，逐渐形成了两种不同的意见。有一伙人，从鸦片走私中获得大量贿赂，反对严行禁烟，悍然对抗广大人民群众正义的禁烟要求。他们代表了统治阶级中受贿集团的利益，实际上也是英、美侵略者在中国的代理人。他们被称为弛禁派，是极端腐朽反动的。这一派头子是道光皇帝最信任的首席军机大臣穆彰阿和大官僚琦善、耆英、伊里布等人。他们用各种借口反对禁烟。有的说白银外流未必都是由于鸦片引起的；而琦善则更露骨地说：一吸鸦片，就算犯法，那犯法的人将多得不得了，监牢也关不下，禁烟是万万不行的。他们在禁烟运动进入高潮时，暂时保持沉默，等到英国侵略者发动战争后，就跳出来公开打击要求严禁鸦片的人们，竭力摧残抗英力量，不惜出卖民族利益，主张向外国侵略者投降，所以弛禁派又被人们叫做投降派。

另一派人，看到了鸦片大量输入对封建统治所造成的严重后果，在人民群众强烈要求禁烟的推动下，主张严厉禁止鸦片。他们被人们称为严禁派。后来英国侵略者入侵，这一派中的不少人，又主张坚决抵抗，所以又称为抵抗派。这一派代表人物是湖广（指湖北、湖南二省）总督林则徐。1838年6月，严禁派提出了以"重治吸食者"来抵制鸦片输入的建议，主张吸鸦片的人，必须在一年内戒绝，过期不戒的，普通人处以重刑，官吏加重治罪。林则徐在湖北、湖南认真禁烟，在人民群众的支持下，取得了不小的成绩。但是各省大官大多数反对"重治吸食者"的建议，这说明在统治阶级的上层中，严禁派的势力是薄弱的。

1838年9月，林则徐给没有决心禁烟的道光帝上了一个奏章，揭露了反对"重治吸食者"正是官吏们包庇鸦片的表现，并向道光帝痛切指出鸦片危害清统治利益的严重性："如果再马马虎虎下去，只怕几十年后，中国将征不到可以抵抗敌人的兵丁，也将筹不到银子来充军饷了。"道光帝看了这个奏章，感到问题的严重，不免胆战心惊。军队是清王朝镇压人民、维护统治的主要支柱，粮饷是清王朝维持庞大军事官僚机构的财政基础。支柱倒了，基础垮了，皇帝的宝座也将保不牢。正是在人民群众强烈要求禁烟的压力下，道光帝为了摆脱自身的统治危机，终于不得不采纳严禁派的主张。

1839年1月8日下午，刺骨的北风在呼啸。新近被道光帝任命的钦差大臣林则徐离京南下，前往广州查禁鸦片。

从北京到广州，在两个多月陆路、水程的旅途中，林则徐的心情一直很不平静。

几个月前，由于林则徐给道光帝上了关于严禁鸦片的奏章，道光帝把他召到北京，并任命他为钦差大臣，这对汉族官员来说是破例的。道光帝这份特殊恩宠，不能不使忠君的林则徐怀着谢恩的激动心情。

离京前夕，林则徐的好友龚自珍写文章为他送别。龚自珍在文章里恳切提供禁烟建议，热诚支持禁烟的正义事业。他鼓励林则徐坚决禁绝鸦片，决不要犹豫不决，对那些反对禁烟、破坏禁烟的人，要杀一儆百；同时，他还要林则徐带领大军，多造武器，准备抵抗外国的武装入侵。这篇送别文章虽短短不到1000字，但热情洋溢，语重心长，字字句句激励着林则徐，使他在旅途中仍感到十分振奋。

林则徐刚离任湖广总督，对不久前自己在湖北、湖南严禁鸦片得到广大人民群众支持的情况记忆犹新。他相信如今前往广州查禁鸦片，也一定会得到群众的坚决支持。

皇帝的恩宠和好友的激励及群众的支持，使林则徐对前往广州查禁鸦片增添了信心和决心。

一路上，林则徐经过直隶（大体等于今河北省和内蒙古自治区部分地区）、山东、安徽、江西等省。为了打听鸦片走私的消息和征求对禁烟的意见，他热诚地拜会了沿途的地方官员和士绅。路过安徽舒城时，听说当地有位士绅几年前在广东香山县任官期间曾查获鸦片1万余斤，林则徐就向他详细地探询广东方面鸦片走私、烟毒泛滥的情况，并跟他议论禁烟问题。他俩虽是初次面见，但却如同老友，谈得异常合拍。

就这样，林则徐在上任途中已了解了不少广东方面鸦片走私的情况。

1839年3月10日，林则徐到达了百花盛放的广州。两广总督邓廷桢怀着极其兴奋的心情率领文武官员前往码头迎接。

广州禁烟形势很好。广大群众通过洋馆前的禁烟斗争后，意气风发，斗志更加昂扬，轰轰烈烈的禁烟运动日益高涨。在林则徐到达广州前，英国最大的一个鸦片贩子查顿就在高涨的禁烟运动中夹着尾巴从广州溜回英国。这使刚到达广州的林则徐的禁烟信心更为加强。在群众的强烈要求下，林则徐立即发布告，限期戒烟，收缴烟土、烟枪，凡贩卖、吸食鸦片烟的，允许人民告发。在充分掌握了广东方面有关鸦片的情况后，林则徐查封了广州所有的烟馆，并会同邓廷桢于3月18日坐堂传讯鸦片商人。林则徐斥责这些商人勾结外商走私鸦片的种种罪行，并命令鸦片商人把中国禁止外商走私鸦片的布告立即带去洋馆，向外商宣读。在这份严正的布告中，林则徐指出外商贩卖鸦片到中国是骗人财、害人命的罪恶行为，命令外商报明所存鸦片的数量，限3天内上缴，不得有丝毫偷藏，并要外商写下"今后来船，永远不敢夹带鸦片，如有带来，一经查出，货物全部没收充公，人即正法"的书面保证，否则停止贸易。林则徐还警告外商：本大臣早已记下了那些一贯贩卖鸦片的外商的姓名。在布告中，林则徐坚决表示："假如鸦片一日不除绝，本大臣一日不回，誓与此事相始终，决不中途停止。"

中国的禁烟，是完全正义的。但是英国资产阶级为了保持这个可耻的、一本万利的鸦片贸易，英国政府代表、驻中国商务监督查理·义律亲自出面肆意破坏中国禁烟运动。3月21日，林则徐命令外商呈报所存鸦片的3天限期已满，义律就指使外商用搪塞手段敷衍，只报所存鸦片1037箱，并虚伪地表示要让在广东的外国人和鸦片交易割断关系。他们得意地认为这样一来给足了这位钦差大臣的面子，以后只要贿赂一下问题就解决了。

林则徐并没有被英国侵略者所惯用的这种蒙混手法所欺骗。他已了解珠江口外伶仃洋面的英国鸦片趸船有22艘，每艘所装鸦片不少于1000箱。他感到，英国这种做法是欺骗和戏弄中国官员，不能容忍，因此林则徐下令传讯在广东的英国大鸦片贩子颠地。义律是一只很有殖民经验的老狐狸。他见欺蒙不成，便进行恫吓，以为采用强硬态度会使林则徐屈服。3月23日，义律命令伶仃洋面的鸦片趸船逃走，做出战争姿态。第二天傍晚，他从澳门潜入广州洋馆，企图乘夜携带大鸦片贩子颠地逃跑。但是，这时中国人民已提高了警惕，使义律的阴谋没有得逞。伶仃洋面英国的 22 艘鸦片趸船，被林则徐所派水师在群众协助下截住了，一艘也没有跑掉。当义律头戴扁帽、手持凶器率领颠地等从洋馆逃跑时，洋馆已被愤怒的中国人民所包围，罪恶滔天的颠地等鸦片贩子终于被逮捕。

为了狠狠打击义律破坏禁烟，林则徐下令将所有停泊在黄埔港里的鸦片货船，暂行封舱，停止中英贸易，并派兵严密防守洋馆，不许外商出入往来，撤退洋馆中受外商雇用的全部中国人员，断绝洋馆与趸船的交通。林则徐的正义措施，得到广大人民群众的坚决支持。洋馆周围洋溢着紧张而严肃的气氛，呈现出一派正气昂扬的景象。各个洋馆的前门、后门和附近的屋顶上布满了武装岗哨；扛着刀枪的一队队中国士兵在洋馆四周来回巡逻；一艘艘水师巡船昂首破浪，向洋馆区飞驶而来，封锁了洋馆与趸船交通的要道；通往洋馆的街道全被堵断了，因公往来的人员，先要查验挂在腰间的凭证才能进出。广大群众扬眉吐气投入了包围洋馆的斗争。有的砌墙堵街，有的挑砖送土；满载砖头石块的船只靠岸了，大家争先恐后地奔过去帮着卸船。一条条被群众从水里拖上岸来的英国船，船底朝天躺在洋馆前的广场上。眼见欺蒙和恫吓都已失去效用，洋馆犹如成了大监牢，义律终于在洋馆被封锁的第四天即 3 月 27 日，无可奈何地改换手法，缴出趸船上所有鸦片。

1839 年 4 月 12 日，林则徐会同邓廷桢到达离广州 100 多里的滨海门户——虎门，与驻在虎门的关天培一起收缴英国趸船上的鸦片。22 艘鸦片趸船遵命陆续驶至虎门。收缴鸦片工作顺利地于 5 月 18 日告一段落，共收缴了英、美侵略者的鸦片 20283 箱，又 2000 多麻袋，合计 230 多万斤。坚决要求禁烟的中国人民决不能容忍这些鸦片留在中国的大地上继续害人，林则徐终于下令把这些毒品在虎门海滩当众销毁。

振奋人心的日子来到了！

1839 年 6 月 3 日这一天，晴空万里，虎门海面卷起了怒涛，虎门海滩庄严而热闹，港湾里，数十艘水师战船排成雄威的阵势，海滩上、峡谷里，人山人海，敲着锣，打着鼓，放着鞭炮、舞着五彩缤纷的狮灯和龙灯，像欢度盛大的节日。极目向海滩望去，能看见在辽阔的海滩边上，有两个新挖成的 15 丈见方的销烟池，池子周围树立着木栅。无数精神抖擞的搬运工，川流不息地把长约 3 尺、高宽各约 1 尺 5 寸的鸦片箱背到池边，还运着一担担石灰和一包包海盐。一包包海盐倒入了池子。用生牛皮封裹的十分坚固的鸦片箱，一箱一箱被撬开，全部倒入池子。鸦片在池子里泡透后，抛下石灰，池子立刻沸腾起来，一块块黑色的鸦片在池中上下翻腾，一团团白色的烟雾从池内冲向天空，瞬间弥漫了虎门海滩。雾海里，人们不停地挥舞着汗巾、笠帽、农具、刀枪，欢呼跳跃。在南方6月的骄阳下，每个人的脸上都挂满了晶莹的汗珠，显现出胜利的欢笑。不久，池子里停止了沸腾，空中的烟雾消散了，打开了池子通海的涵洞，满池子经销毁的鸦片渣沫灌注入海，怒涛冲走了可耻的殖民污垢。

销毁鸦片工作连续进行了23天，从6月3日开始，直到6月25日，把200多万斤鸦片全部销毁。在这不平凡的日子里，虎门海滩变成了闹市。远乡近邻，男男女女，老老少少，欢天喜地不断前来虎门观看销烟，群众激昂的情绪胜过虎门的海涛。外国侵略者原先诬蔑中国人不会焚毁一两鸦片，但是，当他们到现场进行了参观后，被中国人民高涨的销烟情绪和严密不苟的销烟措施震惊得目瞪口呆，他们不得不承认："我们反复考察烧烟的每一个过程，他们在整个工作进行时的认真和细心，远出于我们的臆想。"

闻名世界的虎门销烟，是中国人民禁烟斗争的伟大胜利，使越来越严重的鸦片毒害，终于局部地暂时地被阻止住了，给外国侵略者的犯罪行为以沉重的打击，大长了中国人民的志气，向全世界表明了中国人民反侵略的无畏斗志。虎门销烟对各省有很大的影响，禁烟运动在各省相继发展起来。

坚决反对外来侵略的英雄们的事迹，人民是永远不会忘却的。在中国人民革命胜利后，虎门销烟的伟大场面被铭刻在北京天安门广场人民英雄纪念碑上。

在虎门销烟的战斗日子里，英国侵略者痛心得捶胸顿足，一再催促英国资产阶级政府发动侵略战争。就在这期间，林则徐同关天培一起，到虎门附近的南山、横档炮台，深入检查防务，仔细考察地形。

虎门海口，突起的大角山与沙角山隔海对峙，滚滚珠江由此流出穿鼻洋，是外洋进入广州的必经之路。这是广州海防的第一道关口。从大角、沙角海峡入口，朝广州水程，航行7里左右，有南山和芦湾山，南北斜峙，横档山岛矗立中流，宽阔的水道，到这儿突然变窄，水深10余丈，水势湍急。这是珠江航道的咽喉，为广州海防的第二道关口。从这里再朝广州航行约一里，有大虎山横伏中流，独当一面，山前水深数丈，也是内外航船必经的险峻之处。这是广州海防的第三道关口。

林则徐料到严禁鸦片，外国侵略者是不会甘心的，难免会用武装挑衅来进行破坏。因此，林则徐在严禁鸦片的同时，立即在军事上积极做准备。他大力整顿军队，号令严明，督促水陆官兵认真加紧进行训练，罢免了包庇鸦片走私军官中的为首分子；在虎门附近新建及修理炮台炮位，增添新式大炮300多门，并添造快船；在各水陆要口，增派军队防守，还要官兵随带毒药，以备必要时投入溪泉，使海上敌船无法汲取饮水；根据关天培的建议，在南山、横档山之间，江面最狭的地方，安置了两道各300余丈长的粗大铁链，铁链下系着大木排，以备堵截外国侵略者的兵船入侵。当时除广东外，沿海防务空虚，林则徐曾请求道光帝命令沿海各省备战。

林则徐还招募蜑户（住在船上的城市贫民）、渔民壮丁 5000 人，组成水勇，教他们袭击敌船和刺探敌情的技能，在必要时协助水师作战。

具有强烈爱国主义精神的林则徐，对外国侵略者是极端仇恨的，他站在民族自卫的立场上，坚决主张抵抗外国的侵略，并敢于在一定程度上利用民力，这有别于当时地主阶级内部的投降派，是难能可贵的，是符合民族利益的。但是，林则徐毕竟是封建统治阶级中的成员，在反侵略这一点上，虽和人民有一致的地方，可是他和人民之间的阶级矛盾依然存在。在招募蜑户、渔民组成水勇时，他又怕他们起来造反，扰乱封建统治秩序，因此提出要严格控制，不把水勇当作是一支重要力量，只是在必要时让水勇协助水师作战。这就表明林则徐虽然是坚决的抵抗派，但阶级的局限性，使他不可能真正发动人民群众来反抗侵略。

为了有效地和外国侵略者做斗争，林则徐一到广州就很注意了解外国情况，用心研究国际形势。他自己不懂外文，就请别人译出外文书报给他看。当时，清政府把宣扬孔孟之道的四书、五经奉为至宝，他们盲目自大，对外国一无所知，他们只知道世界上有个英国，但不知道英国的来历。而林则徐却是清政府第一个开眼看世界的人物，他了解了许多有关西方国家的新知识，这有利于反侵略斗争，是有进步意义的。

面对着林财徐军事上积极设防和坚持严禁鸦片，义律气急败坏地鼓动英国政府发动侵略战争，他把中国的正义禁烟运动，说成是英国发动侵略战争的最好理由和最有希望的机会，叫嚷使用足够的武力，给中国迅速而沉重的打击。同时，义律不甘心失败，继续竭力破坏禁烟，他一面命令当时停泊在虎门口外海面上的英国商船拒绝与中国进行正当贸易，一面继续大搞走私鸦片，武装的三桅大船满载鸦片而来，因海防加强，它们在外洋东晃西游，暗放舢板小船分运鸦片到偏僻口岸，用贱价诱人偷买。

在虎门销烟不久的 7 月 7 日，英国水手在九龙尖沙咀地方行凶，打伤中国村民多人，其中林维喜重伤致死。林则徐严令义律交出凶犯抵罪，义律横蛮拒绝，不肯收林则徐的公文，声言遵照（英国）女王的指示，不准交出凶犯，凶犯只能按照英国的法律来审办。真是岂有此理！这是对中国主权的严重破坏。为了维护国家尊严，林则徐于 8 月 15 日决定断绝对英国人柴米食物的供应，撤回在他们那里工作的中国人。这一严正的决定得到了广大人民的拥护。但义律竟发动武装挑衅。9 月 5 日，义律率领兵船和武装商船 10 艘，突然向九龙山口岸中国水师开炮。水师奋勇回击，岸上的炮台也发炮助战。这一仗，交战了 10 小时，中国水师以少胜多，把英国侵略者打得纷纷落水，尸首随潮漂流。

资产阶级不可能是铁板一块的。由于林则徐把正当贸易和贩运鸦片区别开来，分化了鸦片贩子和从事正当贸易的商人，因此，使义律没有能够阻挡所有的英国船只和中国进行正当贸易。1839年10月，有一艘英国商船，背着义律进口和中国贸易，接着，另一艘英国商船也申请和中国贸易。英商这种行动，使义律大为恼火。11月3日，当一艘英国商船将要进口，中国水师船正要迎过去领港时，义律派出两艘英国兵舰拉着满帆赶了过来，横加阻拦，并首先发炮攻击中国水师船，挑起了激烈的穿鼻洋海战。关天培手执腰刀挺立桅前，率领水师船英勇抵抗。船上的3000斤铜炮怒吼了！在激战中关天培不幸受伤，但他奋不顾身，仍持刀屹立桅前。奋战了两小时，敌舰被中国水师打得帆斜旗落，逃往外洋，不少侵略军尸沉海底，一顶顶军帽在海面上随波漂流。

死与中国人民为敌的义律，在穿鼻洋挑衅失败后，仍不甘心失败。从11月4日到13日，10天之内，连续6次气势汹汹地在珠江口、官涌一带进行挑衅。在群众的有力支持下，中国水师予以侵略者迎头痛击。结果是：敌人手忙脚乱，顾不得装上炮弹放空炮，成为笑柄；敌人的伊哑惨叫声、敌船被轰破的巨响，连成一片，不绝于耳；沙滩上到处是侵略者的尸体和帽鞋刀鞘。英国侵略者的6次挑衅，都以惨败而告终。

狂妄的侵略者曾声称，只要用一个钟头就能打败中国所有的兵船，中国军队要想打败外国军队，那只不过是纸上言语。但是，经过整顿后的中国水师，在广大人民群众的积极配合下，终于使号称"船坚炮利"的英国侵略者七战七败。这充分证明中国人民完全有力量能够战胜外国侵略者。

穿鼻、官涌的这7次海战，是中、英之间的前哨战。

海战捷报传到北京，使妄自尊大的道光帝一时虚骄心增强起来，贸然下令：停止英国一切贸易。1840年1月，林则徐遵命在广州正式封港，断绝中英贸易。

清廷宣战

清廷对英军在穿鼻战中攻占大角、沙角极为震怒，于1841年1月27日诏告中外，对英宣战。这是清政府第一次向全世界表明，中国决心用武力对付英国侵略者发动的不义之战，对坚决抗战的将领、官兵和民众，起到了很大的动员和鼓舞作用。

宣战书严正地概述了中国对世界各国友好往来的一贯立场。中国被迫断绝对英贸易，纯系英国抵制中国禁烟所造成的。诏书历数英国政府不顾信义，悍然发动侵华战争，占我领土，滋扰沿海，荼毒定海人民，在广州会谈中，勒索烟价，强要码头；达不到目的，复又攻我大角，占我沙角，逆天悖理。为此，中国政府决定调动部队，痛加剿洗，以苏民困。并警告英国舰队胆敢擅入中国沿海洋面，清军立即还击。

道光帝对英宣战，是在英国政府发动鸦片战争一年多以后才采取的重要步骤。这说明清政府在严酷的现实面前，对英国资产阶级政府扩张主义本质，逐步有所认识，感到妥协忍让只会使侵略者的野心更加膨胀，使清王朝的权益受到更大侵犯，决心用武力对付英国的入侵。在诏书发布以后，道光帝任命奕山为靖逆将军。尚书隆文和提督杨芳为参赞大臣，替代琦善主持广东军务。在后来由奕经组织的浙东反攻中，道光皇帝在兵力调动、后勤保障等方面，也尽了很大努力。

中英《南京条约》

道光十三年（1833 年）十二月，英国政府派律劳卑为驻华商务监督，并以东印度公司前驻广州大班的德庇时、罗宾臣为第二、三商务监督，试图通过地方当局和清政府建立正式外交关系，以达到增加口岸、扩大中英贸易的目的。临行前，英国外交大臣巴麦尊曾给律劳卑训令，要他来华后必须开辟商埠、推销鸦片、获得海军据点，以便适当时机进行武装侵略。

次年七月，律劳卑到达澳门，随即要求清政府与他进行直接联系，为此遭到两广总督卢坤的抵制。九月，律劳卑令两只英国兵船，强行驶入珠江口，轰击虎门炮台，并煽动在广州的英商支持他的行动。在此形势下卢坤下令中止中英贸易，从而使 64 家英商经济利益受到威胁。

道光十六年（1836 年）六月，巴麦尊将原来驻华的 3 个商务监督，改为一个，并任命义律担任此职，决心用武力支持在华的商务谈判。这时，在鸦片问题上，清朝政府内弛禁派与严禁派斗争激烈。广东邓廷桢坚持禁烟主张，并在广州查禁鸦片，使义律在广州的活动受阻。于是，义律要求英国政府使用武力，得到英国政府同意。道光十八年（1838 年）七月，东印度舰队司令马他仑率领舰船到广州示威。

次年三月，钦差大臣林则徐到广州查禁鸦片。这时，在华的鸦片贩子以英商名义上书巴麦尊，要求英政府过问，采取重大措施，把对华贸易放在"安全和坚固的基础上"。英国国内伦敦等很多地方商会也一致主张对中国使用武力，迫使中国开放口岸、协定关税、赔偿烟价、割让岛屿等等，此为日后南京条约的雏形。

九月，巴麦尊接到义律关于中国禁烟情况的正式报告，当即表示动用武力对付中国。十月，密函通知义律，英国政府决定派海军"远征"中国，届时封锁广州、白河，占领舟山，拘捕中国船只。

道光二十年（1840 年）一月，英王维多利亚在议会上发表演说，预示英国政府发动对华战争决心。二月，巴麦尊等任命懿律、义律为对华交涉的全权代表，并具体部署对华作战步骤。同时照会清政府，要求赔偿烟款、割岛屿、偿还商欠等，并声明英国远征军费，全部由中国负担。在给义律训令中详细规定，凡协定关税、领事裁判权、开放五口岸等项，一概包括在内。

三四月，英国议院通过对华侵略政策。六月，鸦片战争爆发。次年一月，中英签订了《穿鼻草约》，英国政府对此《草约》并不满意，认为勒索鸦片赔款太少，《草约》中对军费、商欠又一字未提，又要过早撤出舟山。于是解除了义律在华职务，以璞鼎查来代替，要以扩大战争来攫取远比《穿鼻草约》更多的利益。在璞鼎查启程来华前，巴麦尊给以详细的训令，规定抵华后的步骤，要求必须使中国全权代表无条件地接受英国所提出的全部要求，英国才停止军事活动。

八月，璞鼎查到达澳门，立即向广东当局递交了一份议和纲要。声明如果中国不派全权代表接受纲要上所列举的全部条款，就要北上进攻中国，并拒绝以广东地方官为谈判对手。接着，便进军北上，攻占了宁波，并声称将中国沿海区域并入英国版图。

道光二十二年（1842年）四月，道光帝决意妥协，派钦差大臣耆英、伊里布前去和谈。但英国为迫使清政府接受全部条款，决定不到南京不进行谈判。于是六月进犯长江。八月，英军侵入南京下关江面，牛鉴出面乞降，璞鼎查以其"无权作主"不答应议和。随后英舰伪装进攻，伊里布、牛鉴等连夜派人到英舰，表示钦差大臣耆英即日到省，并出示道光帝"永定和"谕旨。次日，耆英、伊里布赶到南京。耆英给道光皇帝的奏报中说："该夷船坚炮猛，初尚得以传闻，今既亲自上船，目睹其炮，益知非兵力所制伏。"就这样，在炮口的威逼下，接受了璞鼎查提出议和的全部条款。八月二十九日，耆英、伊里布在英国军舰"皋华丽"号上，完全按照英方提出的条件，签订了《南京条约》（又称《江宁条约》）。

《南京条约》共13款。主要内容有：

（1）中国开放广州、福州、厦门、宁波、上海等五处为通商口岸，允许英国携带家眷寄居、贸易通商。英国可以在上述口岸设领事，管理商事；

（2）中国割让香港给英国常远据守主掌，任其立法治理；

（3）中国赔偿英国鸦片烟价600万银圆；

（4）英国商人在粤贸易，原归商行办理，现规定英国人在通商口岸，与何商交易均听其便，中国赔英商欠款300万银圆；

（5）中国赔偿英国军费1200万银圆；

（6）以上三条计赔英款2100万银圆，广州赎城费在外。分期交清，按期未交足数，以每年百元加息五银圆；

（7）英国商人在通商各口应纳进出口货税，均宜秉公议定细则；

（8）中国600万银圆鸦片赔款交足，英军退出南京、白河口等，并不再阻拦中国各省商贾贸易，退出镇江。但舟山、鼓浪屿两岛英军待赔款全部交清，各通商口岸开辟，方撤出；

（9）为英国效劳的奸细全然免罪，被监禁起来的要加恩释放。

《南京条约》签订后，为了议定关税税率及其他有关问题，中英又在广州继续谈判。道光二十三年（1843 年）七月，中英《五口通商章程》在香港公布。十月，耆英与璞鼎查在虎门签订《五口通商附粘善后条款》，亦称《虎门条约》。

英国又从这两个条约中取得了如下特权：

（1）领事裁判权。据五口通商章程，英国人在中国犯罪时，由英国领事按照英国法律处理；

（2）据五口通商章程，英商大部分主要进口货物按时价的百分之五交税；

（3）片面的最惠国待遇。据虎门条约，中国将来给予其他国家任何权利时，英国人可一律均沾；

（4）英国可派军舰常驻中国各通商口岸；

（5）英国人可以在通商口岸租赁土地及房屋。

《海关税则》是璞鼎查委派英国怡和洋行职员罗伯聃拟定的。分为出口和进口两大类，前者包括 61 种货物；后者包括 48 种货物。绝大部分出口货和进口货的税率，都比鸦片战争前降低百分之五十左右，有的甚至降低百分之九十。这个税则的签订，使中国海关失去保护本国工农业生产的作用。

《南京条约》是中国近代史上第一个丧权辱国的不平等条约。中国从此开始一步步地坠入半殖民地半封建的深渊。

慈禧用计除肃顺

清咸丰十一年七月十七日（1861 年 8 月 22 日），清帝咸丰在热河承德避暑山庄烟波致爽殿病逝，临终前按照清祖宗家法，建顾命制度，以 6 岁皇子载淳为皇太子，著怡亲王载垣、郑亲王端华、户部尚书协办大学士领侍卫内大臣肃顺及景寿、穆荫、杜翰、匡源、焦佑瀛 8 人为赞襄政务大臣，辅佐幼子继位。同时为防范顾命八大臣擅权，把"同道堂""御赏"两枚私章，分赐皇后钮祜禄氏和载淳，规定一切谕旨下发，须以两枚私章为符信。不久，载淳继位，建元年号，定明年为"祺祥"，尊钮祜禄氏为母后皇太后，居烟波致爽殿东暖阁，故称东太后。生母叶赫那拉氏，住烟波致爽殿西暖阁，称西太后。就在肃顺等人为咸丰帝兴办丧礼和嗣皇帝继位的繁忙之中，一场悄悄布置的政变发生了。以留居热河的西太后和留守都城北京的咸丰弟弟恭亲王奕䜣用暗度陈仓之计，斩杀肃顺，赐死载垣，端华、景寿等 5 个革职发往新疆等地效力赎罪，这就是晚清历史上有名的辛酉政变。

辛酉政变的祸根自英法联军攻打北京，咸丰帝避难热河开始就已埋下，其爆发则是因为肃顺等顾命八大臣与西太后拉那氏、恭亲王奕䜣之间，相互争夺执政地位，双方矛盾的尖锐化。顾命八大臣中以肃顺最具才干，处领袖地位。肃顺是咸丰帝生前宠信器重的重臣。咸丰帝由北京逃到热河后，肃顺以射猎、声色为诱惑，使咸丰帝乐而忘返。同时极力阻拦留守北京与英法议和的恭亲王奕䜣等王公大臣要求咸丰帝回銮京师，他还假借咸丰帝名义严责奕䜣等人不得再行渎请。咸丰帝本来就是个荒淫的帝王，顺势推舟把一切政事托付肃顺等人处理，于是肃顺等人成为热河行宫发号施令的实际主人，"挟天子以令诸侯"。在肃顺眼中，奕䜣是王公之中，与皇帝血缘最亲，地位最显，又异常精明果断，具有较高威信的一个劲敌。奕䜣如果有心专权，那将会是自己擅权道路上的拦路石。所以在咸丰帝面前，极力挑拨离间，煽动皇帝对奕䜣的不满，甚至散布谣言称恭亲王将借洋人势力谋夺帝位，结果造成咸丰帝与奕䜣兄弟之间，感情疏远。当奕䜣得知咸丰帝病重，奏请到热河问安觐见时，咸丰帝以相见徒增伤悲为由，予以拒绝，致使咸丰帝至死，兄弟两个也未见上一面。奕䜣知道这都是肃顺从中作梗，弄的诡计，由此，对肃顺痛恨入骨。

西太后虽为旗人，出身并不高贵，父亲只不过是一个安徽宁池太广道的道员，她入宫之后，为咸丰帝生了皇子载淳，一下显贵起来，被封懿贵妃，地位仅在皇后之下。而皇后钮祜禄氏，忠厚随和，对政治不感兴趣。西太后则是个工于心计的女人，她清楚咸丰帝身体虚弱，寿命难说，不可太多恃仗。皇子目前年幼，她有心将来帮助儿子操纵国政，于是不惜以娇媚手段，哄骗咸丰皇帝，换来自己代为皇上批答奏折的机会，开始"时时披览各省奏章"。西太后的干政，使肃顺、载垣、端华等人的权力受到了侵犯，在肃顺看来，当时还是懿贵妃的那拉氏，绝非一个安分守己的女流之辈，一旦往后以太后名义，挟年幼的皇帝专权，自己的揽权美梦就会破灭。而肃顺等人一直以声色娱乐咸丰帝，使懿贵妃失去后宫专宠地位，早使西太后为之怨恨。尤其到热河以来，一路逃难的路上，自己的饮食供应就屡遭肃顺等人的克扣。肃顺又在咸丰帝面前，大讲汉武帝赐死钩弋夫人的"钩弋故事"，要求咸丰帝诛杀懿贵妃，避免日后性烈的那拉氏母以子贵，干预朝政。咸丰帝虽未采纳肃顺的建议，但对懿贵妃倒是日见疏远，甚至死前还给皇后钮祜禄氏立下密诏，如往后那拉氏不能安分守矩，可以出此遗诏令廷臣除害。这一切，被西太后得知后，对肃顺更是恨入骨髓。

咸丰皇帝病死后，围绕着谕旨的拟定、恭亲王被排除顾命八大臣之外二事，西太后、奕䜣与肃顺等人矛盾趋向表面化，促使两人联手起来，共同对付肃顺等人。肃顺等人本意想在咸丰帝病危时，立怡亲王载垣为帝，彻底杜绝那拉氏以子专权的企图，皇后钮钻禄氏不肯表态，那拉氏整日抱着儿子载淳立于咸丰病床之前哭泣，咸丰帝怜其母子往后流离失所，因而对肃顺的建议不予同意。

咸丰帝一死，肃顺等人又想不封太后，把那拉氏排除出政治权力场之外，此计也未得逞。于是公开在殿中宣布：一切谕旨，应由顾命八大臣拟定，太后只能钤印，不得改变谕旨内容，各地章疏也不进呈宫内览阅，面对肃顺等人的跋扈，西太后如何能容忍，就拉着东太后一起，当面廷争，并以不在谕旨上钤印相威胁。结果，双方妥协，各地所奏章疏，均要呈两宫太后呈览；谕旨诏定，则由赞襄八大臣拟进，换取两太后在谕旨上钤上"御赏""同道堂"两印，这样，热河方面，西太后与肃顺等人以"垂帘""辅政"两种体制相兼互得暂时维持。

西太后不甘心被肃顺等人抑限在热河，处处被动。大清以来，皇帝年幼，而由先帝临终指定亲信老臣为顾命，辅佐小皇帝执政，直到皇帝长大亲政为止，这类的顾命制度早有先例。另外一种办法，就是汉族皇朝历史上所发生的，由母后帮助年幼的皇帝，垂帘听政。太后要摆脱肃顺等人的限制，就必须以垂帘制度，替代目前的顾命制，而身在热河行宫，肃顺等人完全控制内外形势，要想达到垂帘听政目的，还必须借用外力相助。正在此时，西太后的妹夫、又是恭亲王奕訢七弟的醇亲王奕譞提出，与肃顺等人争斗，必须联络在北京主持政局的恭亲王。西太后采纳奕譞的提议，密写书札，要奕訢来热河相商。

奕訢身居恭亲王之职，并非承袭，是父亲道光皇帝、兄弟咸丰帝所亲封，在大清现有诸位亲王中，本来最为显荣尊贵。咸丰帝死后，怡、郑等亲王居然添居顾命大臣之列，而自己却被排斥在外，肃顺甚至不准其赴热河行宫，处理丧事。奕訢心中已是大为不满，早就有计划除去肃顺。他暗中安排自己的亲信，如热河行宫任领班军机章京的曹毓英等人，随时向京城密报肃顺等人在热河的行踪举动，这既是避祸所必须，又为日后上台执政作预备。但要除去肃顺等人达到自己执政的目的，奕訢也清楚，只有推翻现有的顾命制度，尽翻政体，代之以女后垂帘，自己才能较快地爬上辅政之位。虽然奕訢精明能干，但是要一切由自己单独动手，毕竟孤掌难鸣。别无良策，只有与两宫太后联合。西太后与奕訢为斗倒肃顺等人，相互需要，于是正式联手起来。奕訢见到两太后密召热河的传话后，随即以叩谒大行皇帝梓宫的名义，前往热河，肃顺面对奕訢哭丧的要求，不便阻拦。9月5日，奕訢赶往热河，先到咸丰帝梓宫前，伏地大哭，声彻殿陛，两旁人等皆为之感动，无人不信他是专为叩谒梓宫、感念手足情深而来。一番哭奠后，奕訢进宫，皇太后单独召见，密商之中，奕訢提出要除肃顺，非还京城才易下手，并以京城一切，由其负责，作出"万无一失"的保证。至此，两宫太后与奕訢共同做出政变决定，奕訢离开热河，兼程赶到北京作预先布置。

两宫太后、奕訢等人政变的第一步是投放垂帘听政的试探气球，从舆论上为政变做准备，同时借机迷惑政敌。9月中旬，与奕訢同党、大学士周祖培的门生董元醇最先上奏，要求朝廷以两宫太后垂帘听政，并从亲王之中选出一二人，用心辅弼一切政务。两宫太后见到奏折后，旋即召见顾命大臣，要肃顺等人按照所奏拟旨实行。八大臣勃然抗论，认为听命太后切切不可，清朝历史上更是没有先例。八大臣之一的杜翰肆言无忌，照直顶撞。西太后气得两手颤抖不已，年幼的皇帝被肃顺等人大声抗言所惊，啼泣不停，甚至溺湿了西太后的衣服。肃顺等人当天退朝后，又拟谕旨斥责董元醇，声称国政大端，非臣下所能妄议。接着又咆哮"搁车"，以不理政务、停止办公威胁两宫太后，最后还是东太后中间劝说，肃顺等人才照常办事。西太后被迫放弃垂帘一说。

西太后、奕訢发动政变的第二步，是利用输送咸丰皇帝梓宫及新皇帝回京之机，施用暗度陈仓之计，进行突然袭击，一举捕拿肃顺等人。董元醇的奏折被驳，不过是西太后、奕訢等人施行佯攻的试探气球，借以吸引肃顺等人的注意力。果然，肃顺等人一看董的奏折被痛驳后，两太后被迫发出"我朝圣圣相承，向无皇太后垂帘之礼"的上谕，一时无人再敢言垂帘听政。他们认为胜利在握，政治危机已经过去，自己的权力地位已经稳固。于是盲目自信，开始对西太后、奕訢等人疏于防范。西太后、奕訢则加紧布置，先是乘八大臣忙于大行皇帝及新皇帝回京登位筹备自嫌事多的时候，解除了端华的步兵统领，载垣的銮仪卫、上虞备用处事务，以及肃顺的管理理藩院并向导处事务。西太后外示优礼，实际上肃顺等人的兼差事关皇宫禁军及扈从护卫等多项兵权，随后西太后安排奕訢等人的亲信接任步兵统领职位，把管理禁卫兵之权基本掌握在自己手中，搬开了发动政变的重要障碍。另外，执掌热河到北京一带兵权的胜保、僧格林沁，又被西太后、奕訢争取过来，胜保倒向西太后，在承德至北京沿线驻兵严密布置，以防不测。西太后见布置停当，10月中旬反复催促肃顺等人，要求早日返京回銮，最后明定两宫太后、嗣皇帝载淳随载垣端华等七大臣在行过奠礼后，为避免圣躬劳累，先行启跸回京，而后跪请灵驾，沿途一切事务由倒向西太后的仁寿负责，责令肃顺护送咸丰帝灵柩一路安全缓行。西太后等人的如此安排，真是妙不可言，肃顺是顾命八大臣之首，如景寿等人，皆忠厚有余，才智不足，八大臣实际是由肃顺控制的势力集团，肃顺与七大臣隔开，七大臣失去了首脑，变成群龙无首，而肃顺单独行动，又失去羽翼相助，变为孤掌难鸣。西太后这一着，削弱了顾命八大臣的整体优势，为自己放手动刀，创造了条件。

11月1日，两宫太后、载淳等人，以快班轿夫由间道急驰入京，抢先肃顺两天。恭亲王奕訢早早到达城外迎接，再次落实北京政变的措施。早一天，胜保已上折朝廷，首先对顾命八大臣赞襄政务的合法性提出怀疑，指责八大臣有负重托，必须以皇太后亲理万机，召对群臣，通下情，正国体。又提出"亲亲尊贤为断"，另外简任近支亲王佐理庶务，尽心匡弼，否则不足以振纲纪顺人心。11月2日，大学士、管理兵部事务贾桢，大学士、管理户部尚书周祖培、刑部尚书赵光等在奕訢的暗示下，联名上奏，要求皇太后"敷宫中之德化，操出治之威权，使臣下有所禀承，命令有所咨决，不居垂帘之虚名，而收听政之实效"。贾桢、周祖培等是清廷元老重臣，他们提出要两宫太后垂帘听政，影响巨大。同一天，西太后在召见奕䜣、桂良、周祖培、贾桢等人时，又施以女人眼泪的战术，向众人哭诉肃顺等人如何在热河欺侮他们孤儿寡母。周祖培等人既感动又生愤，随即要求皇太后治罪肃顺等人，西太后接着用激将法，"他们是赞襄大臣，怎能治罪呢？"周祖培对答："可以先降旨解其职，再治其罪。"西太后顺乎其意，拿出早在热河写好的谕旨，随即宣布，解除肃顺、端华、载垣3人赞襄大臣职务，交宗人府会同大学士、九卿、翰林院等严行议罪。一时间，京城缇骑四出，载垣、端华被捕。11月3日晚，肃顺护送灵柩到达京郊密云，尚不知朝中已发生政变，被醇亲王奕䜣、睿亲王仁寿从卧室被窝中拿获，绑送宗人府狱中。同日，奕䜣授议政王大臣、宗人府宗令，在军机处行走。11月8日，肃顺被斩杀于京城菜市口，载垣、端华被赐自尽，景寿、杜翰等被革职，穆荫被革职且发往军台效力。

12月2日，两太后等在紫禁城中举行垂帘大典，奕䜣以议政王总揽全局，新上台的皇帝载淳接受百官朝贺，改年号为"同治"。西太后的计划取得了最后胜利。

中俄《瑷珲条约》

19世纪50年代初，沙皇俄国逐步控制了我国黑龙江口地区的主要据点，并占领了库页岛。此后，沙俄不断派遣侵略军武装"航行"黑龙江。

咸丰四年（1854年）五月，沙俄派遣穆拉维约夫率领舰船75艘，军队1000余人，闯入黑龙江。六月，到达黑龙江下游一带，随即屯兵筑垒，实行军事占领。第二年五月，穆拉维约夫率舰船100多艘，军队3000人，再次在黑龙江上武装航行。这次航行运来近500名俄国居民，在黑龙江下游占地筑屋，建立移民点，蓄谋永久霸占。

咸丰六年（1856年）五月，沙俄军队，分乘百余只舰船，第三次在黑龙江上武装航行。他们在黑龙江中、上游建立军事哨所，设置村屯，屯集粮食，并于同年宣布设立以庙街为首府的滨海省，擅自把中国黑龙江下游地区划归为沙俄版图。

同年十月，英国发动第二次鸦片战争后，沙俄趁火打劫，加紧侵略扩张活动。穆拉维约夫指挥侵略军第四次武装航行黑龙江。不断向黑龙江下游和中、上游北岸移民增兵，遍设哨所，并宣布："从明年航期开始，凡留在黑龙江左岸的居民，均属俄国管辖；不愿受俄国管辖的，都须迁到右岸；中国方面要是稍有反抗或集结兵力，俄国就要进兵右岸，收缴他们的武器，占领瑷珲"。这样，沙俄基本上完成了对我国黑龙江上、中游北岸地区的军事占领。

两年以后，沙俄政府认为从政治上最终解决黑龙江问题的时机已经成熟。

于是，乘英法联军攻占大沽、北京之机，再派穆拉维约夫率官兵数百人，在两艘炮艇的护送下，闯入瑷珲，与清政府黑龙江将军奕山进行谈判。谈判一开始，穆拉维约夫就重弹沙俄"助华防英"的老调，向奕山勒索大片中国领土。他宣称："中英正在交战，英国很可能表现出占据黑龙江口及其以南沿海地区的欲望；只有我国根据所订条约声明上述地区系归俄国领土时，才能遏止英国的侵犯。"而英国一旦"侵占了方便的沿海港湾，就有可能进攻满洲腹地"，因此，"中国政府当前尤须尽快了结此事"。接着他又抛出了"自卫"论，说："俄国为从海上保卫自己的领土，应当占有滨海地区，而为了建立滨海地区同西伯利亚的联系，应当在黑龙江建立居民点，""为了双方的利益，中俄必须沿黑龙江、乌苏里江划界，因为这是两国之间最合适的天然疆界！"然后，便拿出俄方擅自绘制的沿黑龙江、乌苏里江至海为界的"边界草图"，叫奕山看。对此，奕山据理以争。双方进行了激烈的辩论。会议历时 4 小时，没有结果。在以后两天的会议上俄方代表，不是无理取闹，就是耍弄花招，所以未能达成协议。

穆拉维约夫看到中国方面不肯屈服，便决定亲自出马对奕山施加更大的压力。五月二十六日，他身穿侍从将军的礼服，佩戴沙皇赐予的各种绶带和勋章，带着随员和卫队，来到瑷珲，以"最后通牒的方式"向中国方面提出条约的最后文本，企图逼奕山马上签字。奕山接阅夷（俄）文，看到并未删改，便援引历史事实，再次拒绝俄方的无理要求。

接着，穆拉维约夫把近几年沙俄武装侵占我国黑龙江地区的罪行，说成是为了"保卫"这些地方不受外国人的侵犯。对此奕山加以驳斥，穆拉维约夫大为恼火，又以英国人入侵中国相威胁，硬要奕山签字，并说"这个条约对中国特别需要"，否则，"以后英国人在什么地方滋事，制造麻烦，那时只能责怪中国自己了"！奕山回答说："要是英国人企图出现在黑龙江，我们将把他们抛到大海里去。"不等奕山说完，穆拉维约夫便大声叫嚷："同中国人不能用和平方式进行谈判！我们不能再等了，我给他们限期到明天。"说完便怒冲冲地离开会场。穆拉维约夫回船后，当夜俄军大肆以武力威胁，黑龙江左岸炮声不绝，陆屯水船，号火极明，有意进行挑衅。

在沙俄枪炮声的恫吓下，奕山终于屈服了，被迫于咸丰八年（1858 年）五月二十八日与穆拉维约夫签订了不平等的中俄《瑷珲条约》，其主要内容是：

（一）黑龙江以北，外兴安岭以南的中国领土割给俄国，只有精奇里江以南至额尔莫勒津屯（江东 64 屯）仍由中国人"永远居住"，归中国政府管理；（二）乌苏里江以东，包括吉林省全部海岸线及海参崴海口，划为中俄"共管"；（三）黑龙江、乌苏里江只准中俄两国船舶航行；（四）中俄两国在黑龙江、乌苏里江、松花江一带互相贸易。

清政府感到此条约有失国威，拒绝批准，直到咸丰十年（1860 年）中俄订立《北京条约》时才予认可。

此条约的签订，不仅使黑龙江以北、外兴安岭以南 60 多万平方公里的大片领土被俄国侵占，而且俄国还获得了经由黑龙江前往太平洋的通道。

《天津条约》的签订

第二次鸦片战争期间，英法军队攻占广州后，继于咸丰八年（1858 年）四月，到达大沽口外，美俄两国公使也随同北上，四国公使分别照会清政府，要求派全权大臣进行谈判。于是清政府派直隶总督谭廷襄前往大沽口。英法借口谭廷襄非全权大臣，无便宜行事之权，拒绝谈判。俄美公使假充"调停人"，单独和谭廷襄周旋，麻痹清政府。英、法军队在俄、美的掩护下，做好了一切战争准备，于 5 月 20 日对大沽炮台突然发动攻击。炮台守军奋起还击，顽强抵抗，但因驻在大沽口的文武官员对抵抗毫无决心，纷纷逃跑，致使大沽口失陷。英法联军随即溯白河而上，直逼天津城下，扬言要攻打北京。

清政府闻讯后，急忙派大学士桂良，吏部尚书花沙纳赶赴天津议和。在谈判开始时，英国提出公使驻京，"江路一带，至海之源，各处通商，并在各省任凭英国民人，自持执照，随时往来，英国在要紧地方设领事馆，如有不法之徒，就近交领事馆惩办"等要求作为议和草约的基本条件。8 月 11 日，桂良等在英国的胁迫下，顾不得咸丰帝的意旨，对英法完全屈服。但咸丰帝不同意全部接受英法的要求，他斥责桂良等说："若必事事皆准，何用大臣会议耶？"命令他们再行交涉，并请普提雅廷出来"说合""杜其不情之请"。但是咸丰帝的愿望又一次落空，英国反而提出更多的要求。英国除更明确地要求公使"长远驻京"以外，还要天津开港、镇江、南京先立码头。到 25 日，英法逼桂良等接受他们所拟定的全部条款，一字也不予改动，中文约本的译文也完全由他们决定。咸丰帝无奈终于同意了英法的要求。

在谈判过程中，威妥玛、李泰国的态度特别蛮悍，动辄开口恫吓。桂良等在奏折中一再表示自己所处的屈辱地位。桂良等在淫威慑服下，订立了《天津条约》。

中英、中法《天津条约》分别于 6 月 26 日和 27 日签订。中英《天津条约》共 56 款，附约一条。中法《天津条约》共 42 款，附约 6 条。

美俄两国在"调停人"的名义下，早在中英、中法条约签订以前即 6 月 13 日和 18 日，已诱骗清政府订立了中俄、中美《天津条约》。俄约 12 款，美约 30 款，两国不费一兵一卒而从清政府取得许多权利。四国公使还与桂良等商定，第二年与中国互换批准书。

这四个《天津条约》的主要内容有：

（1）外国公使常驻北京。改变了以往只能在香港、上海活动，而不能与清朝中央直接打交道的惯例。

（2）开放牛庄（后改营口）、登州（后改烟台）、台湾（台南）、潮州（后改汕头）、淡水、琼州、汉口、九江、南京、镇江为通商口岸；外国人可在各口岸租房居住，买地建礼拜堂和医院。

（3）外国人可自由进入内地传教、通商、游历，外国商船和军舰皆可驶入长江各口。

（4）扩大领事裁判权，规定外国人之间任何纠纷，犯罪，中国官府都不得过问；中外民人之间的案件，由中外双方官员在外国领事监督下"会审"。

（5）对英赔款400万两，对法赔款200万两。

（6）减低关税。

随后桂良、花沙纳在上海会同两江总督何桂清等，于11月8日和24日分别与英、法订立《通商章程善后条约》各10款，内容主要是：承认鸦片贸易合法，每百斤征税30两；一般商品抽时价百分之五的关税；洋货运内地只要再抽2.5%的进口税，即可畅行无阻；各海关税务邀外国人帮办。

《天津条约》及《善后条约》，进一步破坏了中国的主权，便利了西方列强对中国的经济侵略。

痛歼滩头之敌

1859年6月25日下午，英法联合舰队已溃不成军，有的战舰沉没，有的搁浅，有的击伤，舰队已难以发挥威力，各舰艇的官兵也死伤枕藉，丧失了战斗力，眼看败局已定，舰队司令贺布不甘心就此罢手，仍按预定计划组织陆战队强行登岸。在零星炮火的掩护下，联军登陆部队分乘吃水浅的艇船和事先搜刮来的一批舢板船，向炮台南岸驶近。声称"中立"的美国军舰也牵引登陆船只，帮助运送联军伤员。联军的登陆部队共有1500余人，他们携带轻武器，在泥泞的海滩上跳下了船。据一名参战的英国军官费舍回忆说："在小船搁浅时，士兵们立即奋勇地跳出船外，很多人不从吃水浅的船头跳，而从吃水深的船尾跳，以致掉入深水中，弄湿了弹药并把步枪搞得无法使用。一部分部队作为散兵向前推进，而其他人则挣扎搬运云梯和便桥来备作跨过沟壕之用。"由于守军在沿海滩头事先就开挖了壕沟、土墙等防御工事，致使联军一登陆就陷入困境。等联军陆战队已到守军枪炮的射程以内，火炮、抬枪、鸟枪齐发，联军无还击之力，纷纷中弹倒地，有的匍匐在苇丛中和沟岸边，不敢前进。"不久，传来了一个命令，要我们尽可能在隐蔽处停留到天黑，到这时候会涨潮，会有船只来载运我们撤退"。夜幕渐渐笼罩大地，守军发射火弹喷筒，火光闪耀，联军无法藏身。守军狙击手准确地瞄准敌人，几乎弹无虚发，一批批顽敌应声而倒。有50余名敌军官兵，冒死冲到了离炮台围墙不远的第三道水壕的边缘，"箭笔直地射来，再加射击不断，迫使这支精锐部队只得蜷伏在水濠旁，他们在等待着增援"。结果，敌军有的被打死，有的被击伤，海军陆战队的指挥官勒蒙上校也身负重伤。这支陆战队已完全丧失了夺取炮台的能力，只得狼狈退却。"在撤退的时候，损失的人可能比前进的时候还要多。因为中国人放出的焰火就能准确地知道我们这些蹒跚而行、筋疲力尽的人究竟在什么地方，所以就像打鸟一样地把他们一个一个地都打倒"。联军陆战队"术穷力尽"，不敢恋战，向船逃窜。我军至天明，始行收队。僧格林沁发往清廷的报告中说："沿河夷尸堆积，除该夷抬运上船外，尚余一百数十具，并洋枪四十一杆"，生擒联军士兵二名。据俘虏供述，此战登岸的联军官兵共 1500 余人，死者甚众。贺布向英国海军大臣的报告中透露，"在岸上的攻击中，阵亡官兵六十四名，二百五十二名受伤，其中一百六十二人重伤"。连炮战在内，英军共亡 89 人，伤 345 人。法国军队共 60 人参战，死伤也达 14 人之多。侵略者得到了应有的惩罚。咸丰帝生怕影响日后和局，一再告诫僧格林沁："驾驭外夷，终为议抚，若专意用兵，终非了局。"大沽守军若不是受咸丰帝的约束，顾全谈判大局，英法联军可能已经全军覆没。被称为中国通的丁韪良，当时任美国公使列维廉的翻译，他在《中国六十年》一书中就此战真相评述说："战火重起，大家都责难中国人，说是他们的背信弃义挑动了这场战争。然而他们又有什么过错呢？他们不过是阻拦了通往未被开放的城市的去路而已。难道联军公使又有权乘轮船前去天津吗？他们根本没有千方百计地想通过任何条款来获得这一权利，不仅因为他们打了第一枪，所以是侵略者，在整个事件中他们也都是错的。"7月间，英法公使以及他们的残舰败兵，终于灰溜溜地南逃了。

太平天国运动概况

道光二十三年（1843 年），洪秀全吸取了《劝世良言》中所宣传的创造天地万物人的"神天上帝"，是独一真神及在上帝面前人人平等的思想，创立"拜上帝会"。最早接受洪秀全拜上帝思想的是他的同学冯云山和族弟洪仁玕。第二年，洪秀全与冯云山同到广西贵县一带进行"拜上帝会"的宣传和组织活动。不久，洪秀全又回到广东花县家乡进行理论创作。洪秀全先后写出了《原道救世歌》《原道醒世训》和《原道觉世训》3 篇著作。《原道救世歌》宣传宇宙间唯一主宰，拯救万物的真神是上帝，"开辟真神惟上帝，无分贵贱拜宜虔""天父上帝人人共，何得君王私自专"。又说，普天之下皆兄弟，上帝视之皆赤子。这就否定了封建帝王至高无上的权力。《原道醒世训》中说，天下男人都是兄弟之辈，天下女子都是姊妹之群，不应存在此疆彼界之私，更不应存在你吞我并之念。宣传了经济上的平等思想。《原道觉世训》中明确地把皇帝指作"阎罗妖"，把贪官污吏指作"妖卒鬼徒"，蔑视皇权，号召人民群众起来击灭"阎罗妖"。在同一时间里，冯云山在紫荆山区进行"拜上帝会"的宣传和组织工作。道光二十七年（1847年）上半年，"拜上帝会"会众已达2000多人。是年八月，洪秀全再次到广西，在紫荆山与冯云山会合，共同制定"拜上帝会"的各种宗教仪式和10款天条。并派人四出发展会众，其会众主要是贫苦农民。第二年七月，杨秀清、萧朝贵、韦昌辉、石达开和洪秀全、冯云山结成异姓兄弟，"拜上帝会"从此有了领导核心。

"拜上帝会"在其发展过程中，同封建势力的斗争逐渐公开化，会众开始捣毁甘王庙及紫荆山区的神庙社坛，与地主团练也展开了斗争。道光三十年（1850年）广西群众的反抗斗争继续增多。同年七月，洪秀全发布"团营"总动员令，各地会众纷纷变卖田产房屋，向"拜上帝会"总机关所在地金田村进发。十一月，各路会众均汇集在金田村，约2万人。在"团营"过程中制备器械，编制营伍，一同拜上帝，广人分散的农民组织成一个严密的武装集团。

道光三十年十二月十日（1851年1月11日），"拜上帝会"会众在广西桂平县金田村正式起义，建国号"太平天国"。随即东进，占领交通要道江口镇。"天地会"罗大纲、苏三娘（女）等率众几千人也投入太平军，声势更加壮大。三月，太平军转而西进，入武宣县境。洪秀全在武宣东乡即位称大王，封杨秀清为中军主将、萧朝贵为前军主将、冯云山为后军主将、韦昌辉为右军主将、石达开为左军主将。此后半年，太平军转战武宣、象州和紫荆山区，设法打破清军的包围堵截。九月，太平军乘胜攻克永安州城（今蒙山县），这是"太平天国"起义以来占领的第一座城池。洪秀全在这里封杨秀清为东王、肖朝贵为西王、冯云山为南王、韦昌辉为北王、石达开为翼王，西王以下，俱受东王节制。又封秦日纲、胡以晃为丞相，罗大纲为总制。其余有功将士，均分别擢拔任职。洪秀全又针对农民起义队伍在战斗过程中产生的实际问题，发布许多诏令：严禁兵将私藏在战斗中缴获的各种财物，巩固圣库制度，告诫全军恪守天条天令，严守纪律，警惕敌人的诱惑；勉励将士团结一致，同心协力，"男将女将尽持刀""同心放胆同杀妖"。同时，清除了暗藏的奸细。《太平诏书》《太平军目》《太平条规》《天父下凡诏书》等一批重大文献也先后刊刻公布。这就是著名的"永安建制"。"太平天国"的政治制度从此粗具规模。次年四月，太平军从永安突围，北上攻桂林不下，进占全州，入湖南。在全州战斗中，南王冯云山负重伤身亡。入湖南后，太平军连克道州、江华、永明、嘉禾、蓝山、桂阳、郴州等地。这一带的"天地会"群众争相参加太平军，多达五六万人。九月，太平军猛攻长沙不克，西王萧朝贵中炮牺牲。十一月，撤围长沙，转经益阳、岳州，向湖北挺进。太平军在岳州建成水营，战斗力继续加强。咸丰三年（1853年）一月，太平军攻克武昌，进城后，太平军宣布："官兵不留，百姓勿伤"，群众积极参军，队伍猛增至50万人。随后顺江东下，水陆并进，旌旗蔽日，连克九江、安庆、芜湖，于同年三月十九日占领江南第一重镇南京，随后以南京为都，改称天京，正式建立了一个与清朝政权相对峙的农民政权。不久，又攻下镇江和扬州。

咸丰三年（1853年）五月，太平军约2万人在天官副丞相林凤祥、地官正丞相李开芳、春官副丞相吉文元的率领下自扬州出发，举行北伐。历经江苏、安徽、河南、山西、直隶、山东6省，转战数千里，深入清朝统治的心脏地区，震撼京津。咸丰五年（1885年）三月，北伐军林凤祥部营地被清军攻破，全军将士，宁死不屈。林凤祥被俘遇害。五月，李开芳部也失败。与北伐同时，太平军又在夏官副丞相赖汉英的统率下溯长江西上，进行西征，相继占领安庆、九江、武昌等重镇。到咸丰五年（1855年）九月，江西八府50多个州县均归太平军势力之下。第二年四月和六月，秦日纲率冬官正丞相陈玉成和地官副丞相李秀成分别攻破江北和江南大营，解除了天京的肘腋之患。太平天国在军事上达到了全盛时期。

太平天国定都天京后，于咸丰三年（1853年）冬颁布了纲领性文件《天朝田亩制度》。其核心内容是关于土地制度的规定，即把全部土地平均分配给无地的广大农民；还规定了"太平天国"的乡官制度。《天朝田亩制度》规定的总目标是实现"有田同耕，有饭同食，有衣同穿，有钱同使，无处不均匀，无人不饱暖"的理想社会。

太平天国农民起义，推动了全国各地群众的反封建斗争，天地会、小刀会、捻党等在各地纷纷发动武装起义，响应并配合太平军作战，有力地推动了太平天国农民起义的发展。

咸丰六年（1856年）八月，太平天国内部发生了杨、韦事件；次年，石达开又分军出走，太平天国的力量受到了削弱。接着，武汉、镇江、九江又相继失守，天京被围。洪秀全遂于咸丰八年（1858年）恢复五军主将制度，任命蒙穗恩为中军主将，陈玉成为前军主将，李秀成为后军主将，韦俊为右军主将，李世贤为左军主将。洪秀全自己总掌军权，取得浦口和三河大捷。次年四月，洪仁玕到达天京，洪秀全封其为军师、干王，主持朝政。几个月后，洪仁玕向洪秀全提出了《资政新篇》，内容共4部分：一、用人察失，禁止朋党；二、革除腐朽生活方式，移风易俗；三、实行新的社会和经济政策，仿效西方资本主义；四、采用新的刑法制度。第三部分是全篇的中心。咸丰十年（1860年），太平军消灭了江南大营，天京解围。太平军乘胜连克常州、无锡、苏州等地，太平天国的力量再度振兴。

第二次鸦片战争之后，英、法、美、俄等国支持清朝镇压"太平天国"。清廷也确定了"借师助剿"的方针。同治元年（1862年），太平军在上海和宁波与英、法、美军队进行了英勇的战斗。在中外反动势力的联合进攻下，苏州、杭州相继失守。同治三年（1864年）六月，洪秀全病逝，长子洪天贵福即位。七月十九日，天京被湘军攻陷。太平天国农民起义失败，余部又继续战斗多天。

太平天国起义坚持了 14 年之久，其势力发展到了 18 省，动摇了清朝的封建统治，打击了外国侵略者。

太平天国革命的发动

太平天国革命前阶级矛盾的激化

鸦片战争以后，国内阶级矛盾迅速发展，达到空前尖锐的程度。这一方面是由于外国侵略势力所造成的灾难，另一方面是由于封建社会本身的危机加剧。战前鸦片泛滥和白银外流问题的情况现在更加严重了。纹银和制钱的比价不断上升。总数共达 7000 万元的战费和"赔款"，又转化为捐税和浮收，重压在农民和其他生产者身上。在太平军到达南京前，10 年之中，江浙各地农民抗漕、抗租的斗争已是如火如荼。1846 年，昭文县（今常熟）和镇洋县（今太仓）农民先后攻入县署，并拆毁大批豪绅地主的房屋。1849 年，松江农民攻入府署。1852 年，鄞县（今宁波）农民将知县碎尸。青浦农民将知县倒拖里许，元和（今苏州）、无锡两县农民都拆毁知县衙门。吴江、震泽两县农民迫使地主订约"还租只有五分，否则全欠"。这些在江浙主要农业地区所发生的情况，是全国农村动荡的写照。无论北方还是南方，农村骚动和群众起义都在不断发生。白莲教系统（主要在北方）和天地会系统（在南方）的民间秘密组织也在积极活动。少数民族在边远地区也不断进行反抗斗争。全国范围内呈现了大风暴即将来临的景象。

洪秀全早期的思想与活动

洪秀全（1814—1864 年），原名火秀，谱名仁坤，广东花县客家人。7 岁入塾，至 16 岁因家贫辍学。"五、六年间，即能熟诵《四书》《五经》《孝经》及古文多篇，其后更自读中国历史及奇异书籍，均能一目了然。""学而优则仕"，是中国封建社会一般读书人所走的道路，洪秀全早年也是沿着这条路走的。

1828 年，洪秀全 15 岁，初次到广州应考秀才，没有考取。此后，他一面当村塾教师，一面努力读书，以求取功名。到 1843 年，他又几次去广州应试，也都名落孙山。

1836 年，洪秀全在广州应试时，有人在街头送给他一部基督教的布道书，名叫《劝世良言》。由此他开始从事传教活动，在他的人生道路上进入一个新阶段。

洪秀全劝人敬拜上帝，不拜祖先、邪神，不行恶事。他的同学、塾师冯云山和族弟洪仁玕等首先受洗礼。

1844 年，洪秀全、冯云山离开花县，辗转到广西贵县赐谷村一带传教，农民受洗礼入教者有 100 多人。九月，冯云山转入桂平县紫荆山区活动。

十一月，洪秀全返回广东花县，一面教书，一面传教，并撰写诗文来进一步阐发宗教教义。

在乡居期间，洪秀全先后撰写了《原道救世歌》《原道醒世训》《原道觉世训》等作品，把基督教教义和儒家思想结合起来。《原道救世歌》宣传天父上帝是中外古今共同的独一真神，主宰万物万事，人间的一丝一缕、一饮一食都是上帝的赐予，因此，人人应该敬拜上帝，不拜菩萨邪神。拜上帝，作正人，强调个人道德修养，这就是洪秀全在这篇长歌中表达出来的救世思想。《原道醒世训》批评了相凌相夺相斗的世道人心，提出天下男女都是上帝生养保佑的兄弟姐妹，不应存此疆彼界之私，起尔吞我并之念，而应实行像唐虞三代那样，"天下有无相恤，患难相救，门不闭户，道不拾遗，男女别途，举选尚德"的"大同"社会。这篇作品不同于《原道救世歌》，它的主题已从强调个人的道德修养转向批判社会的黑暗和混乱，并提出了改造社会的设想。《原道觉世训》最重要的是提出了一个"阎罗妖"，作为各种邪恶丑行的集中代表，让它与代表光明、正义的"皇上帝"相对立，并把世间各种人为的偶像，称之为阎罗妖的"妖徒鬼卒"。上述三文，1852年合编成《太平诏书》，洪秀全创立"拜上帝教"的基本理论，大多已包含其中了。

大约在1848年冬，洪秀全经与冯云山商量后，写了《太平天日》一文（此文迟至1862年经修改后刊印）。《太平天日》记述洪秀全1837年病中异梦及后来两次去广西活动的事迹，它宣称洪秀全是上帝的次子，耶稣之弟，被封为"太平天王大道君王全"，是"真命天子"，赐宝剑和大印，受命下凡"斩邪留正"，表现了洪秀全的反清思想。以上三篇诗文，连同《太平天日》，完成了洪秀全创立"拜上帝教"的过程，也为太平天国起义准备好了理论基础。

冯云山创建紫荆山根据地

紫荆山是一个纵横约270平方公里的大山区，四面高山环绕，重峦叠嶂，地势险要。冯云山1844年进入紫荆山区后，以做工、当塾师为生，在贫苦群众中开展活动。经过两年多的努力，在紫荆山区建立起"拜上帝会"的组织、团聚了会众3000多人，其中有种山烧炭的杨秀清和贫农萧朝贵。1847年8月，洪秀全到达紫荆山和冯云山共同筹划，制定了"十款天条"、各种条规和宗教仪式，加强对会众进行思想和纪律教育。

拜上帝会影响越来越大，因而同当地封建势力的矛盾也逐渐尖锐起来，并由开始的反对封建神权发展为政治性的斗争。1848年1月，冯云山被投入监狱。这时，洪秀全正在贵县，闻讯立即赶到紫荆山，随后又赴广州设法营救。

冯云山被捕入狱，洪秀全又回广东，拜上帝会一时失去了主持人，会众发生混乱。在这紧要关头，杨秀清假托"天父上帝"下凡附体，传言群众，安定人心。随后，萧朝贵也以同样方式取得代"天兄耶稣"传言的资格。"天父"

是拜上帝会信仰的最高主宰，它的体现者是洪秀全，杨秀清代"天父"传言，虽然对维系拜上帝会组织起了一定作用，但他却从此在宗教地位上取得了凌驾于洪秀全之上的最高权威，给日后太平天国领导集团分裂埋下了一重危机。

1848 年冬，冯云山在紫荆山拜上帝会会众的积极营救下出狱。出狱后，即往广东寻找洪秀全。到 1849 年 7 月，他们才重返紫荆山。这时，广西到处发生天地会领导的群众反抗斗争。拜上帝会积极开展活动，力量迅速发展起来。以紫荆山为中心，东到平南、藤县，西到贵县，北到武宣、象州，南到陆川、博白，以及广东的信宜、高州、清远等地，都有了拜上帝会的组织。拜上帝会在发展和斗争中，形成了以洪秀全为首的领导核心。参加领导核心的，有冯云山、杨秀清、萧朝贵、韦昌辉和石达开。经过积极的酝酿和准备，起义的条件已经成熟。

太平天国前期的革命形势

洪秀全领导金田起义

1850 年 7 月，洪秀全下达总动员令，命令各地会众到金田村"团营"，整编队伍。在接到总动员令后，各地会众 1 万多人陆续到金田会合。这支队伍，按军事编制严密地组织起来。

拜上帝会在金田团营，震动了清廷。署理广西巡抚劳崇光急忙调兵 1000 多人前往桂平，会同当地清军，镇压拜上帝会。12 月底，拜上帝会会众在平南县思旺击溃清军。1851 年 1 月 1 日，拜上帝会会众又同清军在金田附近的蔡村江展开战斗，大败清军，杀副将伊克坦布。这两次胜仗，揭开了太平天国运动的序幕。道光三十年十二月初十日（1851 年 1 月 11 日），拜上帝会会众在金田地区庆祝洪秀全 38 岁生日和起义胜利实现，建号太平天国。

金田起义后，洪秀全随即颁布遵条命、秋毫莫犯、不得临阵退缩等纪律，以加强太平军的战斗力。为了壮大力量，洪秀全主动争取桂平一带的天地会加入太平军。

清钦差大臣李星沅为了全力镇压太平天国起义，把从广西、广东、云南、贵州、湖北、福建调集的军队 1 万多人派往桂平，以广西提督向荣为前线指挥。在清军的围攻下，太平军英勇奋战。1851 年 2 月，在牛排岭大败向荣所部。3 月间，太平军转进武宣县东乡扎营。洪秀全在东乡登极，称天王。大约同时，以杨秀清为中军主将，萧朝贵为前军主将，冯云山为后军主将，韦昌辉为右军主将，石达开为左军主将，同主军务。

永安封王建制

5 月，李星沅在武宣病死。清政府派大学士、军机大臣赛尚阿为钦差大臣，赴广西督办军务，命广州副都统乌兰泰为帮办，对太平军进行围攻。9月，太平军在平南官村同清军的战斗中击溃向荣部队，取得了空前的胜利，扭转了长期面临的被动战局。太平军乘胜前进，一举攻克了永安州（今蒙山县）。这是太平天国金田起义以来占领的第一座城市。

在永安，太平军进行休整补充，并制定各种制度。12月，洪秀全颁布封王诏令，封杨秀清为东王，萧朝贵为西王，冯云山为南王，韦昌辉为北王，石达开为翼王。西王以下各王俱受东王节制，东王实际上掌握着太平天国的军事、政治大权。

太平军在永安停留了半年多的时间。清军3万多人陆续开到永安，包围了州城。太平军因长期困守，城中粮、盐、弹药都很缺乏，便决定放弃这座城池，突围北上。1852年4月3日，洪秀全发布了突围令，太平军在突围中，使清军遭受重创，4个总兵全部丧命，乌兰泰也被杀得只剩数十名残兵，躲在深涧内仅免一死。这次胜利更大于平南官村之战，完全打乱了清军围剿的部署。

定都天京

6月3日，太平军攻克全州。在全州战役中，南王冯云山中炮牺牲于水塘湾，这是太平军的重大损失。9月11日太平军进逼湖南省城长沙。12日，萧朝贵亲自指挥攻城，身先士卒，不幸中炮负伤，随后去世。继冯云山之后，太平天国又失去一位重要领导人。洪秀全、杨秀清闻讯，率领全军自郴州赶赴长沙增援。12月，攻克益阳，轻取岳州。太平军在益阳、岳州期间，获得大量军火、船只，数千船民、纤夫踊跃加入起义队伍，组成水营。从此，太平军不仅有一支强大的陆军，而且有了一支庞大的水师，这对于后来进军长江中下游起了重要作用。

1852年底，太平军由岳州出发，分水陆两路，沿江而下，连克湖北重镇汉阳、汉口，围攻武昌。1853年1月12日黎明，太平军进占全城，清湖北巡抚常大淳等败死。

1853年2月，洪秀全、杨秀清放弃武昌，统率大军，水陆并进，连克江西九江、安徽安庆。安徽巡抚蒋文庆败死。安庆成为太平军胜利攻克的第二座省城。3月8日，太平军兵临南京城下。3月19日，太平军攻破南京外城，斩两江总督陆建瀛等。20日，攻克内城，杀江宁将军祥厚等。太平军终于占领南京全城，取得了起义以来最大的胜利。

太平军随即以南京为都城，改称天京，正式建立了与清王朝对峙的政权。

《天朝田亩制度》

太平天国建都南京后，立即颁布了《天朝田亩制度》。这是一个包括政治、经济和社会生活各方面的农民革命纲领。纲领的基本思想在于反对地主占有土地的制度。它提出的办法是：田分九等，"凡分田照人口，不论男妇，算其家口多寡，人多则多分，人寡则寡分""凡男妇每一人自十六岁以尚（上）受田，多踰十五岁以下一半"，即 16 岁以上受全份，15 岁以下减半。这样分田的主张，首先是从原则上否定了封建土地剥削制度。

《天朝田亩制度》又进一步提出了天下"有田同耕，有饭同食，有衣同穿，有钱同使，无处不均匀，无人不饱暖"的伟大理想。《天朝田亩制度》提出以 25 家为农村中社会组织的基本单位（称为"两"，以"两司马"为领导人），"凡当收成时，两司马督伍长，除足其 25 家每人所食可接新谷外，余则归国库。凡麦、豆、苎麻、布帛、鸡犬各物及银钱亦然"。这种想把个体生产的小农的产品收归公有的平均分配办法，是一种农业社会主义的空想。事实上，《天朝田亩制度》所拟的分田和产品分配的办法都无法施行，地主阶级的土地所有制因而仍被保留下来。但是太平天国没收了许多地主的财物土地，在其支持下，很多农民不向地主交租或交很少的租，使封建剥削关系遭到了巨大的冲击，农民的生活和地位有所提高。

从农民的反封建要求出发，《天朝田亩制度》对于政治、经济、军事、文化教育等方面都提出了新方案，如官员和平民的升贬赏罚以是否"遵命令尽忠报国"和努力生产等为标准。此外还规定实行兵民合一，废除封建教育等等。

北伐和西征

太平天国为了巩固和发展军事斗争的胜利成果，1853 年 5 月又分兵北伐和西征，对清朝统治区实行了大规模的主动出击。

北伐的总目标是直捣清朝的老巢北京。1853 年 5 月 8 日，林凤祥、李开芳等率军 2 万多人，自扬州出发，开始了北伐进军。北伐军在浦口上岸，经安徽北上，仅仅一个月，连破滁州、临淮关、凤阳、怀远、蒙城、亳州等地。6 月入河南，在归德（今商丘）毙伤清军 3000 余人，获得大量铁炮和火药。清政府得报，派御前大臣科尔沁郡王僧格林沁、步军统领左都御史花沙录为督办北京巡防事务，京城戒严。7 月，进围怀庆（今沁阳）。清政府赶快派直隶总督讷尔经额为钦差大臣，调集北方兵力 14000 人防堵。北伐军在这里同清军展开了激烈的争夺战，围攻将近两个月，未能攻克。9 月，北伐军遂撤围，入山西，复折而东向，经河南入直隶，克军事重镇临洺关。10 月，北伐军进占深州，前锋到达距保定 60 里的张登集，清廷震动。咸丰皇帝命惠亲王锦愉为奉命大将军，科尔沁郡王僧格林沁为参赞大臣，率兵出京，会同钦差大臣胜保拼力抗拒北伐军。北伐军乘虚东进，连克献县、交河、沧州、青县、静海，前锋直抵杨柳青，进逼天津。清军决运河堤放水，北伐军进攻天津受阻，屯据静海、独流。时届隆冬，北伐军粮尽衣缺，于 1854 年 2 月南撤，5 月转据东光县连镇待援。1855 年 3 月林凤祥受伤被俘，在北京英勇就义，连镇陷落，扼守高唐州的北伐军在李开芳的率领下，突围至茌平县冯官屯。清军引运河水灌冯官屯，北伐军屡次突围都未能成功。5月31日，李开芳被俘，北伐最后失败。

太平军在北伐的同时，还派兵西征。西征的战略目的在于确保天京，夺取安庆、九江、武昌这三大军事据点，控制长江中游，发展在南中国的势力。

1853年6月3日，胡以晃、赖汉英、曾天养等率太平军溯江西上。西征军的进展极为顺利，10日即攻克安庆，24日进围南昌。防守南昌的清江西巡抚张芾、湖北按察使江忠源等集结清军近2万人，拼力抗拒。太平军围南昌历时93天，久攻不下，于9月24日撤围，北走。此后，西征军分为两支。

一支由胡以晃、曾天养率领，以安庆为基地，经略皖北，连克集贤关、桐城、舒城。1854年1月，攻克皖北重镇庐州（今合肥），安徽巡抚江忠源投水自杀。太平军占领安徽的广大地区，成为西征军的运输要道，也是太平天国的主要给养基地，在军事上、经济上一直是举足轻重的战略要地。

另一支由石祥桢、韦俊等率领，1853年9月攻占九江，随即沿江西上。10月，再克汉口、汉阳，因兵力不足，不久退守黄州。曾天养率部来援，遂于1854年2月在黄州大败清军，湖广总督吴文镕投水而死。西征军乘胜三克汉口、汉阳，6月再克武昌。

西征军在湖北战场获得胜利后，攻入湖南，遇到了曾国藩湘军的顽抗。进入湖南的太平军于4月再占岳州，湘军大败，曾国藩撤回长沙。太平军乘胜南进，攻克靖港等地，进逼长沙。随即决定由石祥桢留守靖港，林绍璋率主力近2万人趋湘潭。4月24日，林绍璋攻占湘潭，威胁长沙。在湘潭，太平军同湘军水陆激战7天，伤亡很大。5月1日，湘潭沦陷，太平军突围走靖港。5月4日退守岳州，从而给曾国藩以喘息的机会。7月，湘军重新出动，攻陷岳州。8月，曾天养率部在城陵矶痛击湘军水师，打死湘军将领4人，击沉击毁敌船30多艘。随后太平军又同湘军悍将塔齐布所统率的部队发生遭遇战，曾天养单骑冲入敌阵，壮烈牺牲。太平军被迫退出湖南。曾国藩决定出省作战，率湘军水陆并进，直趋武汉。

这年10月，湘军和湖北清军进攻武汉。太平军英勇迎击，激战一整天，汉阳、汉口、武昌相继失守。西征军退守江防要塞湖北广济田家镇。在这里，双方进行了激烈的攻防战，太平军失败，战船被焚烧4000余只，江防被彻底攻破。1855年1月，湘军进逼九江。是时，太平军由石达开为统帅，率大军西援。2月底占汉阳，4月第三次克复武昌，击毙湖北巡抚陶恩培。这年年底，石达开率太平军向江西进军，会合周培春等天地会起义军约数万人，势力大增，连克瑞州、临江、袁州、吉安等府，设立乡官，安抚百姓。至翌年3月间，在短短的3个月中，江西13府中的8府42县，都落入太平军手中。

在江西大捷的同时，太平天国领导集团又在天京外围组织了一场激烈的破围战。6月，太平军回师镇江，大破清营七八十座，江苏巡抚吉尔杭阿自杀。太平军又乘胜进攻江南大营。6月20日，太平军击溃江北、江南大营，解除了威胁天京3年之久的军事压力，取得了又一个辉煌的胜利。

太平天国通过3年多来激烈的军事斗争，在长江中下游取得了重大成就，控制了从武昌到镇江长江沿岸的城镇，安徽、江西、湖北东部以及江苏的部分地区都为太平天国所掌握。

天京变乱

天京内乱是由洪秀全与杨秀清的矛盾引起的。金田起义后，洪秀全先后封杨秀清为左辅正师领中军主将和东王，并规定节制其他各王。杨秀清一人独揽了教、政、军大权，洪秀全只保持名义上最高领袖的地位，从而种下了洪、杨矛盾的祸根。

在冯云山和萧朝贵牺牲后，韦昌辉成了仅次于洪、杨的第三号人物。他对杨秀清表面极其恭顺，实际衔恨极深，时时欲取而代之。这是太平天国领导集团矛盾的又一个基因。定都天京后，太平天国的物质条件，已与在广西起义之初不同了。太平天国领导人感到已有了一个"小天堂"，而到"金陵小天堂"享福，是他们在起义不久即已许诺于众的，因而此时享乐思想很快发展。他们无力抵挡封建意识的侵蚀，为江南的繁华所迷惑，追求声色货利。此外，在服饰、称呼、礼仪等许多方面，太平天国也按照官爵高下，定出了烦琐的等级区别。

随着追求享乐、讲究排场和等级而来的，必然是争权夺利和互相倾轧，致使昔日亲密无间的关系，很快被破坏。

定都以后，洪秀全更加沉溺在宗教和迷信之中。杨秀清则更加专横跋扈。1856年8月中旬，杨秀清借天父下凡，逼洪秀全封其为万岁。洪秀全密诏当时在江西的韦昌辉、在湖北的石达开和在镇江的秦日纲等速回。9月1日深夜，韦昌辉带了3000精兵赶回天京，在先已回京的秦日纲配合下，迅速控制城内要道，包围东王府。9月2日凌晨，韦昌辉、秦日纲带着随从入东王府，杀死杨秀清。接着，他又巧设毒计，残杀留在天京的东王部下各级文武及其家属，历时两个月。前后被杀者达二三万人，太平天国许多骨干罹难。

9月中旬，石达开从湖北赶回天京，不满韦昌辉滥杀无辜。韦昌辉又起杀心，要杀害石达开。石达开当夜逃出天京。韦昌辉将其留京家室全部杀死，并派秦日纲率兵出城追石达开。石达开跑到安庆，召集4万大军，宣布讨伐韦昌辉。于是，洪秀全杀死韦昌辉。

石达开于11月底回到天京。这时，他已是除洪秀全以外首义诸王中唯一的幸存者了。他虽只26岁，却极有军事、政治才干，为敌所怕，为己所尊。他回京时，"众人欢悦"，推举他提理政务。洪秀全封他为"电帅通军主将义王"，命他执掌军政大事。洪秀全经过惊心动魄的杨秀清逼封、韦昌辉暴乱以后，对外姓重臣深怀戒心，见到石达开回朝受到众人热烈拥戴，顿生疑虑不悦之心，乃封其长兄洪仁发为安王、次兄洪仁达为福王，明为辅助，实为监视石达开，这便引起石达开强烈不满和不安。

1857年5月底，石达开抛离天京，6月到安庆。他在安庆驻留4个月，纠集了20多万精兵良将后，开始远走。1863年春，率军3万人从云南昭通府米粮坝渡金沙江入四川。5月14日到达大渡河边紫打地（今石棉县安顺场），被山险水急的大渡河挡住去路，受清军和当地土司兵包围，几经突围不成，陷于绝境，乃投书清军，愿以自己受"斧钺交加"和"身首分裂"，换取敌人对自己部下"赦免杀戮"。6月13日，他带3名助手和5岁的儿子石定忠，自赴清营。结果，其余部3000多人被杀害，石达开本人于6月25日被带到成都凌迟处死，连石定忠也未能幸免。

韦昌辉暴乱和石达开出走，给太平天国带来极大的损害。成为太平天国失败的一个重要原因。

曾国藩组建湘军

太平天国运动爆发后，清政府调动了全国的绿营主力对太平军围追堵截，然而屡不奏效，太平军占领南京后，以绿营组成的江南大营、江北大营居守在南京旁边，几年内对太平军无可奈何，任其来往出入。这时，清政府已经意识到不能再指望绿营来战胜太平军，便开始动员各地编练地主武装。为适应这种形势，曾国藩积极活动，在地主团练的基础上开始组建湘军。

曾国藩，字伯涵，道光年间考中进士，做了10多年的京官，后升任到礼部侍郎兼兵部侍郎。咸丰二年（1852年）因为母亲病故返回老家湖南湘乡。第二年，奉朝廷之命在湖南帮办团练。曾国藩苦思冥想，最后采取了与其他团练大臣完全不同的做法。他把团与练分开，团的招募方法是将居民编成保甲，委派当地豪绅主持；练，是在城乡集中训练乡兵。曾国藩让各地普遍办团，但不许地方绅士办练，而是自己亲自在省城集中募勇办练。不久之后，他乘罗泽南、王鑫等湘勇1000多人调省城防守之机，把他们改组、扩编，开始编练湘军。为了加强控制，曾国藩大量任用其亲朋密友、门生故旧担任各级将领。士兵全部来自湖南，其中以湘乡人为多。实行勇丁由将官亲自招募制度，各军各营彼此独立，互不统属，全军皆归曾国藩统帅。经过一番精心周密地经营，湘军已经成为曾国藩的私人军队。

咸丰三年（1853年）初，湘军组成。次年二月，曾国藩亲自率领湘军，自衡州（今湖南衡阳）启程，会师湘潭。随后他用自己的名义发布《讨粤檄文》，开始与太平军作战。靖港一战，湘军水师被全部歼灭，曾国藩痛不欲生，投水寻死，被随从救起。四月，岳州一战，湘军又遭受败绩。曾国藩率部与太平军又会战湘潭，双方激战数日，伤亡均很大。十月，湘军和湖北清军相互配合，攻陷武昌、汉阳。经过一年多的反复激战，湘军乘天京变乱之机对太平军进行反扑，咸丰四年（1854年）十二月又攻占了曾被太平军夺去的武汉。两年以后，湘军又进入江西，与太平军争夺九江，激战一年多，终于咸丰八年（1858年）攻克九江。

湘军在湖南、湖北战场虽然屡遭挫折，但毕竟取得了几场像样的胜利，扼止住太平军西征计划的实施。清政府获悉消息后，不得不承认湘军的战斗力已超过原有的绿营。然而，随着与太平军的战斗不断进行，湘军的势力也随之越来越大，湘军将领的声望也越来越高，这就引起了清廷的疑虑。早在湘军最初组建之时，军机大臣祁隽藻就向皇帝说过："曾国藩一在籍侍郎，犹匹夫也。匹夫居闾里，一呼蹶起，从者万人，恐非国家之福。"正因为如此，清廷对湘军总是放心不下，对湘军将领很少提拔重用，最初几年里，湘军中只有胡林翼当上了湖北巡抚，而曾国藩自己长期以来只是以侍郎的空衔统领湘军，没有任何地方实权。这样，各省总督、巡抚常常在兵饷和后勤方面与曾国藩的湘军为难，致使曾国藩心绪一直不佳，多次向皇帝上奏大发牢骚，甚至产生不想再干下去的念头。咸丰七年（1857年），曾国藩曾明确提出了权位的要求，但清廷依旧没有给予满足。咸丰十年（1860年）四月，太平军彻底摧毁了清军的江南大营，绿营几乎全部崩溃。与此同时，英、法军队北上的危机又迫在眉睫，清廷为了笼络曾国藩和湘军，便任命曾国藩为署理两江总督。同年六月，实授曾国藩为两江总督，并授钦差大臣督办江南军务，节制大江南北水陆各军。

次年四月，湘军与太平军在安庆展开激战，经过5个月的战斗，湘军以地雷轰塌城墙之法攻入城内。接着曾国藩又命兵分二路攻击太平军。次年，湘军主力由曾国荃率领，由皖北沿长江东下进攻天京；转年，左宗棠率领另一支湘军，由江西进攻浙江；李鸿章率淮军进攻上海附近一带。曾国藩自己则坐镇安庆指挥全局。同治三年（1864年）七月，湘军攻陷天京，太平军失败。八月，曾国藩裁撤兵勇2.5万人，留下1万人镇守南京，又派1.5万人为皖南、皖北游击之师。后继续在皖、鄂、豫、鲁等地进攻捻军，又分兵进攻陕甘回民军和贵州苗民军。

在与太平军作战后期，随着曾国藩实权的骤增，其湘军系统的将领多有升迁。其弟曾国荃被赏头品顶戴，任浙江按察使。由曾国藩举荐的李续宾、沈葆桢、李鸿章、左宗棠分任安徽、江西、江苏、浙江巡抚。此外广西巡抚刘长佑、河南巡抚严树森、贵州巡抚江忠义，也都属湘军系统的人。湘军成为清政府中一支重要武装，也是一个占据重要位置的政治集团。